古典文獻研究輯刊

三七編

潘美月・杜潔祥 主編

第22冊

清代筆記小說敘錄（下）

宋世瑞 著

國家圖書館出版品預行編目資料

清代筆記小說敘錄（下）／宋世瑞 著 -- 初版 -- 新北市：花
木蘭文化事業有限公司，2023〔民 112〕
目 16+244 面；19×26 公分
（古典文獻研究輯刊 三七編；第 22 冊）
ISBN 978-626-344-485-0（精裝）
1.CST：筆記小說 2.CST：研究考訂 3.CST：中國文學史
4.CST：清代
011.08   112010522

ISBN-978-626-344-485-0

9 786263 444850

古典文獻研究輯刊
三七編　第二二冊　　　　　ISBN：978-626-344-485-0

清代筆記小說敘錄（下）

作　　者　宋世瑞
主　　編　潘美月、杜潔祥
總 編 輯　杜潔祥
副總編輯　楊嘉樂
編輯主任　許郁翎
編　　輯　張雅淋、潘玟靜　美術編輯　陳逸婷
出　　版　花木蘭文化事業有限公司
發 行 人　高小娟
聯絡地址　235 新北市中和區中安街七二號十三樓
　　　　　電話：02-2923-1455／傳真：02-2923-1452
網　　址　http://www.huamulan.tw 信箱 service@huamulans.com
印　　刷　普羅文化出版廣告事業
初　　版　2023 年 9 月
定　　價　三七編 58 冊（精裝）新台幣 150,000 元　　版權所有・請勿翻印

清代筆記小說敘錄（下）

宋世瑞　著

目

次

咸　豐

《瑣事閒錄》二卷，《續編》二卷　張畇撰

　　張畇，字林西，號甸南，直隸景州（今屬衡水市）人，嘉慶二十四年舉人，歷官封丘知縣、河工同知、彰德府知府、河南鄉試提調官、河南糧儲鹽法道，有《侍竿山房集》等。《清史稿藝文志補編》子部雜家類、《中國古籍總目》小說類文言之屬著錄。國家圖書館藏咸豐間刻本（中華古籍資源庫）4 冊。《瑣事閒錄》前有咸豐元年張畇序、陳介眉序、陶福恒序、壬子徐思穆序、壬子張壽鴻序、趙書升序、目錄，書後《附記》數則。張畇序云：「庚辰家居，曾記《淡香齋閒話》，共得七十餘則。頻年宦遊，已無暇計及矣。數十年東遷西調，更不知遺落何所。辛亥恩科，膺河南提調，文卷既進之後，公餘無事，爰將生平聞見掇抬成帙，額其首曰《瑣事閒錄》。瑣，則無關重輕；閒，則聊以醒睡魔也。」陳介眉序云：「辛亥恩科，與林西年丈共事秋闈，朝夕晤教，見其和平接物，忠厚存心，已心折折。比闈務將竣，見其案頭置有《瑣事閒錄》一束，捧讀一過，率皆順筆直書，不求文飾。而筆意之潔淨、詞采之鮮豔，洵紀老手莫辨。雖所取皆零星細事，均自閱歷中得來，且勸懲之意，循循誘人，為善之心，隱然自溢於行間。迥與尋常著說，藉以諷刺或隱寓罵人者不同。宦場奉之以為圭臬也，可；鄉塾奉之以為家訓也，亦無不可。足不可付之剞劂，以公同好，並持以問世，以勵後人也。」此書以志怪為主，兩卷 200 餘則，如《臬署怪》《曠屋多狐》《夢食棗》《扶乩》《槐神》《夜遊神》《人頭豆》《大王現形》《叫魂》《宅中狐仙》《黃鼠狼》等，其他五行如《地震》《虹能截雨》《雷火球》《落星》、醫藥《跌打損傷》《治瘧偏方》《接骨方》《治受風》、博物如《孔雀

木》《水瑪瑙》《瑞芝》《海參》、軼事《神童無成就》《科場大典鄭重》《功名非營求可得》以及戲術、堪輿術、養生法、符咒術、蝗災、河患、謔語等，皆敘述質樸，有求是之風。《續編》前有庚申沈儀序、目錄，後有封曉江（澐）跋、張昀《瑣事閒錄題後》。張昀長期仕宦河南，故書中所述以河南故事為主，又因其於黃河治理頗有成就，故書中多堤役記載，文風質樸，迥出於《聊齋》《閱微》《子不語》之外。封曉江《附記》跋云「是書義例、筆舌全與文達相似」，意謂有《閱微草堂筆記》之風，恐不盡然。

《客窗談助》 柯茂枝撰

　　柯茂枝字根臣，湖北武昌（今武漢市）人，道光舉人。曾佐胡林翼平洪、楊，任松滋、黃安教諭，有《求放心齋文集》《補學齋詩集》等。宣統《湖北通志》小說家類瑣語之屬著錄。未見。光緒《武昌縣志》卷十載是書自序云：「辛亥春初，余薄遊白下，晤蕭子漭鱅尹，相與縱覽六朝遺跡，旬日始別去。子漭固山陰詩人也。已客青墨卿學使幕中，同硯席者為張養清、李捷峰兩孝廉及謝淞舲茂才、張梅譜州判諸君，皆一時之雋。是歲使者按試，凡七郡，隨遊三吳幾遍。經年蹤跡，強半在舟車，而諸君俱善談論，山川文字之奇，又足以助其鋒焉。冬初辭歸，再過金陵節署，時陸立夫師方督工河上，吳玉山司馬招與張竹人、范廉村兩先生同館居。竹人沔，名諸生。吳、范宦遊半天下，歲暮天寒，羈懷無賴，復各舉古近事以破岑寂。於是歷憶諸君之言，隨手錄之，雜以生平他所聞見者又十之六七，瑰奇瑣屑，頗寓勸懲，行橐有此，為不虛矣。余性既好遊，而來春又當北上，計他日旅館風雨中，翦燭開樽，論文轟起，余亦藉此以傾其座人，則茲編也，其不為賓筵之介撰、食單之醢醢乎！咸豐元年冬十一月自序於潯陽舟次。」

《曇波》不分卷 四不頭陀撰

　　四不頭陀事蹟不詳。《中國古籍總目》小說類文言之屬著錄。中國戲劇出版社《清代燕都梨園史料》本。前有勉齋敘、咸豐二年羅浮癡琴生序、壬子四不頭陀自敘、南國生等題詞，後有南國生跋。勉齋敘云四不頭陀「以跌宕之筆，寫綺麗之辭」，內容分「贊」「傳」兩部，「贊」9人為九品（清、逸、豔、靜、澹、俊、麗、潔、婉），「傳」述優伶事蹟翠玉、巧福、玉慶、福壽等，多繫之以士大夫詩詞，如述小蘭事蹟云：「小蘭，姓蕭氏，字者香，年十六，揚州人。雙瞳秋水，兩頰紅暈，眉宇間饒俊爽氣。其師長慶，色藝冠一

時。雖六郎老去，而三慶部猶倚之為重。小蘭以俊爽之品出其門下，自是後來之秀。超甫曾贈以詩云：『猶憶高歌宴佩珊，陽關一曲酒初闌。柔情繚繞千絲柳，小字芬芳九畹蘭。出水新荷爭比豔，過牆修竹喜成竿。參軍別有留情處，記取生綃畫裏看。」素善上江某生，某生甚眷戀之。其脫籍也，為之醵金。聞以數千計，亦可想見其聲價矣。夫以若輩飄零，自拔良難，而卒有大力者，不惜援手，使之得以自立。余嘗有句云：『千間廣廈庇寒士，萬個金鈴護落花。」茫茫苦海中，安得盡如癡願哉！」南國生跋述咸豐間伶界風氣之變云：「京師為人才薈萃之區，笙歌之美，甲於天下。乾、嘉以來，此風尤甚。間嘗訪故老之傳聞，覽私家之紀載，風流佳話播於南北。蓋其時海內殷富，士大夫吟風弄月，亦部以是相詬病。而一二妙伶尚知風雅，故豔而傳之也。遞至今日，餘韻稍衰。」優伶小說於道咸間稍衰，蓋此時洪楊之役、江南為戰場所致，同光宣則復興矣。

《琉球實錄》一卷　　錢文澣撰

　　錢文澣字蓮溪，松江（今上海市）人，諸生，曾入曾國藩幕，王韜友。王韜《弢園藏書目》子部小說家類著錄。臺灣大通書局《臺灣文獻史料叢刊》本。所述有關琉球之地理、政治、名勝、風俗、物產、外交諸項，共 8 則，敘事娓娓，如述琉球禮俗云：「琉球來往通衢，其窄如巷。彼此相遇，稽首鞠躬，禮意殷渥，甚且有俯首投地者。窄徑當此，行路為之遲留。每途遇孩童，曾一識面，其行禮亦然，甚為難得。且道上男女雖或偕行，例不容交接一物、交談一語，風俗亦古矣哉！其國尚中國文字，然遠不逮日本，藏書亦甚鮮。所設國學，內多士人，讀書稽古，雍雍有揖讓風。其俗不重甲兵，以信義為先。嗚乎！蕞爾琉球，猶能以禮維持其國者。」王韜《甕牖餘談》卷四輯錄一篇，並云：「蓮溪於咸豐癸丑客於琉球者八閱月，所記皆得之於目見，故較詳覈可信。」咸豐癸丑即咸豐三年。風土筆記之類。清代關於琉球史實者，除此書外，張學禮《使琉球記》《中山記略》、王漁洋《琉球入太學始末》、徐葆光《中山傳信錄》、趙文楷《槎上存稿》、李鼎元《使琉球記》、黃景福《中山見聞辨異》、姚文棟《琉球說略》、中根淑《琉球形勢略》、王韜《琉球朝貢考》《琉球向歸日本辨》、桂山義樹《琉球事略》、潘相《琉球入學見聞錄》、姚文棟《琉球小志並補遺》等（上據臺灣大通書局《臺灣文獻史料叢刊》之《清代琉球紀錄集輯》《清代琉球紀錄續輯》）。琉球為中華屏藩，肉食者未能遠謀，失之痛惜。

《金陵摭談》一卷　　謝稼鶴撰

謝稼鶴或寫作謝介鶴，事蹟不詳。王韜《弢園藏書目》子部小說家類著錄。國圖咸豐七年京都琉璃廠文錦齋刻本。今見南京圖書館藏映雪書屋刻本，名《金陵癸甲摭談》。前有序（無年月、名氏）。此書述咸豐三年癸丑至咸豐四年甲寅太平軍攻佔金陵期間活動，於太平天國官制（曆法、職名等）、人物（楊秀清、洪秀全、秦日綱、蕭朝貴、石達開、鄧輔廷等）、政令（男女別館、王府建制等）皆有記載，可謂雜史之書。晚清談洪楊之役者甚多，此其一也。敘事娓娓，蓋多得之金陵百姓之口。

《蝶階外史》四卷、《續編》二卷　　高繼珩撰

高繼珩（1797～1865），字寄泉，直隸遷安（今遷安市）人，寄籍寶坻（今屬天津），嘉慶二十三年舉人，授欒城教諭，移大名，以軍功擢廣東博茂場鹽大使，有《培根堂全稿》等。《書髓樓藏書目》小說家類、《清史稿藝文志拾遺》小說家類雜錄之屬著錄。四卷本今有廣陵書社《筆記小說大觀》本，前有咸豐四年甲寅何慶熙序、孫肇修與龔莊《評跋》、目錄。何氏序云：「夫以人為鑒，古者尚之；記事有珠，知者寶之。既怪力亂神之不語，非嬉笑怒罵以成文。事可質乎千秋，說有憑於眾口。正而不詭，信無可疑，此《蝶階外史》之所由作也。《外史》著作等身，膾炙人口。六詩三筆，四達八窗。好客如鄭當時，不夷不惠；清談勝王夷甫，亦莊亦諧。爰於課士之閒，偶仿稗官之體。我聞如是，無異其詞；人有不為，各成厥志。寓勸懲於善惡，化朽腐為神奇。碎亦成金，聚非鑄鐵。載續虞初之新志，自成一家；頓添日下之舊聞，願書萬本。」孫肇修跋云：「簡而能達，清而不腴。不事矜才使氣。而敘事如繪，狀物如生，真能自成一家言者。相其用筆。能以徵實處翻空；又能於翻空處徵實。故不落窠臼，而文情奇雋若此。」龔莊跋亦云：「古今稗官凡數十種，能與《閱微草堂筆記》《聊齋誌異》驂驔者，甚屬寥寥。斯著卷帙無多，足徵博雅，而筆力運掉，可挽千鈞。方之《草堂》《聊齋》，尤堪並美。而輔世牗民，勸善懲惡之意，即隱存乎其間。蓋多聞而直諒兼焉者矣。」此書為地志小說也，所載雜事、異聞、諺語、博物、詩話等，多有關河北地域者。每則有標題，如《虎口奪母》《兩烈女》《查小山》《賣花人》《大名府署》《大覺寺》靈壽縣《屬對（四則）》少林寺僧》《圓圓像》《鬼仙》《董宗伯書入石》《草畫》《怪石（三則）》《雷神》《禱仙》《牛產麟》《松鴨沙雞》《蘭蠶》《猴兒酒》《劉黃頭掘碑》，敘事後間有

「外史氏曰」之評，仿柳泉之法，然此雖談鬼，無曼長傳奇之體。時道晚清，筆記小說數量增多，然其品愈下，緣此類作品大多出自不得意老儒之手，文乏采、志亦短，書法樸拙有餘而清雅不足矣。

《養閒瑣語》不分卷　　郭富奠撰

郭富奠事蹟不詳，蓋吳縣（今蘇州市）人。《中國古籍總目》小說類文言之屬著錄。臺北經學文化《稀見清代四部輯刊》影印清稿本。前有郭富奠自序、咸豐四年郭富奠自序、目錄。全書 15 篇，敘事如《語妻》《語某令》《語某府》《語某僕》、議論如《語〈蕩寇誌〉》《語算》《語友》《語千字文》《語槍法》《語全體新論》《語教》、考證如《語饕餮》等，語涉亡妻、宿儒、貪官、說部、醫學、小學、軍事、倫理、宗教等，用世激切，言語諄諄。

《籜廊瑣記》九卷　　王濟宏撰

王濟宏字懺生，河南固始（今屬信陽市）人，道光辛巳舉人，咸、同間歷任儀隴、崇慶等處知縣。《清史稿藝文志拾遺》子部雜家類雜記之屬著錄。新興書局《筆記小說大觀》本（影印咸豐四年晉文齋刻本）。前有庚寅山花頭陀序、自敘、目錄。所記清初至咸豐間所聞見之俠客、鬼怪、夢異、貞烈、古蹟、公案、文人軼事等，其中多嘉、道間中州故事可稱地志小說者；其他如書畫（《記畫驢》）、園林（《記南園》《記武家洲》）、遊戲文（《記玫瑰》《記鳳仙》）、水災（《記水災》）、史論（《記東陵侯》）、內亂夷務（《記紅樵殉難事》《記李總戎》《建昌夷務》《元寶山撫夷事》《靖遠遊擊要令事》，卷九尤為集中。夷者，即今日之少數民族也）、奏議（《記擬行票鹽議》《記擬邊地團法八條》）、經濟（《附銅廠採礦法》）等。每則（篇）有標題，如《俠女》《白虎煞》《狐》《披麻煞》《梅精》《義舉》《浪子》《烈婦》《水怪》《靈神》《好色》《賭引》《鬼》《犬》《巫》《道士》《骷髏》《淫神》《驢解元》《奸獄》《盜案》《狎虎》《狐丹》《張孝子》《無常》《茅山法》《病喉》《千年桑》《節婦》《蝗神》《亡女》《蜈蚣逐蛇》《閨房鬼哭》《明經報德》《妖夢》《伯祖遺事》《燕子銜藥》《磷火求雪》《血食觀音》《百腳怪》《文王見招》《飛來佛》《麻城僧兵》等，每則（篇）後多有「記曰」冗語，補充正文外，多道德之判。全書中志怪類於《聊齋》而縟麗不足，兼有引小學書、方志考證之語（如《記淮海字訛》），亦乾嘉考據風會痕跡也。內容叢雜，故不可列入「聊齋體」小說也。

《盾鼻隨聞錄》六卷　俞泰琛撰

俞泰琛事蹟不詳，有《鑄鼎覺謎錄》三卷。《八千卷樓書目》小說家類雜事之屬、《清續文獻通考·經籍考》史部雜史類著錄。俞氏書未見。今有文海出版社《近代中國史料叢刊》本《盾鼻隨聞錄》八卷，題「樗園退叟編」，前有咸豐四年甲寅姚際雲序、目錄、《盾鼻隨聞錄例言》。是書為汪堃所撰，一名《辛壬癸申錄》，雜史之類，卷一《粵寇紀略》、卷二《楚難紀略》、卷三《江禍紀略》、卷四《汴災紀略》、卷五《摭言紀略》、卷六《異聞紀略》、卷七《各省守城紀略》，所記太平天國事蹟較詳細，惟卷五《摭言紀略》、卷六《異聞紀略》多類小說家言；卷八《獨秀峰題壁》《楚南被難記題詞》《金陵紀事雜詠》《江寧女子絕命辭》所載為洪楊之役中遇難者詩詞。此書薛福成於《庸庵筆記》卷三《盾鼻隨聞錄當毀》條云：「其命意專為道州何氏（按：何紹基）而發，兼以謗一二平生所憾之大吏，如吳文節公（文鎔），賢督撫也，而堃亦毀之。」姚際雲序云此書「蓋仿明人《戎車日注》之例，而持議正大，敘述詳明，忠義之忱，溢於言表。」亦非虛言。又晚清民初為中國雜史寫作編纂又一高峰，其中關於太平天國（洪楊事蹟）者，是書外，見諸巴蜀書社《中國野史集成》及《續編》者，不下三十種。故本期說宮闈、說名臣、說外域、說文苑外，說洪楊者一時可稱繁盛，編年、紀傳、紀事本末諸體盡見，其中不乏小說家之談，如《洪楊軼聞》《江南春夢庵筆記》《洪福異聞》《弢園筆乘》等，滄桑之變、以廣聞見之意。

《女世說》一卷　嚴蘅撰

嚴蘅（1825～1854），浙江仁和（今屬杭州市）人。《中國古籍總目》子部小說家類著錄。今有《娟鏡樓叢刻》本（民國鉛印本）。此書為嚴蘅未竟本，八十餘則，每則無標題，羅列清代女史如王倩、吳蘋香、王芬等才藝德行，尤以詩詞為主。雖云「世說」，實類女史小傳，無類目。書後有陳元祿跋云：「右亡室嚴端卿孺人手纂。端卿棄我去之明年，得諸針線篋中，漫漶塗乙，僅而能識時序後先，都無詮次，未竟本也。乙卯九月，坐月抱珍軒，破兩夕錄之。孺人工小詞，工音律，慈淨華妙，未三十遽卒，閨友悕焉，為刊此書，以誌愛緣。」清初有李清《女世說》，此同名書也。

《夢談隨錄》二卷　厲秀芳撰

厲秀芳，字實夫，一字惕齋，江蘇儀徵（今屬揚州市）人，道光舉人，曾

官山東武城縣令，參纂道光《續武城縣志》，有《夢談隨錄》《真州竹枝詞》等。《中國古籍總目》史部職官類政書之屬著錄。新興書局《筆記小說大觀》本。咸豐五年張安保序，光緒三年程畹跋。此為厲秀芳談為官治理之道，敘事兼議論，每則無標題。厲秀芳原有《臆說》三卷，「觀其所紀聽訟折獄之明慎，催科撫字之賢勞，親賢禮士之敬且恭，事上官接同僚之誠且篤，而知所以得民者有由然也。」（張安保序）此書則經洪楊之役後，續《臆說》之遺餘，「所藏書籍，蕩然無復存者，君居鄉無聊。乃追述治武軼事，積久成帙，顏曰《夢談隨錄》，復以示余，余置案披覽數四，其中奇情駭目，快論愜心，文章之妙，有似《左傳》《國策》，有行山陰道上應接不暇之樂。」（張安保序）循吏之作。

《冷廬雜識》八卷　陸以湉撰

　　陸以湉（1801～1865），字敬安，號定甫，浙江桐鄉（今屬嘉興市）人，道光十六年進士，官台州、杭州教授，曾入李鴻章幕府，有《甦廬偶筆》《冷廬醫話》等。中華書局《清代史料筆記叢刊》本。前有咸豐六年自序、目錄。陸氏自序云：「學莫貴於純，純則不雜，著之為書，可以闡淵微之蘊，成美盛之觀，此必具過人之資，復殫畢生才智以圖之，用力深，斯造詣粹，理固然也。余不敏，幼惟從事舉業，弱冠即以是授徒，三十五歲通籍，宦遊武昌不？愈年改官歸，復理舊業，三十八歲為校官，幸遂祿養，冀得捨帖括專精典籍，而勢不可捨，事與願違，孜孜於手批口講，迄今又十七年矣。自念半生佔畢，於道無聞，且以心悸疾不克為湛深之思，雖詩詞小技亦未底於成。近歲屏棄不作，暇惟觀書以悅志，偶有得即書之，兼及平昔所見聞，隨筆漫錄，不沿體例，積成八卷，名曰《雜識》，蓋惟學之不能純，乃降而出於此，良自愧也。至於搜採之未精，稽考之多疏，論說之鮮當，則甚望世之君子正其失焉。」此書內容有詩話、藥方、軼事、書畫、文獻。詩話中論詩之語無過於詩歌文獻。每則有標題，如《尊師重道》《皇甫芝庭詩》《破邪論序》《潘文恭公》《金布衣》《八仙岩》《解元聯捷》《世說新語里諺》《蒼耳子蟲》《黃莘田詩》《孤山梅石圖》《甲申十九忠臣》《龜策列傳》《文家操縱之筆》《七巧圖》《吳石華詞》《倪烈婦》《諸葛武侯祠堂碑》《文體相似》《目疾秘方》《賄賂免禍》《悼亡詞》《詩賦奇格》《寄園銷夏圖》《藥忌》《醫學源流論》《顧橫波小像》《鐵畫》《湯將軍殉節詩》等，所言多有新意，語亦清致，為咸豐中雜說筆記之傑出者，故李慈銘

《越縵堂讀書記》中云此書「頗有史學，記時事亦多可觀，較近時梁紹壬《兩般秋雨庵隨筆》、梁章鉅《歸田瑣記》諸書勝一籌。」

《明僮合錄》二卷　碧里生編

　　碧里生事蹟不詳。《八千卷樓書目》子部小說家類瑣語之屬著錄。中國戲劇出版社《清代燕都梨園史料》本。《明僮合錄》前有同治六年玄山劍石主人《明僮合錄序》，後有《明僮合錄跋》。此書為《明僮小錄》與《明僮續錄》合編本，前為余不釣徒撰，後為殿春生撰。二人事蹟皆不詳，蓋皆牢落不偶之人。《明僮小錄》前有咸豐六年丙辰余不釣徒自序、并州挹翠主人等題辭。載京中伶人者八（張慶齡、徐棣香、張添馥、姚桂芳、沈寶玲、朱福保、吳雙壽、范小金），如述沈寶玲云：「松保沈寶玲，字蓉仙。風流放誕，媚態橫生，演蕩婦尤神似妖韶。自詡嗔喜不常，真若有一顧傾城者，而名噪甚。」《明僮續錄》前有同治五年殿春生自序、鵝湖鑄鐵生等題辭，後有同治丙寅余不釣徒跋。殿春生云此書「爰乃廣彼前聞，衷為續錄，用遺同好之士，不辭效顰之譏。庶幾使知音者見求於盛時，悅影者流連於異日云爾」。載優伶者十三（劉倩雲、巧玲、王彩琳、沈全珍、萬希濂、鄭秀蘭、時小福、沈振基、陳潤官、任小鳳、汪小慶、張蓉官、鍾鳳齡），如述沈全珍云：「麗華沈全珍，字芷秋，吳人。玉立亭亭，擅碩人其頎之勝。演《遊園驚夢》《鵲橋密誓》等劇，體閒儀靜，纏綿盡情。每登場，恒芷儂偶，璧合珠聯，奚啻碧桃花下神仙侶也。強多力，擅拳勇，舉碌磚如弄丸。距躍曲踴，視短垣猶戶閾焉，然不以豪氣傷其體，時論謂與『二雲』同工異曲，一時鼎足，嗣響其難，知言哉。」

《見聞近錄》四卷　俞超撰

　　俞超字福先，號漱園，浙江海昌（今屬海寧市）人，乾隆四十二年舉人，官蕭山教諭，有《漱園吟草》等。《中國古籍總目》小說類文言之屬著錄。臺北經學文化《稀見清代四部輯刊》影印咸豐六年平江三德堂刻本。是書前後無序跋，共180則（篇）左右，每則（篇）無標題。所述以怪異居多，如「湖州潘翁見觀音大士」「勞山高道士」「山西和順龍王堂」「蕭山戴孝廉敬惜字紙」「吾鄉土人扶乩」「禾中梅里嚴老佛」「蕭邑單治中」「杭城魯齋居士」「長興縣某館師」「王廷珍醫士」「吳秋漁近鄰不孝」「王石鯨言山怪」「九和尚」「蕭山舟人入冥」「歙縣傅公子廟」等，不過狐鬼方技入冥附身異夢之類，旨在勸善；

軼事次之，如「蘇州甘鳳池技藝絕倫」「蕭邑鄒烈婦」「金華韓生貧甚」「鹺賈韓姓奢侈太過」「潘生補陔雨中論詩文」等，文風清雋。他者有藥方「蕭邑有某姓婦患乳岩」、博物如「蕭邑捕野鳧」，亦足以廣見聞。間有輯錄他文如文泉《三甦記》、馮夢亭《跋金雲莊比部所刻佛經》、王特山《記夢》等以敘事者，故事以浙省居多，目擊耳聞，語在徵實。

《坐花誌果》八卷　汪道鼎撰

　　汪道鼎字調生，浙江仁和（今杭州市）人，其他事蹟不詳。《中國古籍總目》小說類文言之屬著錄。文聽閣圖書有限公司《晚清四部叢刊》影印同治二年刻本。前有同治元年楊錫梅序、同治癸亥巇芝道人序、同治二年禺山子衡氏序、咸豐七年丁巳蕭文輝序、咸豐丁巳荊履吉序、《凡例》4條、目錄。荊履吉序云此書不過醒世救世之意，非足與《閱微草堂筆記》相抗行也：「小說九百，始自虞初，漢魏以降，喜作浮誇豔異之詞，造端指事，厄言日出，《浮休》《乾譔》，淺而不經，《齊諧》《諾皋》，誕而無當，縱袞然成帙，無補世教，宋人則詳於國故朝章及前言往行，史家往往取衷焉。本朝競尚蒲留仙《誌異》一書，其用筆彷彿遷、固，極才人之能事，然所紀半屬鬼狐，餘亦雜以遊戲，識者不無遺憾。乾隆間河間紀文達公，抱宏通淹雅之才，撰錄《四庫全書提要》，以儤直餘晷，成《灤陽消夏錄》《如是我聞》《槐西雜志》諸書，一時風行海內，其大旨以考據辯論之作即甚精覈，非好學深思者，鮮克心知其意。惟稗官小說，自士林以迄農賈，無不雅意瀏覽、津津樂道，故寓懲勸於筆墨之中，其書易行，其言亦易入，所謂覺夢晨鐘、迷津寶筏，惟文達足以當之。今調生雅負雋才……此書敘事雅，論斷不苟，且實事求是，博訪再三，無臆造之言、雷同之說，其足媲文達與否誠不敢知，要其救世苦心，吾於調生益信之矣。」是書 118 則（篇）左右，「專記三十年以來耳聞目見、有關懲勸之事。」事皆徵實如《閱微》之法，「原期雅俗其鑒，婦孺皆知，故行文務取委曲詳明，不敢以簡潔為高，轉滋晦澀，亦不敢以新奇鬥異，致失本真。」（《凡例》）不過因果報應之事，每則有標題，如《何孝子》《錢文敏公》《穩婆苦節》《乞丐福報》《偷兒福報》《鬼捉醃婦》《某烈婦》《雷震凶徒》《救人延壽》《子死復生》《妒奸誤殺》《陰騭兩榜》《殺婢索命》《鬼文入殼》等，文風樸質，較之魏晉小說而加長，比諸《閱微》而少理，文後多有坐花主人評語，亦理事情三者評說而已，如卷一《十金易命》評云：「人每謂窮通壽夭，

唯命所繫，而豈知造物之報施，全視其人之自取乎……禍福無門，唯人自召，於此而益信，可不勉哉、可不戒哉。」

《止止樓隨筆》十卷　許煥撰

許煥字絢文，號南軒，江蘇山陽（今屬淮安市）人，同治癸亥進士，官霍山知縣。《中國古籍總目》子部小說類文言之屬著錄。文聽閣《晚清四部叢刊》影印咸豐七年刻本。前有咸豐七年丁巳許煥自序、每卷目錄。全書共 227 則左右，所述有異聞如《簽卜》《冥拘》《仙丐》《題神》《陰控》《妖術》《麒麟橋》《賭醫》《乩仙》、軼事如《歌女求解》《石補天》《喜用周禮》《薄金害命》《烈女》《好引四書》《掠美》《張總督》《牌諭》《文犯學使名》《自成一家》《王東軒》《江南科場》《槍手》、瑣語如《黃鶴樓題字聯語》《諧謔》《謔對》《三字令》《聯語》《絕對》《詼諧》《謎》《巧對》《謠聯》《枇杷行》《諧趣》，詩話文論如《湖光山色集王序》《西廂記》《文章自圓之法》《詩人翻新》《板橋論文》《大悲閣》《板橋詞》《六如畫》《扇詩》等，考經論史如《慈愛》《僕射》《別解》《子貢稱師字》《陳平盜嫂》《說部語多不真》《情與禮乖》《思慮》《惡俗》《四書注》《博戲》《處人骨肉》《張良辟穀》等，可謂考證、議論、敘事並存之書，考辨中多引用他書如《花鏡》《漁洋山人精華錄》《花村談往》《茶餘客話》《花間笑語》《隨園詩話》《柳崖外編》等文，敘述簡淡，有獨立之精神（自序云不求王公大人湖海名流作序，「茲隨筆十卷，乃近年無聊之寂思，體例既多，未諳序次，亦有不倫，學識淺而講究疏，即此可見，閱者必有以教我也，他無敘焉。」）無虛妄之故智，雜家筆記之類。

《雨韭盦筆記》四卷　汪鼎撰

汪鼎，字禹九，浙江山陰（今紹興市）人，長期幕遊於吳越嶺南間。《清史稿藝文志補編》子部雜家類著錄。《廣州大典》影印咸豐八年刻本。前有王銘鼎序，書後有咸豐戊午杜雋跋、汪琛跋。王銘鼎序云：「夫雜家之書，歷代所錄，為體不一，其類至多，或矜考據之精詳，或辨典章之沿革，又若《周秦行紀》多誣妄之詞，《耆舊續聞》，失翦裁之要。凡茲之類，無與斯編，若夫標舉山川，採掇文字，紀傳聞之瑰異，敘賢哲之流風，新語可傳，奇觀斯在。是以歐陽詩話，及瑣事以無嫌；成式高文，著《雜俎》而亦可。」卷一述天文氣候氣象軍政涉外公案倫理，如《月光水火》《星無移隔》《月虹星闌》《雨》《颶

風》《龍》《雷》《平苗》《吏治》《黑地獄》《築堤》《風車車水》《寬嚴》《夷洋》
《論古》《述智》《骨綠》《祖智》《新婦飽餐》《孝子汪然傳》等。卷二以身所
經歷，言謙虛退讓慎獨之益、軍政公案、怪異事若干及山水之遊，如《息事》
《謙益》《微小人》《父子》《方圓》《擇婿》《格言》《風度》《矯情》《洋盜》《白
蓮教》《退賊》《胡神仙》《西湖》《丹霞山》《果老峰賦》等，並對當時積弊如
吸食鴉片給予批評，語氣類於《菜根譚》。卷三博物如《雲錦石》《風蘭》《活
鱔魚》《麻藥迷六畜》《異味》《蟋蟀》《蟾蚓》《蟻鼠》等，志怪如《怪》《龍魃》
《蛇虎怪異》《僵屍》《奇疾》等，方技如《星相》《相術》《改命》《堪輿》等。
卷四論詩文如《雨亭公詩》《設色》《苦吟》《詩詞》《集唐》《詩》《遊覽諸什》
《勝事》《雪詞》《牡丹詩》等，輯錄詩詞較多，其他又有《近狀》《畫》《燈謎》
《梨園》《琴》《弈》《虎口餘生棋譜》《蟲喻》《謝客》等，雅玩之意也。此中
雖遊幕所得，語在徵實，然其間志怪炫奇，亦同小說志怪如卷二《鎮驚》《膽
力》《奇險》《感應》《異僧》等，杜雋謂「此書雖率意之作，體例近於小說家，
然其中論史論吏治諸條皆明白曉暢，得古人之微意，其他議論亦平正通達，無
偏宕矯激之弊，而所紀昔人之遺言軼事與夫山川之勝概、天壤之異同，皆足以
裨勸誡而資聞見，則雖雜家之書，亦可窺見其學術之厓略矣。」文風質樸，幕
客文學也。

《沮江隨筆》二卷　朱錫綏撰

朱錫綏（1819～？），字嘯筠、小雲、筱雲、嘯貧，江蘇太倉（今屬蘇州
市）人，道光二十六年舉人，曾任湖北枝江、遠安知縣，有《疏蘭仙館詩集》
《幽夢續影》等。《中國古籍總目》子部雜家類雜學雜說之屬著錄。文聽閣《晚
清四部叢刊》影印咸豐八年刻本。前有咸豐八年盛徵琪序。盛徵琪序云遠安迭
遭兵燹，文獻缺略、志乘無遺，朱錫綏攝篆後「問民疾苦，庶務咸舉，因公所
歷，復與父老訪山川、考風俗，有一名一物一邱一壑之新異可喜者，輒徘徊不
能去」。此書本為補遠安志乘而作，卷下《縣志》條云：「《遠安縣志》八卷，
教諭劉君子垣修輯，余視遠事，志已付刊且過半矣，既成，劉君首列余名，余
初不知也，計生平未嘗掠美，此事殊疚心，因錄在遠見聞，釐為二卷，語雖不
精，意在輔翼縣志，以補吾歉。」全書 50 餘則，所述有遠安軼事異聞如《方
孝子》《蛙異》《宋素我》《朱風子》《祖遇》《袁公遇仙》《陳節婦》《蕭節婦》、
草木金石如《牡丹》《蘭蕙》《慧遠》《黃泥坳石碣》、山水勝蹟如《錦浪園》《龍

洞》《仙女洞》《夜紅山》《芝蘭洞冰柱》、詩話《寒葉分詠》《郗僧》、風俗《獅戲》《送秋》《中秋過禮》、土產《人魚》《錦雞》《蜜棗》《朱橘》《巨瓠》等，敘述典雅，有小品之致。

《泰西稗聞》六卷　夏燮撰

光緒《重修安徽通志》卷二百二十七載：「夏燮字謙甫，當塗夏鑾子。道光辛巳舉人，由青陽教諭改江西宜黃知縣，治尚清簡。公事暇，研心著述，老而彌篤，著有《明通鑒》一百卷、《五服釋例》二十卷、《述均》十二卷、《中西紀事》二十卷、《粵氛紀事》二十卷，又校勘明《陶安學士集》、吳應箕《樓山堂集》及國朝汪萊《算學遺書》，俱刊行。其未刊者，尚有《漢書八表刊誤》《明史綱目考證》《明史考異》《謝山堂文集》等書。」此書未見，民國《當塗縣志》雜家類著錄，提要云：「書首自署『謝山居士』，鈔本藏於陳鵬飛家。是書成於咸豐九年，與魏源《海國圖志》相表裏，而採取較嚴。卷一述佛蘭西、彌利堅、俄羅斯三國近事。卷二述英人通商本末。卷三首列外洋通商船隻，次外洋稅則章程，次五口近事，次華人採金近事，次洋商與華人貿易議款。卷四首述英吉利立國源流，次西人教法源流，次歐羅巴文字之源，次波斯景教，次外邦政事。卷五述西土疇人淵源。卷六首述西人論地球形勢，次推廣西人對數捷法，次西人製器之學。其大旨以中國五港之口既開，輪舶火車瞬息萬里，異域遐方，邇若咫尺，顧乃局守堂室，視聽曾不及乎藩籬，非可久之計，故於各國建除興廢及與內地交通原委，莫不考據詳審，為改革中國基礎，其強識洽聞、精心遠見有如此。」

《消閒戲墨》二卷　王棨華撰

王棨華，字達亭，號局外散人，河北定州（今屬保定市）人，嘉慶間增貢生，有《達亭老人遺稿》。《清史稿藝文志拾遺》雜家類雜說之屬著錄。鳳凰出版社《中國近現代稀見史料叢刊》之《達亭老人遺稿》本。此書 61 則（篇）（前 60 則皆無題目，末篇為《酒令》，朋舊餞別歡筵之語也），每則（篇）無標題，所載乾、道間鄉里軼聞異事，故醇謹厚德之事外，為公案、志怪（狐鬼屍變龍墜離魂）、方技（鏡聽卜祝）、盜俠、謔語、夷風、騙術、雜技等，文風樸質，人物對話間有平話出之者。然其每篇評論、狐仙書生繾綣旖旎、行文組詞處，亦大類《聊齋》，蓋此公諳熟柳泉之書，故燈下閒談，聊以小說

自誌。該書整理者朱珊女史云此書與王用臣之《斯陶說林》，皆為保定地志小說者。

《桐陰清話》八卷　倪鴻撰

倪鴻（1829～1892），字延年，號耘劬、雲腰，廣西臨桂（今桂林市）人，官廣東番禺縣丞，有《退遂齋詩鈔》等。廣東人民出版社《嶺南文庫》本。前有汪璨序、後有咸豐八年戊午陳起榮跋。汪璨云此書「其標格可呼南部之《新書》，較以體裁，似勝東軒之《雜錄》矣。」卷一前有倪鴻小序，云：「咸豐戊午夏月，避亂佛山。屋西有梧桐數樹，覆低簷而接葉，傍危石以藏根。一琴可眠，三徑無暑。每當疏雨乍歇，清風徐來，朋舊過從，輒坐其下，笑樵蘇之不爨，設茗具以清談。經史之外，兼及藝文，莊論之餘，間以諧謔。或傳前賢之軼事，述疇昔之舊聞焉。客去夜深，苦熱不寐，輒信筆記之。平素耳目所及者，亦雜綴其中。記得四百二十二條，聊命鈔胥編為八卷。鄙人學殖無似，見聞不多，茲率意所成，都無體例。周密《齊東》之語，友仁《研北》之書。緬彼古人，固非所及也。」本書類於《粟香隨筆》，雜事、瑣語為主，其中詩話較多，實「詩」多「話」、「詞」少。每則無標題，詩詞之外，尚有對聯、燈謎等。陳起榮盛稱此書，云為《朝野僉載》《貴耳集》《師友談記》之類，蓋過譽之語也。

《斯未信齋雜錄》六卷　徐宗幹撰

徐宗幹（1796～1866），字樹人，一字伯楨，江蘇通州（今南通市）人，嘉慶二十五年進士，歷官福建臺灣道、福建按察使、浙江布政使等，有《斯未信齋詩集》《濟寧金石志》等。《清史稿藝文志拾遺》子部雜家類雜說之屬著錄。上海古籍出版社《清代詩文集彙編》影印本（文海出版社《近代中國史料叢刊續編》本刪落《用靜吉軒隨筆》《南臺精舍隨筆》兩篇，為不全之本）。無序跋。此書為徐宗幹自道光二十一年至咸豐九年後宦遊山東、福建、南通、臺灣時的隨筆六卷 13 篇。內容有各地風土、所歷政事、書畫文獻、科舉、烈女、歌詠、藥方、傳記、學術、志怪、憶遊、祖德等。卷一《用靜吉軒隨筆（辛丑）》，卷二《南臺精舍隨筆》，卷三《堊廬雜記》，卷四《丁戊隨筆》《斐亭隨筆》《君子軒偶記》《退思錄》，卷五《壬癸後記》《癸丑日記》，卷六《甲乙日記》《丙辰日記》《歸田續記》。此為隨筆，實為日記之體，文筆簡潔，敘事真切，與後之朱維魚《河汾旅話》、文廷式《南軺筆記》文風相近而過之。循吏之風、憂患

之情，躍然紙上，可謂晚清官吏生活之實錄。晚清日記內容繁多，對今日四部之學研究價值極大，此不可不留意者，其中「旅話」一類，關乎敘事、議論、考證、載記、抒情，旅況見聞，興味良多。

《酒闌燈灺談》四卷　　許之敍撰

　　許之敍（1827～？），字煦齋，號彝伯、芝秀軒主人，浙江仁和（今杭州市）人，道光己酉舉人，咸豐間歷任永定、石門等處知縣，有《芝秀軒詩集》。《清史稿藝文志拾遺》子部小說家類雜錄之屬著錄。新興書局《筆記小說大觀》本。全書 185 則（篇）左右，每則（篇）無標題。內容有志怪（「衡山黑龍潭祈雨」「水鬼」「山東白蓮教」「魂附媳」「長沙狐祟」「猾吏某甲入冥」「衡山縣華光神嘉慶間顯」「山西長治縣昭治王」「咸豐四年岳陽罹難鬼」）、公案（「衢州周氏子」「猴竊銀」）、軼事（「買妾裸觀」）、騙術（「貼膏藥偷錫壺」「賣假珠」）、方術（「金陵有市藥者」「神童戲」）、諧語（「茄字」「僧不甚吃葷酒」「賽中堂征粵寇」）、藥方（「神仙粥」「保全母子方」「武克亭家藏秘方」「化妒丸」「化針洗眼方」）、遊戲文（「花奇溫傳」即棉花傳）、遊記（「道州月岩」「余倩稚蘅作紀遊」）、詩話（「山陰陶燮咸」「張東墅觀察」「章芑馨由浙來楚」「吳下棹歌」「繆蓮仙艮」）以及考證（「歷代稱『太平王』考」）、議論（「凡物能夜明者」）等，所述時間下限為咸豐庚申，時許氏在京都。此書作於咸豐十年左右，時當東南洪楊亂起，亂世衰颯，冤鬼侮人，如「咸豐四年五月粵匪既據岳陽，復旁掠武陵，經月乃去，城中死喪數千百，罹刃者半為守城丁斷脰決腹，積屍累累，上則盈城堞，下則填街巷，穢腐蟲嘬，市過鮑魚矣。難既平，瘞屍滌血，民仍舊居，入夜即聞鬼哭聲，虩虩遍城市，城頭巨甓，當街飛擊人，漏再下，無敢行者。」「墟里無煙，餓殍在道」。敘述中目擊耳聞外，多輯錄他書如《冷廬雜識》《履園叢話》《兩般秋雨盦隨筆》《宸垣志略》《家難瑣記》《義僕傳》之文，卷四詩文尤多。所述志怪寓因果報應（湘中事實較多），文後間有「外史氏」「清溪生」評語。按其體性，議論、敘事、考證、載記皆備，可入雜說筆記之流。按此書石昌渝主編《中國古代小說總目》未著錄，「芝秀軒主人」原未知其名，筆者據卷二中「造齡都轉署，謁叔祖涑文侍御」「丙辰（咸豐六年）……臘月攝永定篆」等記載，並查許其光籍貫事蹟、《（同治）續修永定縣志》卷七《職官》及清代民歌集《天籟集》（錢塘鄭旭旦輯，同治八年錢塘許之敍芝秀軒刊本），確定「芝秀軒主人」即許之敍。

《曼陀羅華閣瑣記》二卷　　杜文瀾撰

　　杜文瀾（1815～1881），字小舫，浙江秀水（今屬嘉興市）人，入贅為縣丞，歷任海州分司運判、江寧布政使、江蘇按察使、兩淮鹽運使，有《採香詞》《憩園詞話》《詞律校勘記》等。《清史稿藝文志拾遺》小說家類雜事之屬著錄。文聽閣圖書有限公司《晚清四部叢刊》影印咸豐十一年刻本。前有咸豐九年褚榮槐序，後有李肇塽跋。全書 156 則左右，每則無標題，內容有異聞如「秀水南門草庵老尼」「西水驛巫」「武昌遇大風」「金龍四大王」「徐稚梅能視鬼」「夢僧投胎」「鰲山書院鬼」「棲賢寺僧」「潘陽湖黿將軍廟」「癡道士」「沈寅恭入冥」「淮陰柳樹神」「贛榆旅店」「江都署狐」「鬼求鴉片」「江浙招魂法」、軼事如「庚戌錄囚」「襄陽縣囚」「鍾祥縣盜」「袁希祖」「荊州萬城大堤」「揚州拒賊」「杜文浩殉國」「女子生鬚」「常州寺鐘」「令尹贈金」「胡餅聘妻」「秦淮校書」「紹興延齡善記」「南沙河題壁詩」「鬧房陋習」、遊記如「粵西山水」、博物如「漢壽亭侯飲馬器」「花旗國照相」、風俗如「苗婦不褲而裙」等，皆親友談論或生平經歷之事，文風古淡，筆簡而核，其中多咸豐間洪楊之亂事蹟（卷下「咸豐癸丑春粵逆分股北竄」「戊午九月粵匪竄儀徵」），敘事前或發議論，李肇塽稱許此書「其事核而詳，語馴而雅，舉凡人事之變異，幽明之感召，靡不昭然顯著，而其所載者多有符乎善惡報施之旨。」

《麗廔薈錄》十四卷　　蔣超伯輯

　　蔣超伯（1821～1875），初字夢仙，改字叔起，號通齋居士，江蘇江都（今揚州市）人，道光二十五年進士，歷官軍機章京、江西道按察使、廣州知府等，有《通齋全集》。王韜《弢園藏書目》子部小說家類著錄。北京出版社《四庫未收書輯刊》影印咸豐刻本。前有自敘、目錄。此書為輯錄他書以辯證者，以史為主，且「比事」（按類編排史事）較多（「比事」之書，以清初方中德《古事比》五十二卷為大宗。「比事」與類書不同，見《古事比凡例》）。每則有標題，如《歷朝福祚》《聖神異表》《倉頡》《三儁事蹟》《改元考同》《帝王別號》《小說有本》《老子》《文思院》《三笑之誣告》《鹽池》《清源真君》《城隍》《百年歌》《南屏摩崖大字》《柳莊相法》《裴注之博》《風角鳥占》《金石之厄》《北宋世系》《梅花喜神譜》《李少鶴詩》《刑酷莫如秦》《山經有不可解》《鮑明遠與妹書》《方韶卿詩》《焦延壽止一令》《元季童謠》《古人名言》《尉繚子》《古本漢書》《攻心為上》《宋玉諷賦》等，與俞樾《茶香室叢鈔》體性相似，蓋讀

文史之劄記也。李慈銘《越縵堂讀書記》云「其書刺取子史集部語之新奇、事之隱僻者,或為之綴集,或直寫其文,每卷皆首條其目,以後連綴書之,不分門類,意在多識,罕所考證,間有一二偶涉經典,亦皆瑣文碎義。雖駁雜疏漏,均所不免,而鉅細雜陳,頗資摭拾,蓋兼說部家雜纂小說之流,其源始於高似孫之《緯略》,可與明之《玉芝堂談薈》《留青日劄》,國朝之《寄園寄所寄》《柳亭詩話》諸書,並佐談諧、無傷大雅者也。」

《榕堂續錄》四卷　　蔣超伯撰

《中國古籍總目》子部雜家類雜記之屬著錄。國家圖書館、南京圖書館藏同治六年羊城聚珍堂刻本。今有《廣州大典》本,二卷。前有丁卯蔣超伯序、目錄。「續錄」者,續《麗澤薈錄》也。所述與《麗澤薈錄》相類,輯錄他文以考辨者,每則有標題,如《梁武帝鑴文》《子張昇十哲》《水中負船》《八中梵音》《景泰禪師》《宗室》《中興四將》《南中用銀》《十二宮之星》《禪宗三四五祖事蹟》等。

《南湑楛語》八卷　　蔣超伯撰

《中國古籍總目》子部雜家類雜考之屬著錄。廣陵書社《筆記小說大觀》本。前有李承霖序、蔣超伯《五十自述》、目錄。是書載記書畫、考證經史子集文獻、記錄藥方、軼事等,考史較多,與《麗澤薈錄》《榕堂續錄》體性相同,而諸子、集部之學過之。每則有標題,如《韻趣》《羿禹並稱》《左慈》《關雎》《俚語》《明人集》《唐人多工文者》《十八侯》《善狀竹梅者》《論畫(十則)》《硯(二則)》《空青》《樊川集序》《米公獲硯帖》《閨閣工書》《鍾馗》《易緯》《五言似詩者》《漢晉人五言之似詩者》《懷素草書》《公羊文筆之妙》《六帖》《鬼遺方》《論孟(五條)》《岐黃之學(十六條)》《畫禪》《讀莊子》《揚子法言》《元世多封號》等。

《信徵集隨筆全集》三十二卷　　段永源撰

段永源字廉泉,號錦谷,雲南晉寧(今屬昆明市)人,道咸間貢生,以軍功官廣東碣石通判,有《虛心晚節集》等。民國《新纂雲南通志》小說家類著錄。文聽閣圖書有限公司《晚清四部叢刊》影印同治間刻本。是書16集32卷620則(據《贅集》目錄小字),然筆者所見為《前》《後》《續》《補》《增》《復》《又》《別》《閏》《贅》《餘》《緒》《紀》《載》《附》15集,每集前皆有

序、目錄，體例類乎《堅瓠集》。《前集》前有同治七年張銑序、庚申段永源自序，頁眉及書後有鮑璈評。《後集》咸豐十年歐陽琦序，頁眉及書後有黃政廉評。《續集》前有同治九年李培謙序、咸豐十年段永源自序。《補集》前有同治四年畢溥榮序、同治四年段永源自序，書後又有同治四年畢溥榮序。《增集》前有同治二年黃政廉序、同治五年段永源《玲瓏石齋文集序》。《復集》前有同治元年黃政廉序、譚國恩《題詞》，同治四年畢溥榮序、同治五年段永源自序。《又集》前有黃政廉序，《別集》前有黃政廉序、同治六年段永源自序，後有同治六年王仁謨跋。《閨集》前有畢溥榮序。《贅》前有同治七年李培謙序。《餘集》前有戊辰畢溥榮序、同治五年盧慶郇序。《緒集》前有同治九年劉湘年序。《紀集》前有戊辰蔣超伯序。《載集》前有同治九年李培謙序、張銑序。《附集》前有錦谷氏《題詞》、丙寅馮鎧序。是書本段永源同治庚申正月讀《太上感應篇》生啟悟之心，「深信報應之理」，意在世人「觸事觸物，得生其懲勸之思」（據《信徵前集自序》）。書中多言幽冥之事，如《仙訓》《廟殃》《湖神》《粵幻》《擊奢》《僧道》《餓鬼》《海寶》等，蓋師法《聊齋》《閱微》二書，事繫年月，信而有徵。張銑《載集序》云此書「義通雅俗，理昭勸懲，較之《閱微草堂》諸事，更足以振聾發聵。」民國《新纂雲南通志》云：「每集皆上下二卷，序亦如馬首之絡，各集多言鬼怪之事，藉以勸懲世人，立意未嘗不善，惜詞筆濫冗，去《聊齋誌異》《庸庵筆記》等書遠矣。」

《紅蕉仙館聞見瑣志》十二卷　松榮撰

松榮字友芝，孟姓，北平（今北京市）人，隸漢軍鑲紅旗，海保（約卒於1870年，有《守拙軒詩稿》三卷《軍中雜稿》一卷，見《八旗藝文編目》）子。《中國古籍總目》小說類文言之屬著錄。文聽閣《晚清四部叢刊》影印清鈔本（第十一卷存一則，第十二卷缺）。前有王元熙序、目錄。是書得諸聞見，以異聞為主，如《地中出血》《大父前身》《雷驅蝙蝠》《常熟縣衙狐》《泥人自行》《文場冤鬼》《僵屍》《任氏狐》等，軼事次之，如《王仲瞿先生》《沈宗伯》《柳如是》《紀文達》《奸案》《年羹堯逸事》《蕭縣奸案》《甘鳳池》等，間有瑣語如《伊犁蟹繁》《古劍玉瓶》《英祠楹聯》《丁字簾楹聯》、藥方《醫骨折方》《救服鹵法》等，可視作志怪之書頁。王元熙稱許此書「淡乃彌甘，奇而且法」。此書塗改處較多（卷十有「男明泰校字」一行），為未定之本，第七卷後有顧氏（印文不清）序一篇，云：「細繹全書，如讀《兩都賦》，如登萬仞峰，筆墨

奇古，耳目一新。聞君一夕話，勝讀十年書。」過譽之語也。所述事蹟已及潘世恩卒後，則為咸豐四年後作品。

《珠江梅柳記》一卷　周友良撰

《中國書名釋義大辭典》云此公為咸豐間廣東人，其他事蹟不詳。《清史稿藝文志拾遺》子部小說家類雜錄之屬著錄。新興書局《筆記小說大觀》本。記辛酉歲（咸豐十一年）周友良、程香輪與雪梅、柳鶯二妓往還之事。旖旎風情之作。

《花南軒筆記》二卷　李能定撰

李能定字碧玲，廣東番禺（今廣州市）人，道光十七年舉人，有《花南軒詩文稿》等。王韜《弢園藏書目》子部小說家類著錄。《（民國）番禺續志》中云：「謹按：張維屏《藝談錄》：『李碧玲著有《花南筆記》不獨有關文獻，並有補於世道人心，非尋常說部，但供談助者可比也。』」未見。

《空空齋囈語隨錄二編》　黃兆魁撰

黃兆魁字葵圃（一云號葵圃），湖北黃州（今屬黃岡市）人，道光丁酉舉人，候選布理問，咸豐間曾入胡林翼幕府，為胡所稱。光緒《黃州府志》子部十一小說家類、宣統《湖北通志》小說家類瑣語之屬著錄。未見。

《蠡說叢鈔》十六卷　胡紹煐撰

民國《安徽通志稿》小說家類綴輯瑣語之屬著錄，云：「紹煐字耀廷，一字藥汀，號枕泉，績溪人，道光壬辰舉人，官太和縣教諭，引疾歸里，咸豐庚申殉難死節，有《文選箋證》曾刊行，著錄集部。是書仿俞正燮《癸巳類稿》例，多就名物掌故、或俗事俗例俗語，而一一溯所由來，正其紕繆。其辯論多徵引古書，或據訓詁聲音之學，為之曲證旁通，足稱博洽。稿藏於家，尚未刊行。」未見。

《硯溪寓言》　范大田撰

范大田，山東陽信（今屬濱州市）人，民國《陽信縣志》第五冊卷五載：「范大田字秋圃，增生，性倜儻不群，與人交，忠直敢言，尤工詩詞與小說傳奇，所著有《硯溪寓言》《硯溪窗草》，藏於家。」《山東通志藝文志訂補》子部小說類著錄。未見。

《耕餘記聞》　郭祺增撰

郭祺增字福山，山東臨淄（今屬淄博市）人。《山東通志藝文志訂補》子部小說類著錄。未見。

《客窗誌夢》一卷　王榮慶撰

王榮慶事蹟不詳。《山東通志藝文志訂補》子部小說類著錄。未見。

《紅書劍記》　佚名

《山東通志藝文志訂補》子部小說類著錄。未見。

《談天譜》一卷、《夢授記》一卷　鄒漢章撰

鄒漢章（1813～1861），字五津，號叔明，湖南新化（今屬婁底市），諸生，隨曾國藩、駱秉章平亂，有《黔滇楚粵水道考》《皇清典地記》等。光緒《湖南通志》小說家類異聞之屬著錄。二書未見。

《金蹕逸史》二卷　天悔生撰

天悔生事蹟不詳。《清史稿藝文志拾遺》小說家類雜錄之屬、民國《河南通志》小說類瑣記之屬著錄。未見。謝國楨《明清筆記談叢》云有鑒悔齋鈔本，所載為咸、同間亂世之事象，未見。

《夢錄》　馬三山撰

馬三山事蹟不詳。民國《河南通志》小說類雜事之屬著錄。未見。

《夢華新錄》十二卷　黃守和撰

黃守和字心田，號靄村，山東即墨（今屬青島市）人，諸生，有《周易集解》十卷、《紫藤居詩草》二卷等。蓋咸豐間人。宣統《山東通志》小說家類瑣語之屬著錄。民國《山東通志》卷一百四十云：「《採訪冊》載其序云：『掌故邪？新聞邪？妖嬌離奇豪氣與閒情邪？但期會心，不必從乎其類。』」未見。

《春明隨筆》《宦海紀聞》《田間雜記》　王燕瓊撰

王燕瓊字寶侖，號可田，湖北黃岡（今黃岡市）人，道光庚子舉人，以大挑知縣簽發四川委，理西藏巴塘軍臺糧務，復官彭山、巴縣知縣與劍州知州等，

卒於咸豐年間。光緒《黃岡縣志》卷十有傳。光緒《黃州府志》子部十一小說家類著錄。三書皆未見。

《四悔草堂別集》（即《愛娘傳題辭》）一卷，《外集（詞）》一卷，《外集別存》一卷　朱瓣香撰

朱守方字瓣香，浙江山陰（今紹興市）人，陸以湉友。《清史稿藝文志拾遺》小說家類雜錄之屬著錄。未見。

《蓮幕本草並贊》一卷　寄萍主人（顧含象）撰

顧含象事蹟不詳。《清史稿藝文志拾遺》小說家類諧謔之屬著錄。未見。

《雪堂雜俎》　王椅撰

王椅字桐鄰，號雪堂，山西洪洞（今屬臨汾市）人，咸、同間諸生，有《絳雪堂詩集》《雪堂詩話》等。光緒《山西通志》小說類雜事之屬著錄。未見。

同　治

《雞肋編》二卷　許國年撰

　　許國年原名震蕃，字梧生，號雷門，浙江烏程（今屬湖州市）人，咸豐壬子舉人，有《禹貢證異》二卷、《坐看雲起時詩鈔》若干卷等。《中國古籍總目》小說類文言之屬著錄。南京圖書館藏同治辛未刻本。前有同治元年周蘭序、同治壬申沈秉成序、丁巳許國年自敘、何兆瀛等《題辭》，後有同治十年許國年跋。此書體同紀曉嵐《我法集》，不過試貼詩集之類，沈秉成序云：「雷門續學多聞，為吾浙名孝廉，著述甚夥，經學尤所致力，詩其餘事。嘗遊齊魯燕趙間，得山川之助，故其為古今體詩，磊落有奇氣，是編又詩中之餘事，未能盡見其所長，然試律做法具備，洵足為士林寶筏。」是書以梁周興嗣《千字文》為題，四句繫一詩，共 250 首，如「宇宙洪荒」詩云：「宇宙開盤古，乾坤道自彰。二儀初混沌，兩界本洪荒。疇測圓如笠，休誇括以囊。水流方浩浩，草昧正茫茫。未見寅生茂，難憑亥步量。大爐誰鼓橐，遠服不分疆。基賴三皇奠，形恢六幕張。」何兆瀛盛稱此書之巧妙，其《題辭》云：「會意尚巧，遣詞貴妍，試貼之科律也，至是編則尤有《我法集》之清真而去其淺易，有尚絅堂之典博而出於圓融，標新領異，錯彩鏤金，當於九家七家而後，獨樹一幟。」破、承、起、結，過譽之語也。

《漁舟記談》二卷　彭崧毓撰

　　彭崧毓字於蕃，一字漁帆，號稚宣，又號筏孫，湖北江夏（今武漢市）人，道光十五年進士，歷官永昌知府、雲南鹽法道和迪西道等，有《求是齋詩文

集》。《中國古籍總目》小說類文言之屬著錄。南京圖書館藏同治二年癸亥刻本。前有同治元年熊家彥序、江湖漁叟自序、目錄。是書共 44 篇，上卷為《純孝》《俗變》《孤忠》《船戶》《節報》《車夫》《義行》《地震》《理學》《崩岸》《善忘》《先兆》《治訟》《禍始》《冤獄》《餉軍》《陰惡》《冤報》《流毒》《煙丐》《習染》《虛文》，下卷《古道》《訓詁》《奇烈》《考據》《貞義》《講學》《積財》《語錄》《賤交》《文體》《僚誼》《卓識》《堪輿》《清操》《靈異》《團練》《盛德》《至性》《獨行》《外家》《乘勢》《經久》，見聞或得自親友，論說則別有新解。文後有熊家彥（仲山）、黃子壽（彭年）評語，亦有關經世。熊家彥序稱此書「既不同說部之鑿空，又不等語錄之談理，腹裏陽秋，無濫無刻，是可傳也。」

《章安雜說》不分卷　趙之謙撰

趙之謙（1829～1884），初字益甫，後改字撝叔，號悲庵、冷君等，浙江紹興（今紹興市）人，咸豐九年舉人，晚清書畫家，著有《悲盦居士詩賸》《悲盦居士文存》《補環宇訪碑錄》《二金蝶堂印譜》等。《清史稿藝文志拾遺》雜家類雜說之屬著錄。上海古籍出版社《續修四庫全書》本（影印稿本）。同治元年辛酉自序，云：「自客章安，得識江弢叔（湜）於永嘉，上下論議，互有棄取，簡札既多，筆墨遂費，因所得錄之，且及書牘。題曰雜說，誌無所不有也。」是書內容有書畫碑帖、軼事異聞、會匪藥方、地理名勝、文獻刊刻、《紅樓夢》評等，敘述簡潔，有日記之體。

《鷗巢閒筆》三卷、《雪煩廬記異》二卷　張道撰

張道（1821～1862），原名炳傑，字伯幾，又字少南，別號劫海逸叟，浙江錢塘（今杭州市）人。諸生，死於咸豐己酉之難，有《漁浦草堂詩集》《南翁文集》《鷗巢詩話》《雪煩詞》等。光緒《杭州府志·藝文志》小說家類著錄。未見。鄧之誠《桑園讀書記》云是公云：「昔讀《舊書疑義》，喜其援據縝密，雖成就不大，要亦好學深思之士。其子名預，字子虞，光緒癸未進士，不聞刻其先集，或諸稿已毀於東南之難矣。」《雪煩廬記異》，今見上海圖書館藏稿本，二卷。是書為怪異之事，實不分卷，共 50 餘則（篇），每則有題目，即《驪兜國》《雷公》《雌雄錢》《桐君山神妖》《雪中鬼迹》《籬下》《互婚》《余城隍》《北平生》《袁子才》《除夕雷》《豬蹄兒》《女鬼致疫》《婚殺》《天開眼》《水怪》《來大受》《夙冤齧腰》《壁中應聲》《鬼產子》《李國華》《火妖》《神劍》

《獸妖》《一產五子》《牛異》《鬼幻》《段洪》《偉人應星》《鬼責夙諾》《再生為豬》《城碑》《二形豕》《城碑》《牛償夙逋》《坦然和尚》《吳伯仲》《天香閣》《鐵雞生卵》《妖獸化蛇》《三足雞》《蟓》《雷惡飯》《捉殺溺鬼》《虎面獸》《小兒怪》《白衣怪》《面鼠》《雷攝火藥》《西湖蛟》《鬼婚》《陳章婦》《閔道人》《雷公賜藥》《大壁虎》《六池庵》《牛銜刀》《文無害科》《氤氳使判》，所述多道光間浙省善惡報應事，夢異狐鬼物怪之類，語在徵實，如《陳章婦》：「陳章婦某氏，早孀，即斷葷飯佛，戒居余村一小庵曰靜室者，拜經於樓，足跡入木寸許，年六十餘卒。鄉中張廣受家頗饒，婦適分娩，忽見氏扶杖入，張以蓐室非潔，亟入內，將辭之，遍覓無有，而樓頭兒呱呱矣。長名尚鈞，村人皆知其為氏後身也。」然敘事中間有類「聊齋體」傳奇文者，如《互婚》《北平生》《坦然和尚》等，不過旖旎風情、方外奇事之類；而《文無害科》記太鶴先生在天上試文無害科、被錄取入文昌宮事，敘述中雜以考證法，亦乾嘉考證之遺也。文後間有「異錄事」評語，不過辨析故事真偽、勸善之語。

《淮雨叢談》四卷《續編》一卷《補》二卷　程鍾輯

程鍾字袖峰、秀峰，號訥庵，江蘇淮安（今淮安市）人，諸生，有《淮安蕭湖遊覽記圖考》等。《中國古籍總目》子部雜學雜說之屬著錄。文聽閣《晚清四部叢刊》影印舊抄本。前有癸亥（同治二年）程鍾自序、目錄。是書為淮安文獻之本，「惟於吾淮典故及前人詩文論著，有關於斯地者記錄頗多。」「凡已見郡邑志及《山陽志遺》《淮南詩抄》《山陽耆舊詩》《信今錄》諸書者，大半刪去，互異者存之以備參考。由經傳史書、名人撰述以至稗官小說，苟有裨風教、或可資考證者多所採擇，淫詞邪說、荒誕害道者概不收錄，凡共存二百餘則，分為四卷，非敢云文獻可徵也，聊以資談柄云爾。」輯錄他書以言淮安地理、文學、學術、傳記、勝蹟、災異、土產等，卷一《孝友類》《忠義類》《將略類》《名宦類》《厚德類》，卷二《災變類》《紀事類》《神異類》《壼德類》《方外類》《聞人類》，卷三《撰著類》，卷四《區域類》《古蹟類》《園墅類》《紀物類》。《續編》門類未分，前有同治丙寅程鍾自序、目錄。《淮雨叢談》兩卷，前有癸酉程鍾自序，云又得 150 餘則，上卷分《祠祀類》《職官類》《選舉類》《耆舊類》《閨德類》《考證類》《懷古類》，下卷分《詩詞類》《雜著類》《書畫類》《技藝類》《紀事類》《紀物類》，其法一如前書，其中所輯淮安軼事異聞，亦地志小說之類。

《聽雨叢談》十二卷 福格撰

福格，姓馮，字申之，漢軍鑲黃旗人，官惠州通判、山東莒州知州，同治間尚在世。未見著錄。中華書局《清代史料筆記叢刊》本。載記為主，卷一述宗室八旗，卷四、卷七、卷八專述科舉掌故，卷二卷三、卷五卷六、卷十一卷十二包括有藩封、冠服、諡法、官制、科舉、選舉等。每則（篇）有標題，如《滿洲原起》《八旗原起》《花翎》《大學士》《滿漢互用》《祭祀》《札薩克》《漢人不由庶吉士入翰林》《明紀亦有滿蒙官》《內大臣》《八旗直省督撫大臣考》《新疆用乾隆錢》《滿洲字》《太平鼓》《繁簡》《鄉會試掌故》《禁止服飾》《八旗科目》《京錢》《梨棗錢》《古史淺陋》《圖記》《丙辰宏詞科徵士錄》《鄉試同考官》等，與吳振棫《養吉齋叢錄》體性相同。敍述中每言滿洲風俗與先秦典籍中所載華夏古禮同，蓋為晚清滿漢融合之象也。

《辛壬脞錄》一卷 王蒔蕙撰

王蒔蕙字擷香，號硯衣，浙江象山（今屬寧波市）人，姚燮遊友，咸豐十一年授內閣中書，有《抱泉山館詩集》《咸豐象山粵氛紀實》等。孫詒讓《溫州經籍志》卷十八小說家類瑣語之屬著錄。今有上海書店《近代史資料文庫》本。前有王蒔蕙序。此為日記體雜史之書，載太平軍在咸豐十一年十一月十五日至同治元年四月進佔浙江象山縣城期間事蹟，大體太平軍（張得勝、潘世忠、顧廷菁）、土匪、流民、官軍四股勢力交相迭興，但因太平軍在張德勝佔領期間紀律嚴明，「猶幸殺戮不慘，淪陷亦不及半年，城內雖有殘破，而鄉間則鮮遭蹂躪。蓋我邑人情質實，風俗樸素，無玉食錦衣之奇享，故歷劫亦未至異常云。」是書於城鄉居民、往來流寇以及鄉里釁隙等描述如繪，其用意在乎「採芻蕘者或以補志乘可也」，如「張賊之入城也，所掠不過金珠玉帛，至粗苯之物一概捐去。潘賊則無所不要，甚至破衣碎缶亦奪取無遺。及其遁後，城中真如水洗。所以顧賊之來，專與四鄉為難矣。使顧賊稍留數月，得遂鯨吞狼噬之心，我象人民不知作何了局。」

《杭俗遺風》一卷 范祖述撰

范祖述，字月橋，浙江錢塘（今杭州市）人，生活於道、同年間。《八千卷樓書目》子部小說家類瑣語之屬著錄。上海文藝出版社影印民國杭州六藝書局補輯本。前有同治二年范祖述自序、同治三年林真序、民國十五年洪岳序、目錄，書後有同治三年范祖述跋。此書作於洪楊亂後，浙省甫定，杭州人間天

上，繁華落盡，作者有《洛陽伽藍》《東京夢華》之感，遂興《荊楚歲時》之
筆，「茲所記者，不過一切俗情，故曰《杭俗遺風》。憶自道光年間起，至咸豐
以來三十年中，其製作之瑰麗，享用之奢華，千方鬥巧，百計爭妍，實有愈出
愈奇之勢，可稱盡美盡善之觀。茲於咸豐庚申辛酉，粵匪兩次竄陷，男女除殉
難幾至百萬外，其餘皆被擄殺，間有先遊他省，以及被脅逃出者，已十不獲一
矣。所在山水之勝，景物之華，莫不糟蹋殆盡，蹂躪蕩然，可勝悼哉！」全書
分 12 類，每則有標題，共 170 則（原 128 則，民國間洪岳增補 42 則訂）：時
序類，如《太歲上山》《三山香市》《六月夜湖》《除夕鼠糧》等，為節律之記
如《荊楚歲時記》。樂善類，如《普濟堂》《清節堂》《水陸道場》《殘廢院》等，
載杭城恤老濟貧之義舉。聲色類，如《戲班》《道情》《敲打焰口》《蓮花樂》
《猢猻戲》等，為曲藝雜技之類。婚姻類、壽誕類、喪事類，三類為喜慶祭祀
哀誄之禮節。排場類，即鹵簿、儀注之類。傭品類，女工類，如《設帳》《磨
紙》《收生》《織襪搖紗》等，為女性職業介紹。飲食類，為杭城飲饌名品及著
名菜館，如《羊湯飯》《徽州館》《紅燒肉》《宋恒興年糕》等。馳名類，舉杭
城特產及各行業中有名氣者數事如《五杭》《各鋪》《各藝》《女瞎子》等。備
考類，述杭城名蹟，蓋存勝蹟以備後世憶念之意，如《三個半》《梅花碑》《回
回堂》《樟樹神》《西湖異》等。民國洪岳除增補原文外，並對原載以按語考索、
評騭，以明今昔杭城風俗之變遷云。

《越臺雜記》四卷　顏嵩年撰、梁鼎芬評

　　顏嵩年（1815～1865），字海屋，廣東南海（今屬佛山市）人，據《嶺南
文獻綜錄》，其道光間考取宗人府供事，曾任玉牒館供事官，參與編纂《玉牒
全書》。《廣州大典》第四十九輯影印稿本。前有同治二年晉磚室主人顏嵩年自
序、目錄（全書共 162 則）。顏氏自序云：「先孝廉著有《雨窗漫筆》《國朝語
林》兩書，未卒業而棄世，不孝時當齠齔，罔知寶護，並詩稿匯呈陳文仲卿學
博詮次，詎料廓齋遭回祿，竟厄於火，所幸詩集已付梓人，始克傳世，求諸遺
稿手跡，杳然無存，文字之傳不傳，雖褙說著小說之流，豈亦有數？不孝之愆
百身莫贖，固無以見慰先人於九京，更無以見先人於九京也。□□失學好訪遺
聞，凡諸耆舊之嘉言逸事，覼縷詳究，耳濡目染，耿耿無忘，邇來糊口依人，
他鄉作客，挑燈話雨，揮麈談天，追憶平昔見聞所及者筆之於書，以資談柄，
或因事以傳人，或猶文而徵獻，實事求是，無假寓言，但念足跡未逾嶺，紀載
雜屠沽，難免孤陋寡聞之誚耳。舉夫荒誕無稽與及其人其事，不關我越者汰之，

僅就所得，釐為四卷，名曰《越臺雜記》云。或譏其多敘家事，蓋仿漁洋《詩話》《感舊》之意，諒亦無傷大雅也。」此書以軼事為主，如文士唱和、海盜、洋舶、官聲、科舉、詩話、名蹟、涉外、土產等，間有志怪如黃月山光孝寺遇仙子、佛山顏料行火災、刁阿順娶鬼婦、順德羅文學病昏遇鬼等。書頁中多有光緒間梁鼎芬眉批，為增補條文、品評事蹟，自撰之外，亦有輯錄他書以成文者（不注出處），可謂廣東地志小說者。

《隨園軼事》六卷　　蔣敦復撰

　　蔣敦復（1808～1867），原名爾鍔，又名金和，字純甫、克父，號劍人，別號江東老劍、麗農山人，江蘇寶山（今屬上海市）人，諸生，道光二十年因避兩江總督牛鑒之禍，削髮為僧，名妙塵，號鐵岸。牛敗後還俗，更名敦復。同治中入蘇松太道幕中，與王韜、李善蘭並稱「海上三友」，又與王韜、馬建忠稱「海上三奇士」，有《芬陀利室詞集》《嘯古堂詩集》等。《清史稿藝文志拾遺》小說家類雜錄之屬著錄。浙江古籍出版社《袁枚全集新編》本。前有同治三年蔣敦復自序、目錄，後附《隨園姬人姓氏譜》《隨園女弟子姓氏譜》。蔣敦復序此書緣起云：「隨園先生年少登科，壯歲歸隱，享園林之樂，極聲色之娛。桃李門牆，遍及巾幗。王侯為之傾倒，走卒識其姓名。文采風流，論者推為昭代第一人，非過語也。餘生也晚，不獲親炙風徽，讀《倉山集》，猶慨然想見其為人。既與先生文孫又村明府交，虛懷好士，一如先生；過從之暇，時時為余道先德。及小金子之難，明府殉焉。余亦居危城中（時有《草土餘生記》之作）。事定，應應敏齋方伯之聘，明府弟翔甫同在幕中，昕夕聚談，又得聞先生軼事。耳積既久，暇則錄之於冊；間有得諸他人輒，亦不省為誰何也。信筆所之，拉雜無次，唐突前賢，自知罪矣！然鄙見所在，道其實而存其真，或亦騷壇之佳話，隨園之掌故乎！他日之災梨棗與否，尚當與翔甫一決之。」全書240則左右，首述袁枚子女妻妾及至戚朋舊，次述交遊、仕宦、嗜好、詩文，次述隨園園林、食單、園居活動、怪異、臨終之語及後人評價等，可謂袁枚一生趣聞彙集之本。軼事如《為李易安辨誣》《好名乃非禽獸》《尼姑案》《阿相國水上旗旗》《聲望高崇》《高麗使臣購隨園集》《喜聽趙秀才說鬼》《尹文端公戲謔語》《吳山婦人獻詩》《全姑》《王絳仙索壓妝詩》《縣試不罪槍手》《捕蝗幾死馬上》《論服藥不足醫病》等，隨園風神，於此可觀。其中所述袁枚年既老而好色不衰、餘桃斷袖孌童之癖等，恐亦難登大雅。間有詩話如《朱竹垞》《輓聯黃仲則語》《詩似白傅》《翻筋斗捉迷藏詩句》《御者談詩》等，可與《隨

園詩話》相參看。軼事之外，異聞如《二氏入夢》《夢兆》《與李跛不共戴天》《補廩預兆》《點蒼山白猿拜座師》《狐示鄉試題》《狐示會試題》《凶徒冥報》《城隍示夢》《同薛一瓢逐鬼》《秋海棠花妖》《罵誦詩鬼》《觀音入夢作別》等，清人信鬼，故袁枚事蹟亦幻化異聞如《子不語》者。

《養吉齋叢錄》二十六卷，《養吉齋餘錄》十卷　吳振棫撰

　　吳振棫（1792～1870），字仲雲，浙江錢塘（今杭州市）人，嘉慶十九年進士，歷官雲南大理知府、鳳陽知府等，有《花宜館詩錄》《詞錄》等。《清史稿藝文志》史部雜史類、《清續文獻通考·經籍考》子部小說家雜事之屬著錄。上海古籍出版社《續修四庫全書》本。光緒二十二年譚獻序，云此為掌故之書：「古者柱下之史，孔氏所訪，太史公之所掌，漢初與丞相同尊。掌故之學，為千載表儀。凡夫德禮政刑，質文興廢，一朝設施，流及後世，有以觀採損益，為先進之從焉。六官分之，柱下合之，夫固盛業也哉。先正吳公策名載績，颺歷優賢，所以潤色王廷，敷施疆域者，且數十年。博於聞見，洞於本末，行政之餘日，奏議之勾稽，涉筆綴文，皆關掌故。循厥端緒，則朝章國典，沿革人文，而懲前毖後，保泰持盈，胥可言外得之。宮闈樞機，曹司侍從，以逮瑣事鐵聞，修舉而件繫，皆正史志表之端委。間有所聞異辭，正所以備考證。昔者頌言太史公之學既世，而如我公久任封圻，又非不治民之比。……獻幸得先睹，妄思以意讀定。類次遺編，或者分別若盛典、若聖德、若故實、若興革、若異數，繼之以嘉言、宸翰、秘書、禁近、宮闈，繼之以六曹、行省、民物，而後以辭章、佚事、舊聞為閏餘。俾承學之士讀之，如遊冶升平之世矣。」是書所載，卷一至卷六，首以宗室八旗，繼之以六部職掌，卷七卷八言祀典，卷九卷十述科舉，卷十一述康乾萬壽盛典，卷十二載清人廟號諡號，卷十三至卷十五載皇宮節慶活動、君臣唱和，卷十六清帝巡幸制度，卷十七言紫禁城諸宮殿功能，卷十八卷十九述西苑、頤和園、圓明園景觀及宮殿園苑裝飾花木，卷二十載清帝列朝編纂文獻，《永樂大典》亦載焉。卷二十一述滿文創始、錢幣、太常樂、鹵簿、鈐押制度，卷二十二衣冠儀制，卷二十三言奏事制度，卷二十四載膳食制度及各省貢品，卷二十五載俸祿制度、宦官宮女賤民管理之法，卷二十六記御用之物（玉璽、書帖、文房雅玩等）及邊疆貢物。《餘錄》卷一卷二載清國發祥及順治至咸豐朝勤政事蹟，卷三述清帝才學、列朝刊刻圖書及歷朝古籍書畫收藏成就，卷四述科場舞弊案及列朝文字獄之大者，卷五述西北、西南叛亂（如四川白蓮教）及地理沿革，卷六述各地名蹟及碑石書畫珍藏，卷七

為文獻之學，述歷代圖書墨蹟存亡，卷八述清臣軼事，卷九述才士如何義門、鄭板橋著述成就，卷十載清代名臣才士軼事及書畫文玩之類。此書所載較有史法，敘述詳細，耳目聞見之外，引諸文獻以備考，可謂詳確的實，可謂晚清掌故之書中傑出者。

《黔語》二卷 　吳振棫撰

《八千卷書目》史部地理類雜記之屬著錄。今有貴州人民出版社《黔南叢書》本。前有咸豐四年吳振棫序、吳振棫題詞、目錄，後有宣統元年趙藩、陳矩跋序云：「滇、黔世並稱，顧黔入中國為最後，元明以前名勝遺跡及金石文字，滇事多記載之書，黔則鮮有述者。又郡邑率闕志乘，此與滇異也。余於滇、黔皆再至，而居黔日尤久。蕞爾荒陋，每俯仰今古，輒歎山川之寂寥。暇日常錄所聞見，或兩說相迕而無書可以徵信，則姑置之，間有意中欲書，為事所奪，寢久而遂忘者亦十之二三焉。瑣屑枝蔓，無有條理，隨手放散零亂篋中復六七年矣。甲寅長夏，退食無事，偶而檢閱，其中亦有可資考證者，因斑第之，析為二卷。以所語之囿於黔也，命之閱《黔語》。」該書所載有貴州地理《飛雲岩》《陽明洞》《建文遺跡》《諸葛臺》《十八先生墓》《水口寺》、風俗如《錢不論貫陌》《啞酒》《外甥錢》、史事如《改土歸流》《疆域割隸》《南籠苗變》《謝穆之亂》《蘇大刀》《二忠事略》、物產如《白椒土》《伸筋草》《白蠟樹》《黎平木》等，詔書公文詩歌亦附焉。趙藩跋云此書「考證翔核，屬辭典雅」，信不誣也。

《北東園筆錄初編》六卷，《續編》六卷，《三編》六卷，《四編》六卷 　梁恭辰撰

梁恭辰字敬叔，生卒年不詳，道光十七年舉人，官浙江知府。《清史稿藝文志補編》子部雜家類、《中國古籍總目》小說類文言之屬著錄。廣陵書社《筆記小說大觀》本。《初編》前有同治五年李寅序、癸卯退庵居士梁章鉅序、道光癸卯梁恭辰自序、目錄。《續編》前有道光甲辰梁恭辰序，《三編》前有道光乙巳梁恭辰自序，《四編》前有道光戊申梁恭辰自序。《北東園筆錄》有異名多個，如《勸誡近錄》《池上草堂筆記》。梁恭辰復有《勸誡錄》六十卷（《八千卷樓書目》子部雜家類雜纂之屬著錄），蓋其「經史勸懲之旨」與此書同。是書為雜史、小說之書，所述故事除得之故舊傳聞外，亦輯錄他書以成之，內容為忠孝節義及鬼怪狐妖有資於勸懲者錄之，每則有題目，敘事簡潔，亦多因果

報應之談。《勸誡錄》為民國時人節錄為《勸誡錄類編》三十二類，以便於閱讀也。

《醒睡錄初集》十卷　　鄧文濱撰

鄧文濱字繡章，號雅人，晚號南陽布衣，湖北黃梅（今屬黃岡市）人，貢生，曾為詹事府主簿，有《楹聯觸書》《粵逆摭聞》等。南京圖書館藏上海申報館聚珍板。前有洪聯芳序、同治七年南陽布衣鄧文濱《醒睡錄記》、《例言》6條、總目、吳慶元等題詞，書後有洪鈫跋。每卷前皆有目錄（卷四錯亂）。卷一為《序文》《題詞》《例言》《總目》。卷二《天地類》，述道咸同間所見星曆氣候異變（《五星聚奎》《大雨雹》《彗星》《怪風》）及怪異事（《誅謀命憂》《火藥局焚》《人妖》《煮鹽異事》），敘事以黃梅縣居多，洪楊之亂述之較詳。卷三《世運類》，述世風升降、人事興替，如《人相食》《百錢三斤人》《罪人斯得》《薄眼鏡之陋習》《耆年加寵錫之恩》《立賢無方》《時文成讖語》等。卷四至卷九《人事類》為詩文、軼事之集，「可以覺世牖民者」（《例言》）如《獨秀峰題壁三十首》《招石逆降書四千言》《押韻偏能得高榜》《點名若訊囚》《媒人作媒轉自媒》《卑職無考人福》《座主羞顏》《逢客說板花》《江南烈妓》《拾遺為騙局》等。卷十《鬼神類》，志怪之類如《文昌送契》《乩仙判題》《求替身》《四骷髏拭牌》《鬼因人壯膽》等。此書敘事而兼議論，文風樸實，「間有語欠莊雅、近嫚褻謔浪者」（《例言》），然備載時地職官科第以見「見聞確鑿」（《例言》）之意，「雖繁簡不齊、淺深互異，而均足以新一時之耳目、拓萬世之心胸。」（洪聯芳序）可稱黃梅地志小說者。

《見聞隨筆》二十六卷，《見聞續筆》二十四卷　　齊學裘撰

齊學裘（1803～？），字子貞，一作字子治，號玉溪，晚號老顛，安徽婺源（今屬江西上饒市）人，諸生，工書畫，曾與劉熙載、方濬頤、毛祥麟、蔣敦復交遊，有《蕉窗詩鈔》《劫餘詩選》等。《八千卷樓書目》雜家類雜說之屬、《清史稿藝文志拾遺》小說家類雜錄之屬著錄。上海古籍出版社《續修四庫全書》本。《見聞隨筆》前有同治七年許國年序、齊學裘自序、應寶時等《題辭》、同治十一年張德堅《題跋》、目錄。此書以志怪小說為主，如《盧忠烈公顯靈》《董糧差聞雞言悟道》《汪徵君做五日土地》《蚌精》《衣鬼現形》《張茂才惑狐女》《夜光觀世音》《雷公顯靈》《夢為僧》《夢見狐仙》《沈旭庭前身介休縣令》《鐵鬼》《燈異》《女化男》《天雨豆地生毛》《蟻報仇》《僵屍》

《鬼語》《僵屍抱樹》《雷打三逆子》等，次之以鄉里軼事，如《曾祖存齋公行略》《祖母俞太恭人行略》《張烈婦手殺二賊》《孔太守殉難》《華畫史殉難》《陳烈女死節》《王彥卿殉難》《王養初死難》《義盜》《仁盜》《咸豐縣孝子》等，其他如醫藥《治難產方》《治疝疾》《解砒毒方》《解救斷鴉片煙方》《解鴉片煙藥丸方》《解鴉片煙藥酒秘方》、文獻如《贈張子綱（璲）五百七十四言即題其印譜詩集》《朱孝烈女詩八首為許蔭庭太守作》《題許烈姬香濱和漱玉詞稿》《海島逸志人物考略九則》《同人題玉溪晚年畫跋》等，皆有關勸懲，其中多洪楊之役中死難者。文風樸實，敘事簡略，無多枝蔓。《見聞續筆》前有同治癸酉方濬頤序、孫簪動《題辭》、劉熙載等《題跋》、目錄。是書《隨筆》相比，志怪、雜事一如前例，而少益載記之文如《周文矩雪擁藍關圖》《斷碑硯》等，其他文中多輯詩文，如《史公祠墓聯》《古樹名花古今體詩四十一首》《金石庵古今體詩十三首》《陽羨綏安古今體詩五十六首》《方蓮舫年丈蔗餘偶筆摘錄》《先大夫梅麓公文鈔三首》等，故方濬頤序辨稱：「或難之曰：是編多載詩歌，未免有乖體例。予應之曰：古人不必具論，請讀阮文達之《小滄浪筆談》《定香亭筆談》，即可以廢然返已。」王春寅跋語云：「玉溪先生《見聞隨筆》，據事直書，筆力復能深入顯出，足以達其所見，至寫勸懲之處，直令雅俗共賞，有功於世道人心，洵非淺鮮，定與前明郎公之《七修類稿》、本朝紀文達公之《如是我聞》四種並傳於世，巨眼有瞳者，當自識之。」蓋過譽之語也。

《陰陽鏡》十六卷　湯承蕢撰

湯承蕢事蹟不詳。《中國古籍總目》小說類文言之屬著錄。文聽閣圖書有限公司《晚清四部叢刊》影印同治七年刻本。前有湯承蕢自序、持釣老人序。是書所載為鬼怪山妖之類，共240則（篇）左右，每則（篇）有標題，如《陰陽報》《雙鬼頭》《夢魂舟》《遇仙》《四鬼談魔》《白猿》《潞嬌娜》《狐媚》《土地怕鬼》《催魂臺》《幽魂報》《幻術》《義狐》《狐妻》《棄強餓夫》《冤果》等，篇幅漫長、文風綺麗如《荷花島》《芙蓉鏡》《吳娘》《種桃》《秀秀》《潞嬌娜》《新月亭》《慰娘》《杜夫人》《採霞夫人》《紅英》等，皆有《聊齋》之風，可謂「聊齋體」小說之屬。湯承蕢序云：「吾願閱是書者，睹其報應，問己行為，時以懲創啟發居心，不徒以鬼怪山妖為奇也，則幸甚。」陽行陰報、善惡報應之意也。

《吹網錄》六卷　　葉廷琯撰

　　葉廷琯（1789～1868），字調生，江蘇吳縣（今蘇州市）人，諸生，南宋葉夢得後裔，著有《同人詩略》等。《弢園藏書目》子部小說家類、《中國古籍總目》子部雜家類雜學雜說之屬著錄。廣陵書社《筆記小說大觀》本。前有同治九年庚午汪曰楨序、庚申葉廷琯自序、參校姓氏、目錄。葉廷琯《吹網錄自序》：「宋方外惠洪，述佛印禪師語曰：『學者漁獵文字語言中，正如吹網欲滿，非愚即狂。』以此為好論說，尚著述者儆，誠為切至，顧斯語也，罕譬而喻，即以文字語言論，亦已妙絕古今矣。不敏此書所談，雖皆儒家事理，其病根在愚狂，則與前說正相類，知不免為古德所訶，無如結習已深，一旦破除非易，即觀惠洪述斯語，而載之《林間錄》，方欲自去愚狂之蔽，不覺已近漁獵，所謂信乎結習難除，釋與儒殆無二致也，無己則仍就文字語言為懺摩，即用禪師話題曰《吹網錄》。言乎釋，審戒而自陳所犯；言乎儒，則知非而欲寡未能。名書本意，實兼斯二者。若夫離文字語言而求所心得則透網而出，尚請俟諸異時云。」此書卷一、卷二多史事考論，卷三為金石之學，卷四為校勘、版本之學，卷五為筆記（《匡謬正俗》《夢溪筆談》《玉照新志》《困學紀聞》）、文集（《畫墁集》《歸愚集》《居易堂集》）校勘糾謬，卷六為葉夢得著述鉤沉，每則有標題，如《曲禮無稯曰明粲句之盛》《楚元王子郢客》《曲逆二字音》《郭林宗卒年》《蜀志馬超傳誤文》《舊五代史考證語》《五鳳二年幸甘泉字誤》《令狐綯自湖州入知制誥年月》《承安宮鼎銘》《龍城柳石刻》《明道二年貢硯銘》《三河縣遼碑》《阮氏十三經刻本》《山谷宜州家乘非原本》《陸放翁家訓署年誤》《匡謬正俗誤文》《養新錄丹元子考證》《居易堂集用過房字》《史載之方題跋》《附存胡心耘讀書校語十二條》《石林春秋三書》《石林家訓》《石林詩話》《石林公著作存佚考》等，可謂歷史文獻考證之書。

《鷗陂漁話》六卷　　葉廷琯撰

　　《中國古籍總目》子部雜家類雜學雜說之屬著錄。廣陵書社《筆記小說大觀》本。前有卷目、正文，書後有壬戌金玉跋、壬戌陸以湉跋、同治甲子汪曰楨跋、徐庠、吳釗森、亢樹滋跋。金玉跋云：「宋葉石林先生，撰著甚富，玉僅睹《避暑錄話》、《石林燕語》，此外所遺尚多彌用為憾，近以避寇海濱，獲遇吳門耆宿葉調丈，承示所著《吹網錄》《歐陂漁話》二書，自經史群籍碑版詩畫以及昔賢之清徽亮節、鄉國之軼事遺聞，靡不搜討極精。」案此書卷一至

卷五多傳記、雜事及詩文文獻，卷六多書畫金石之類，其他有詩話、志怪、書畫等，每則有標題，如《東坡畫像贊》《元遺山墓碣》《文衡山舊名》《董思翁論書示子帖》《傅青主識中氣》《陸白齋傳略》《張船山身後事》《綠牡丹傳奇》《吳梅村木棉吟》《桃蔭吟稿》《古今事成巧對》《陸嘉祐山水陳梓花鳥》《逸句圖》《輪船本中國之制》《殺蟻之報》《陳雲翁論宋詩》等，有《堅瓠集》之風。汪曰楨跋此書云：「考證精密，詞氣和平，不為奇激之論，此儒者實事求是之學。」民國李詳《藥裹慵談》卷二「吹網錄鷗陂餘話」條云：「咸豐以來，工為子部雜家言者，推先生為最。《吹網錄》考據精審，議論抑揚，咸有悱然忠厚之意。《漁話》雖近詩文評語，懷舊思古，文采彬蔚，不為標榜之詞，有同市利。此二書也，期於不敝天壤。」譚獻亦稱許此二書為「山澤間雅人深致也」。蓋過譽之辭也。

《對山書屋墨餘錄》十六卷　毛祥麟撰、朱作霖評

　　毛祥麟字瑞文，號對山，江蘇上海（今上海市）人，祖籍蘇州，監生，曾官浙江候補鹽大使，有《三略彙編》《亦可居吟草》《對山醫話》等。《清續文獻通考·經籍考》子部小說家雜事之屬著錄。上海古籍出版社《明清筆記叢書》本。前有同治九年庚午朱作霖《敘》、毛祥麟自序。是書當為雜說筆記，一名《快心醒睡錄》，所載星象災異如《五星聚奎》《雷震東門》《流星俗忌》《白氣異星》、書畫如《夢譚畫理》、醫藥如《徐何辨症》《戒煙良方》《與袁綺香談醫》、異聞如《狐仙驅賊》《墓穴前定》《西商異物》《異鳥》《乩仙有驗有不驗》《吐火神龜》《雷破邪法》《席某返魂》、雜事如《記曹雲西日記》《記秦淮遊記》《奸商通盜》《大宜公遺事》《順天戊午科場案》《壬寅避寇小志》、金石如《江寧古碑》、域外事物如《馳馬賭勝》《西蘭島珠》《華爾》《北城觀西戲記》《亞美利加小鳥》等，內容豐富，文風質樸，書中輯錄斌椿《乘槎筆記》、曹千里《說夢》、丁韙良《格物入門》，有歷史興亡、西學東漸之慨歎意，其中卷十六《機器局》《誌泰西機器（三十一則）》，亦寓經世之心。又文聽閣《晚清四部叢刊》影印光緒二十一年上海書局石印本中除文後有雨蒼氏評外，頁眉有朱作霖評語，關乎故事、人物、筆法等之評價亦的當。

《夢癡說夢前編》一卷續編一卷　夢癡學人撰

　　夢癡學人事蹟不詳。《中國古籍總目》小說類文言之屬著錄。南京圖書館藏光緒十三年管可壽齋刻本。前有同治十年夢癡學人《說夢小引》，書後有光

緒七年、九年、丁亥識語數則。此為評論《紅樓夢》專書，闡發《紅樓》主題、本事、人物形象、詩句文句等意蘊，其中不乏穿鑿之舉，如以《紅樓夢》回目與《周易》卦爻相比對，索引妄談之作也。

《十二硯齋隨筆錄》四卷　　汪鋆撰

　　汪鋆（1816～1886？），字研山，江蘇儀徵（今屬揚州市）人，工詩擅畫，邃於金石，有《春草堂隨筆》《揚州畫苑錄》《十二硯齋金石過眼錄》等。未見著錄。學苑出版社《清代學術筆記叢刊》本。前有同治辛未蔣超伯序、同治十年汪鋆自序。蔣超伯序云：「道光戊戌春，余因華君子岡以識汪君研山……近讀其《隨錄》一編為卷者四，詞約而理邃，情深而文明，乃有關於人心世教及吾鄉掌故之書，必傳之作矣。」汪鋆自序云：「隨錄者，有隨所見而錄，有隨所聞而錄，有隨所會而錄，有隨所憶而錄。第以身經兵燹，舉目河山，落日大旗，秋風金鼓，其有擘畫既周、苦衷靡告，簡牘既繁、素志畢呈，舊績或湮、英詞具載，懼伏草莽、耳屬于垣，鳴鳥申哀、砌蛩訴月，瓜棚指摘，沙丘評量，關乎時政，旁及藻翰，非求標異，聊誌播傳。」是書所載有詩話文論、古磚碑記、書畫彝器、史事辯證、文獻稽考、書房文玩、歷史地理、異域奇器、洪楊之役等，每則無標題，記錄時事除見聞外，間或採擷《煤黑子記》、兩湖總督周天爵信札等。

《海上怪怪奇奇》四卷　　南樵廬山主輯

　　南樵廬山主事蹟不詳。《中國古籍總目》小說類文言之屬著錄。上海圖書館藏民國石印本。前有《上海四馬路文宜書局代售各種石印書籍》目錄、本書目錄。該書本為輯錄毛祥麟《墨餘錄》而成，自《南海生》《程序伯零墨摘存》訖《清澈》《華十五傳》，約180則（篇）。

《活世生機》四卷　　邵紀堂輯選

　　邵紀堂號蔭南，廣東肇慶（今肇慶市）人，有《吉祥花》等。《中國古籍總目》小說類文言之屬著錄。南京圖書館藏光緒十七年上海著易堂書局鉛印本。前有同治十一年壬申陳起榮序、每卷目錄，書後附《心氣痛方（孕婦忌服兼治跌打刀傷第一應效）》。陳起榮序中云紀堂先生感年歲不登，籌賑之外，「因輯古今救荒美舉及先輩濟人佚事，足以使人觀感而興起者。」全書共72則（卷四《錯見》《勿輕視讀書人》《昭勇將軍》存目，實在第三卷。）皆與發善施惠、

賑濟救荒相關，不過善惡得報之意。每則有標題，如《拜活命恩》《饑荒詩》《粥廠對》《紅白酒》《蔥湯麥飯》《集祠分米》《努力自捐》《土地神託夢》《父子宰相》《為善作人家》《大量心有大福》《救生船》《禁賭》《去邪歸正》《人欺天不欺》《夢見孔子》《菩薩送行》等，輯錄他書而成，不注明出處，而代之以文後評論。此書亦如石成金《家寶全集》、董大新《人鏡》、甘峻卿《不費錢功德錄》等，皆教化風俗之勸善書也。書後《心氣痛方（孕婦忌服兼治跌打刀傷第一應效）》，云蘇州潘汝鳳採藥虎邱山，得仙翁親傳之救世活民之方。

《評花新譜》一卷　藝蘭生撰

藝蘭生事蹟不詳，浙江吳興（今屬湖州市）人。《清史稿藝文志拾遺》史部傳記類總傳之屬著錄。中國戲劇出版社《清代燕都梨園史料》本。前有同治十一年鐵花岩主序、同治甲戌香溪漁隱序、武林惜花老人等題辭，後有同治十一年吳興藝蘭生自跋。鐵花岩主序言此書作意云：「萃冀北之名駿，寄江南之故人。水曲蘭苔，珍叢可數；漢宮楊柳，粉本如描。或綽約如處子，或灑脫若高人，或擅翰墨之長，或工竹肉之技。蓋《評花新譜》之作，與《明僮合錄》相輝映焉。」書中載優伶20人，如聲振夏鴻福、近信孟金喜、文安劉雙壽等，小傳中于伶人所工樂器、書畫及其容貌、唱功各有介紹。是書雖與《明僮合錄》性同而體小變，即每傳下繫以霽月樓主人、賦豔詞人讚語，如春馥江雙喜小傳後云：「賦豔詞人贊曰：『白也無敵，允矣寧馨。譬諸璞玉，雕琢未經。選花以色，何目不青。聊將持贈，一點靈犀。』」

《鴻雪軒紀豔四種》四卷　藝蘭生輯

《中國古籍總目》小說類文言之屬著錄。南京圖書館藏上海申報館聚珍板。此書收錄《評花新譜》《宣南雜俎》《鳳城品花記》《側帽餘譚》四種。叢書前有海昌飯顆山樵《鴻雪軒紀豔四種題辭》。《評花新譜》前有同治十一年鐵花岩主《評花信譜序》、同治甲戌香溪漁隱《評花新譜序》、武林惜花老人等《評花新譜題辭》，書後有同治十三年藝蘭生《自跋》。是書為二十伶人小傳，傳後附霽月樓主人、賦豔詞人贊。《宣南雜俎》為詩文集，前無序，書後有光緒元年平陽酒徒跋。此書「吳興藝蘭生輯其友風懷篇什，錄而存之者。」（平陽酒徒跋）如賦豔詞人《梨園竹枝詞》、山陰道人《即席贈王郎桂官》、濤華潭主《解嘲說》、雲間孝廉《答菊秋代索書扇啟》、護花尉《與香溪漁隱

書》、無睡生《姚寶香小傳》等。《鳳城品花記》題「香溪漁隱撰，賦豔詞人、藝蘭生戲注」，前有光緒二年藝蘭生《鳳城品花記序》，文中小字夾註，書後有賦豔詞人、藝蘭生評。是書述辛未、壬申間與京中菊部優伶如麗雲、雪舫、芷湘、亦仙、蓉秋、妙珊等交往事，「其紀事文而不縟，質而不俚」（藝蘭生序），「敘事則用疏宕高古之筆，寫景則用風華渲染之筆，描情則用飄逸蘊藉之筆。」（賦豔詞人評）《側帽餘譚》前有戊寅鐵篴生《側帽餘譚序》，卷首有強圉赤奮若藝蘭生小序。是書所述為都門酒肆、戲園、菊部名伶、伶人蕊榜以及伶界風俗，其中述名伶如素芳、蕙香、燕秋等事蹟較多，不乏憐惜之情，與前《評花新譜》相近。此四種皆為京都伶界文獻，士林狎伶，當時以為風雅事，與秦淮水榭歌舞同。

《寄蝸殘贅》十六卷　　汪堃撰

　　汪堃字應朝，號寄蝸、樗園退叟，江蘇崑山（今屬蘇州市）人，道光二十一年進士，任四川敘州知州，咸、同年間曾隨清軍與太平軍作戰。《中國古籍總目》子部雜家類雜記之屬著錄。文聽閣《晚清四部叢刊》影印同治十一年刻本。前有同治壬申汪堃自序、每卷目錄。自序云避寇閒居，「竊念稗官雜說，汗牛充棟，惟河間紀氏《閱微草堂筆記》命意深微，立論透闢，精理名言，耐人尋繹，余門下師承，私淑有自，而淺識少聞，豈能遠紹淵源於萬一？」蓋「型文本」（見趙毅衡《符號學》第六章《伴隨文本》）下之「閱微體」小說也。全書484則（篇），每則（篇）有標題，卷一至卷十四志怪為主，如《靖南侯成神》《縊鬼覓替受紿》《鄉闈祈夢》《勾魂鬼》《蘭州府署鬼》《蛇妖變紅衣女子》《老儒在冥司審案》《惡鬼戲侮讀書人》《五色雲現》《火神量界》《巴州雙尾蛇》《仙童隱迹》等，間有軼事如《功名出魏忠賢手》《拳師女招婿》《楚南流丐》《劇盜破案》《秦淮素琴姊妹》《典史捐升道員》、博物如《西洋各國全圖》《惠山尼韻香手卷》等，文風質樸而乏議論、考證，不及《閱微》遠甚，因果報應、懲惡勸善，而勸誡之意寓焉；其卷十五、卷十六為供詞奏議之應用文，如《森羅待質記》《偽開國公陳書供》《偽左先鋒田大五供》《剳南溪縣稿》《上督部稟》等，非為小說，不合體例。

《蕉軒隨錄》十二卷、《蕉軒續錄》二卷　　方濬師撰

　　方濬師（1830～1889），字子嚴，號夢簪、蕉軒，安徽定遠（今屬滁州市）

人，咸豐五年舉人，歷任總理衙門章京、直隸永定河道等，有《退一步齋詩集》《隨園先生年譜》等。《書髓樓藏書目》小說家類、《清史稿藝文志拾遺》小說家類雜錄之屬、《中國古籍總目》子部雜家類雜記之屬著錄。中華書局《清代史料筆記叢刊》本。《蕉軒隨錄》前有同治十一年李光廷序，《蕉軒續錄》書後有光緒辛卯方臻喜跋。李光廷序云：「自稗官之職廢，而說部始興。唐、宋以來，美不勝收矣。而其別則有二：穿穴罅漏、爬梳纖悉，大足以抉經義傳疏之奧，小亦以窮名物象數之源，是曰考證家，如《容齋隨筆》、《困學紀聞》之類是也；朝章國典、遺聞瑣事，巨不遺而細不棄，上以資掌故而下以廣見聞，是曰小說家，如《唐國史補》、《北夢瑣言》之類是也。」是書內容有書畫、軼事、謔語、異聞、名物、稽考文獻等，其中輯錄當時人之書如《菜根香室詩存》《古文辭類纂序目》《明人尺牘墨華》《小輞川詩鈔》及會議奏稿等，較有史料價值。每則（篇）有標題，如《宋牧仲六境圖》《我觀周道》《太極圖石》《柳如是戴雉尾冠》《張文和公》《記慧能生卒之誤》《蘭花卷子詞》《王世貞庸妄》《金銀銅輕重》《西伯戡黎》《烹魚雅趣》《五鬼》《西藏》《記臺灣渡海開禁事》《記田督事》《書用外國銀兩事》《劍而行》《官場稱謂》《塞外絕句（十首）》《冰鑒七篇》等，較之《郎潛紀聞》輯錄他書，學品為高。民國《安徽通志稿》小說家類提要云此書「搜羅既富，排比皆中法度，足資國史參考，洵可謂多識前言往行者也。」李慈銘於此書則痛詆之云：「濬師由舉人中書充通商衙門章京，得擢廣東道員。其人本不足齒，而復強作解事，妄談經學，中言詩文，諂附時貴，卑鄙無恥，文理又極不通，梨棗之禍，至於此極，乃歎鬼奴之為害烈也。（京師人稱通商衙門官員為鬼奴，以其諂媚夷人無所不至也。）至其贊呂晚村而詆黃梨洲、閻潛邱，極頌袁子才而痛詆王述庵、包安吳、潘四農，所謂虺蝮之性，迥殊好惡，非特蚍蜉撼樹而已。謂阮文達因諂事和坤，大考眼鏡詩，和授以意旨，得列第一，尤小人狂吠之言。」恐言之過甚也。

《富貴叢譚》四卷　邵彬儒撰

邵彬儒字紀棠，廣東四會（今屬肇慶市）人，有《俗話傾談》《吉祥花》等。《中國古籍總目》小說類文言之屬著錄。《廣州大典》影印同治十一年鉛印本。前有同治十一年壬申陳起榮序。全書80則，陳起榮序云此書內容闡「古今救荒美舉及先輩濟人佚事」，實則富貴因緣之軼事異聞之類，如《叔侄狀元》《土地神託夢》《粥廠對》《父子宰相》《還魂》《神靈驅盜》《留別詩》《刑房仙

吏》《三代紅頂》《劉公鬮》《夢化金銀字》《心氣痛方（孕婦忌服兼治跌打刀傷第一應效）》等，文後間有邵彬儒等評。文風質樸，懲惡勸善之書。

《甕牖餘談》八卷　　王韜撰

　　王韜（1828～1897），初名利賓，小字蘭瀛，人呼阿蘭，後改名瀚，字子九、紫詮等，晚號甫里逸民、淞北逸民、弢園居士、天南逐叟等，江蘇長洲（今屬蘇州市）人，曾遊歷英、法、俄、日等國，力主富國強兵，鼓吹變法，著述頗多，有《弢園詩詞》《花國劇談》《扶桑遊記》等，譯有《華英通商事略》《重學淺說》《光學圖說》《西國天學源流》等。《清史稿藝文志補編》子部小說家類、《中國古籍總目》史部雜史類瑣記之屬著錄。著錄。廣陵書社《筆記小說大觀》本。前有同治十二年林昌彝序、光緒乙亥蔡爾康序、目錄，書後有光緒元年錢徵跋。林昌彝序云：「夙遊燕京，獲交楚南奇士曰魏默深。嗣客嶺南，又獲識吳中奇士曰王紫詮。二君能文章，其才奇。默深文似龍門西京，紫詮文似東坡同甫，二君均通外國掌故。默深有《海國圖志》，紫詮有《普法戰紀》，實為聞所未聞。紫詮向以《弢園文錄》乞為之序，茲復出《甕牖餘談》見示。讀其書，凡忠黨之殉節，貞女之死難，及各國之風俗，各賊之源委，顛末無不詳載。紫詮之才，視默深抑何多讓？余是以因紫詮之情，爰書之以告世讀紫詮之書者。」蔡爾康序亦云：「《甕牖餘談》者，先生經世之書也。紀亞細亞洲、歐羅巴洲、阿非利加洲、亞墨利加州諸事蹟，幾於纖悉畢具。若粵匪中諸賊首之始末及賊之鴟張狼顧諸情形，並載於冊；而於忠臣義士，節婦烈女，尤惓惓於懷，不忍須臾忘。」上海進步書局提要云：「先生嘗遁跡海外，留英最久。故於彼中之風俗技藝，富強之源，靡不悉心考察，用能言之鑿鑿。且躬值洪楊時代，所見忠臣義士、節婦烈女，咸與表章。軼事遺聞，往往而在。讀者可想見作者之微旨焉。」此書卷一～卷三主要為洪楊之役中忠孝之事蹟如《張小浦中丞師殉難》《南楚雙忠事》，間有域外奇女《法國奇女子傳》、西儒小傳如《英人倍根》、經濟之學《煤礦論》《武試宜改舊章》《官鹽說》《海運說》、志怪如《神怪》《說龍》等；卷四、卷五歐美日地理、文字、科技等介紹，如《新金山》《米利堅頸地》《日本略記》《俄國弊政》《英國兵數》《西國造紙法》等；卷六～卷八為太平天國歷史，如《洪逆顛末記》《記忠賊事》《賊陷金陵記》《漢口賊情》等。錢徵跋稱王韜筆記中洞悉域外之功云：「自來說部書，當以唐人所撰者為最。有宋諸家，總覺微帶語錄氣。元、明人力矯其弊，則又非失之誕，即失之略：故皆無取焉。惟我朝諸公，能力懲其失，而兼擅眾長，蓋醒騷乎集大成矣。然求其洪

纖畢具，網羅中外各事，足以擴見聞、助懲勸、備搜採者，前之人或猶未逮，而要惟我外舅先生為創始。」晚清域外事物記載之先聲者，王韜也。

《瀛壖雜志》六卷　王韜撰

《中國古籍總目》史部地理類雜志之屬。廣陵書社《筆記小說大觀》本。前有咸豐三年蔣敦復序、同治十一年黃懷珍序、甲戌林慶銓序、江駕鵬等《題詞一》、鄒五雲等《題辭二》，書後有光緒元年鄒五雲跋。卷一前有辛未（同治十年）王韜小序，序稱成書始末云：「往余客居滬上，偶有見聞，隨筆記綴。歲月既積，篇帙遂多，閱跡炎陬，此事乃廢。然享帚知珍，懷璞自賞，庋藏敝篋，不忍棄捐。庚午春間，還自泰西。日長多暇，搜諸故麓，其稿猶存。稍加編輯，尚得盈四五卷，因擬分次錄出，並益以近事，以公同好。噫！余自同治紀元至此，忽忽將十年矣。歲月不居，頭顱如許，邇來海上故人有招余作歸計者，覺胸次頓有中原氣象。回憶舊遊，迴如隔世，則展覽斯編，淚不禁涔涔下也！」此為地志小說，卷一為上海疆域、歷史沿革、風俗節慶；卷二為滬上物產、園林、寺觀；卷三為滬上人物志，卷四為文苑擷採，多名士小傳；卷五為交遊，多詩歌唱和；卷六為域外事物記載，滬上西洋景也。鄒五雲跋稱讚此書云：「條分縷析，殫見洽聞，纂組九流，笙簧六籍。蓋名流小住，深有意於風俗人心；賢者既行，尚難忘乎名區勝地也。滬自金陵兵燹，粵嶠戈鋌，蹂躪迭經，昌豐無恙。每當春秋佳日，風月良宵；蘭舟之錦繡漫天，梨園之笙歌匝地。樓臺燈火，譯鞮寄象之居，院落綺羅，金碧丹青之境。先生詳為鋪敘，廣與搜羅。古意今情，都歸紀載；街談巷議，併入縹緗。凡一方中創造所存，百年來考證所在，罔不備陳端末，隱寓維持。殆所謂主文譎諫之流，切杜漸防微之意者歟？」信然。

《瑤臺小錄》一卷　王韜撰

《清史稿藝文志拾遺》史部傳記類總傳之屬著錄。中國戲劇出版社《清代燕都梨園史料》本（源出光緒十六年刻本）。此書分三部分，正編 16 人，續編9 人以及附錄 12 人（多有復見於前文者），亦《燕蘭小譜》《日下看花記》傳記詩詞之體，如述鄭杏衫云：「鄭杏衫，名瀚雲。杏衫今年十四，高情朗韻，有薛車子之聲；慧舌靈心，擅黃翻綽之辯。京洛雅材，此其冠矣。贈以七律：『煉盡精華有此人，休言造物賦才貧。豪情慾暖三冬日，妙語能生四海春。似爾英名馳綺歲，驚人餘技動梁塵。不知挾策紛紛者，可有衣冠得比倫。』」

《淞濱瑣話》十二卷　　王韜撰

　　《清史稿藝文志補編》子部小說家類著錄。廣陵書社《筆記小說大觀》本。前有光緒十二年丁亥王韜自序、目錄。自序云：「天下之事，紛紜萬變，……余今年六十矣，雖齒髮未衰，而軀殼已壞，祁寒盛署，不復可耐。偶而勞頓，體中便覺不快。略致思索，輒通夕不能成寐。見客問姓名，轉顧即忘。把卷靜坐，即爾昏然欲睡。思有所作，握管三四行後，意即不相綴屬。以此而猶著書立說，其可得哉？倦遊歸來，卻埽杜門，謝絕人事，應酬簡寂，生平與品竹彈絲，棋枰曲譜，一無所好，日長多暇，所以把玩，昕夕消遣歲月者，不過驅使煙墨供我詼諧而已。以此《淞濱瑣話》，又復積如束筍，裒然成集也。《淞隱漫錄》所紀，涉於人事為多，似於靈狐黠鬼花妖木魅，以逮鳥獸蟲魚，篇牘寥寥，未能遍及。今將於諸蟲豸中，別闢一世界，構為奇境幻遇，俾傳於世，非筆足以達之，實從吾一心之所生。自來說鬼之東坡，談狐之南董，搜神之令升，述仙之曼倩，非必有是地有是事，悉幻焉而已矣。幻由心造，則人心最奇也。……余向作《遁窟讕言》，見者謬加許可，江西書賈至易名翻板，籍以射利，《淞隱漫錄》重刻行世，至再至三，或題曰《後聊齋圖說》，售者頗眾。前後三書，凡數十卷，使蒲君留仙見之，必欣然把臂入林曰：『子突過我矣，《聊齋》之後有替人哉！雖然，余之筆墨，何足及留仙萬一，即作病餘呻吟之語，將死遊戲之言觀可也。」是書所記為「聊齋體」如《葉娘》《白瓊仙》《反黃粱》《劍氣珠光傳》與「板橋體」如《畫船紀豔》《談豔》《記滬上在籍脫籍諸校書》《燕臺評春錄》《東瀛豔譜》結合之書，豪客妓女，氳氤馥郁，多才子佳人之事。

《海陬冶遊錄》三卷、《海陬冶遊附錄》三卷、《海陬冶遊餘錄》一卷　　王韜撰

　　《清史稿藝文志拾遺》小說家類雜錄之屬著錄。新興書局《筆記小說大觀》本。前有光緒己卯嶺南護落花主人序、庚申王韜自序。王韜自序云：「夫《海陬冶遊錄》曷為而作也？將以永既去之芳情，追已陳之豔跡，奇幽優於香草，抒蓄念於風懷。滄桑變易，麻姑見而傷心；開寶繁華，宮女說而隕涕。撫今思昔，寫怨言愁。則使經過曲裏，尚識舊人，搜輯閒編，猶傳軼事。傷紅顏之已老，嗟黑海之多驚。誰肯買俊骨以傾囊，孰不談劫灰而變色哉？則此編也，聊作寓言。附諸野史，非故為妖冶之同，甘蹈泥犁之罪也。……顧或謂昔趙秋谷《海區小譜》、余曼翁《板橋雜記》、西溪山人之《吳門畫舫錄》，

皆地當通都，時逢饒樂，其事可傳，其人足重。今一城斗大，四海氛多，既無趙、李名倡，又少崔、張俠客。染黛研朱，藥又變相；墜鞭投轄，獵廬爭豪。未聞金屋之麗人，能擅玉臺之新詠。引又不能抽白刃以殺賊，取證貞姬；著黃絁而參禪，證名仙籍。綺羅因之減色，脂夜於焉為妖，是人肉槃、是野狐窟焉爾，而子猶逞其豔談，為之瞑寫，不亦值乎！然而善言兒女，未免癡情；自古英雄，每多好色。花天酒地，亦為閱歷之場；紅袖青衫，同是飄零之客。」所記多為滬上妓藪風情，有女伶小傳如珠兒、繡雲、蘭笙等及其才藝品評、名公俊士詩詞、滬上戲劇、晚清世態等。此書敘青樓事蹟詳盡，雖無標題、無類目，猶可謂清代志豔類小說收結之作。黃協壎《淞南夢影錄》對此書評價甚高，云：「稗官野史，專記滬上風俗者，不下數家，而要以王紫詮（韜）之《海陬冶遊錄》為最。詠既去之芳情，摹已陳之豔跡。鴛鴦袖底，韻事爭傳，翡翠屏前，小名並錄。其於紅巾之擾亂，番舶之縱橫，往往低徊三致意，固不僅記花月之新聞，補水天之閒話也。近日瀟湘館侍者所編《春江小志》，差足媲美。他若袁翔甫大令之《海上吟》，則專採韻語。朱子美茂才之《詞媛姓氏錄》，則第敘青樓，梨棗未謀，難傳久遠。至《滬上豔譜》《滬上評花錄》《冶遊必覽》《廣滬上竹枝詞》等書，皆係書賈藉以牟利，凌躒踳駁，頗不足觀，置之勿論可也。」

《花國劇談》一卷，《眉珠庵憶語》一卷　　王韜撰

《清史稿藝文志拾遺》小說家類雜錄之屬著錄。《花國劇談》今有《香豔叢書》本。前有光緒四年自序，云：「予輯《豔史叢鈔》，凡得十種，皆著自名流，而聲騰藝苑者，不足，因以舊所作《海陬冶遊錄》三卷附焉。嗣又以近今十餘年來所傳聞之綺情軼事，網羅薈萃，撰為附錄三卷、餘錄一卷，而後備徵海曲之煙花，足話滬濱之風月。顧有地非一處，人非一時，芳蹤勝概，足以佐談屑、述遺聞，為南部侈繁華，為北里表俠烈。其事則可驚可愕，其遇則可泣可歌，宜匯一編，以傳於世。《花國劇談》，即以此作，大抵採輯所及，勒撮居多。孟堅紀史，半襲子長，揚雲作文，多同司馬，斯固不足為病也。蓋此不過為文章之外篇，遊戲之極作，無關著述，何害鈔胥。以渠筆底之波瀾，供我行間之點綴，不亦快歟？況乎刪其繁蕪，乃能人彀，潤以藻采，始可稱工，本異巧偷，非同攘美。而是編命意所在，別有根觸，隱寓勸懲。慨自才媛薄福，易致飄零；名妓下捐，多嗟淪落。瓊渚蘭苔，徒豔同心之影；瑤臺桃李，無非短

命之花。」所載李玉桂、澹娟、王月琴、文秀、雅卿、笑青、影娘、蓮喜等數
十人事蹟，即明陳泰交《優童志》之類。《眉珠庵憶語》今有《申報館叢書》
本，可稱之為「憶語體」之流。實皆為誌豔小說也。

《遁窟讕言》十二卷　　王韜撰

　　《清史稿藝文志補編》子部小說家類著錄。河北人民出版社 1991 年版（以
上海大文書局石印本為底本，校以其他本）。前有插圖 6 幅、目錄、光緒元年
王韜自序一、光緒元年王韜自序二、光緒六年王韜《重刻〈遁窟讕言〉書後》、
光緒元年黃懷珍序、光緒元年洪士偉序、光緒六年洪士偉後序、光緒元年梁鸑
跋、光緒元年錢徵跋、錢振《讀〈遁窟讕言〉奉題五絕》。此書又名《遁叟奇
談》，江西書賈易名為《閒談消夏錄》，共 160 則（篇），每則（篇）有標題，
如《碧珊小傳》《鸚媒記》《李酒顛傳》《劍俠》《朱慧仙》《李月仙》《義烈女子》
《說狐》《相術》《鬼語》《蘇小麗》《少林絕技》《鬟仙小傳》《綠芸小傳》《趙
四姑》《懺紅女史》《夢幻》等，所述有陰陽術數、邪教義軍、狐鬼狹邪、俠客
劇盜、轉世攝魂、夢異幻遇、公案貞烈、海外歷險、官場陋習、里巷婚戀等，
體同《聊齋》，而敘事往往逸出故轍如《離魂》《黃粱續夢》《海島》《孟禪客》
等，改編前人之文較多故也。其中薄命名媛、落拓士子，敘事置之於咸豐庚申
之亂，詩詞如《苦李行》《鳳城曲》《蓮姑曲》等為介，則有《剪燈新話》之風。
平康豔妓事蹟如《珊珊》《駱芳英》《吳淡如》《蘇仙》《三麗人合傳》《陳玉如》
《玉笥生》《馬逢辰》《張小金》《眉修小傳》等較多，故魯迅《中國小說史略》
云是書與《淞隱漫錄》《淞濱瑣話》在內容上「狐鬼漸稀，而煙花粉黛之事盛
矣」，可謂志豔小說與志怪小說之合流，「板橋體」與「聊齋體」交融之一斑。
除改編前人小說之外，並記錄異地風俗如卷九《苗民風俗》，不過廣見聞之意。
寫景摹畫亦清遠簡潔，如卷一《江遠香》杭州甫經兵燹、彤雲密雪，卷六《珊
珊》寫珊珊「柔媚有餘，而清婉不足」。文後間有「逸史氏」評，不過論事補
史之論。

《淞隱漫錄》十二卷　　王韜撰

　　《中國古籍總目》小說類文言之屬著錄。人民文學出版社《中國小說史料
叢書》本（以上海點石齋石印本為底本）。前有插圖 4 幅、光緒十年王韜自序、
目錄。此書又名《後聊齋誌異圖說》《繪圖後聊齋誌異》。全書共 121 篇，所述

以狐鬼花妖、靈物幻化、地仙閨秀、貞女烈婦、劍客女俠、亢仙華胥、海外歷險為主，若《華璘姑》《仙人島》《玉簫再世》《蓮貞仙子》《白秋英》《白素秋》《娟紅女史》《女俠》《胡瓊華》《王蟾香》《藥娘》《黎紉秋》《夢遊地獄》《海外壯遊》《蛇妖》《亢仙逸事》《悼紅仙史》《丁月卿校書小傳》《夜來香》《清溪鏡娘小傳》《心儂詞史》等，不過媚狐豔鬼、才子佳人之類，其中絕藝冶容、詩筒絡繹，女貌郎才、轉世姻緣，漚曲煙花、平康柳陌，不出晉唐志怪、唐宋傳奇、明清才子佳人小說、傳奇劇及《聊齋誌異》《紅樓夢》《西青散記》《女仙外史》範圍，可謂晚清之「列女傳」。狐鬼、士女之外，復有優伶歌妓之品鑒（《名優類志》《二十四花史》《柳橋豔跡記》《申江十美》《十二花神》《橋北十七名花譜》《三十六鴛鴦譜》《畫船紀豔》），域外女子之傳記（《紀日本女子阿傳事》《東瀛才女》《媚梨小傳》《花蹊女史小傳》），眷戀愁悒，哀婉淒絕，情事繾綣，卷末或「登賢書，捷南宮，入翰苑」，或同時仙去、隱居修道，亦志怪小說「妾媵仙妻」「神仙中人」之故跡。晉唐小說敍事之體中，兼收晚清時事如赭寇之亂、泰西科技、中西歷程等（《馮佩伯》《苾蔚山莊》《海底奇境》《海外壯遊》《泰西諸戲劇類記》）。敍事婉轉，憑《廣記》以架空；情景相合，借詩文以抒情。文筆曼麗，可稱傳奇之集。《中國小說史料叢書》本刪去原書卷九《黔陽苗妓紀聞》《黔苗風俗紀（上下）》3篇，為以今律故、古為今用之舉。

《三續聊齋誌異》十卷　　王韜撰

文聽閣圖書有限公司《晚清四部叢刊》影印光緒二十年袖海山房石印本。全書84則（篇），每則（篇）附圖一幅。《趙景深日記》云此書為抄撮《淞濱瑣話》與《漫遊隨錄圖記》二書而成。前《徐麟士》《藥娘》《李延庚》至《珠江花舫記》《紀雙烈》《真吾煉師》34篇出自《淞濱瑣話》，後《鴨沼觀荷》《古墅探梅》至《重遊英京》《再覽名勝》50則出自《漫遊隨錄圖記》，可謂傳奇與遊記結合之體，以「聊齋」名目者，不過書賈稗販之故技。

《老饕贅語》四卷　　王韜撰

《中國古籍總目》小說類文言之屬著錄。南京圖書館藏字林滬報館鉛印本。卷端有王韜自序云：「丐食海陬，一星終矣，壯而無聞，老之將至。傭書就役，卒歲少閒。凌晨入夜，稍理舊業。顧應酬日紛，精神日疲，歲月駸尋，

境遇埋塞。曉窗小坐，才展數頁，輒為他事牽率。偶至宵深，燈暗目眵，昏然
思睡。加以疏懶善忘，開卷流覽，頗有會悟，對客縱譚，了不記憶。因效古人
讀書之法，隨筆綴錄，凡景物之新奇、鬼狐之變幻、篇章之清麗、兒女之情懷，
以及可驚可樂、可歌可泣之事，亦無不詳載其中。非敢示人，聊以自識其一得。
雖然，亦贅疣而已。」全書 134 則（篇），多無標題，所述有軼事（卷二「如
皋任生」「潮郡沙龍鄉鄭姓」「何義門妄言老頭子」「一品鍋」「咸豐間佛山鎮紅
巾起事」「道光廿二年英夷入寇」「壬午朝鮮亂黨作難」「千叟宴」），博物（卷
三「畫家一要人品高」「葉小鸞眉子硯」「湯鵬鐵畫」「世之贗物」、卷四「龍涎
香」「三腳貓」「鷦鴣米」「天下之物」），詩話（卷一「楊墨林太守硯銘」「楊道
軫女史」「陳兆純女史」「西青散記」「吳興山水」「彭介臣」、卷二「珠兒」「薴
溪姜夢璜」、卷三「古詩有自然之天籟」「方正學題嚴子陵詩」「甫里清風亭詩
社」「韻分平上去入」「石林詞」），雜考（卷一「宋姚寬西溪叢語」「江永群經
補義」「春秋匯纂」、卷二「崔鶯鶯」「牡丹」「堂子」「關聖帝君」「十二經脈」、
卷三「杜詩玉杖」「本草神農書也」「木棉」），雜論（卷一「楊東里少不能買書」
「白樂天與元微之書」、卷三「王弇州著文人九厄」、卷四「史家編年」「星家
言」「士人懷才不遇」），異聞（卷二《後婦先夢》、「王紫詮自言為轉世僧」「壓
虎」「新陽食饌生」、卷三「朝天宮道士填榜」），藥方（卷三「治難產方」），敘
事、考證、議論、載記集於一書，其中敘事如卷一「趙畹生」「龍蟄」「駱飛」
「張津修」、卷二「唐仁」「妹倩」、卷三「曲沃項某」「卜秀才」、卷四「蚺蛇」
「鼈山」「孟河馬生」等，皆傳奇文也。所言多據耳聞目見，雖有改編自他書
處，然清辭麗句中，不以虛談為尚。

《白門新柳記》一卷 《附記》一卷　許豫撰

　　許豫字養和，安徽海陽（今屬休寧縣）人，其他事蹟不詳。寧稼雨以為「許
豫」為託名，當為全椒薛時雨所撰。薛時雨（1818～1885），字慰農、澍生、
澍仁，晚號桑根老人，安徽全椒（今屬滁州市）人，咸豐三年進士，曾任嘉興
知縣、杭州知府，兼署督糧道，代行布政、按察兩司事，後以疾辭官，主講崇
文、惜芳書院，有《藤香館詩刪存》《藤香館詞》等。《清史稿藝文志拾遺》子
部小說家類雜錄之屬著錄。新興書局《筆記小說大觀》本。前有盧崟敘、同治
壬申許豫子序、黃協塤題詞，書後有黃協塤跋。此書記載青樓女子三十餘人，
《附記》女子數人，亦青樓小傳、北里志之類。黃氏跋云：「白門為自古靡麗

之鄉，山溫水軟，美著東南。素來風尚，侈聲妓，耽遊宴，繁華之積習，沿淫冶之遺風，間月地花天，舞衫歌扇，豔情綺思，蓋猶有南朝金粉之流芳餘韻焉。其選勝尋芳，猶可想見於《板橋雜記》《畫舫》諸錄中，此所以極士女嬉遊之樂，而寫朝廷清宴之風，亦殊足以見升平氣象已。咸豐癸丑，慘遭赭寇之亂，據為盜窟者，十有二載。秦淮河房舊址，荊榛塞道，瓦礫堆階，清溪遺跡，徒剩磷照狐鳴。年來稍復舊規，遊船往來，踏波乘浪。才妓名媛，大都至自吳中，來從邗上，而土著中人，亦復不少。兩岸笙歌，一堤煙月，承平故態，父老猶有見之流涕者，此《白門新柳記》之所由作也。作者為海陽許君養和，《衰柳附記》亦出其手。《補記》則楊君曉嵐筆墨也，述秦淮之近事，續舊院之叢談，談者豔之。曾幾何時，為當道所嚴禁，野鴨飛鴛，一齊痛打，月碎花殘，在所不免，而作記之人，不特無金鈴十萬，以護名花，且復重遭疵詬，指是書為禍胎罪首，劈板片付之祖龍一炬，於局試書院諸生時，特命一二題，以致譏評，諸生亦撰楹聯，以紀其事，幾興文字之釁。夫秦淮之有綠篷船，原所以點綴煙波，流連名勝，誠窮乏者之養濟院也、一旦絕之，無以為生，惟有號寒啼饑而已。況自管敬仲設女閭三百，樂籍遂不能廢，是書偶為遊戲筆墨所及，雖談豔冶，又何關於政體也哉？因跋其後，為漫論之如此，禮法之士，幸無譏爾。」

《白門新柳補記》一卷　　楊曉嵐撰

　　楊亨字曉嵐，安徽海陽（今屬休寧縣）人，與許豫同鄉，其他事蹟不詳。《清史稿藝文志拾遺》子部小說家類雜錄之屬著錄。新興書局《筆記小說大觀》本。楊曉嵐壬申年卷端序云：「前書以記為名，是記事，非品花。採訪所及，隨得隨錄。名次之先後與色藝之優劣無關焉。即以記事而論，傳聞異詞，愛憎異性，難免參錯。稗官小說，遊戲而已，不得以信史責之。前書間有遺珠，特為補記。養和近作淮海之遊，他日歸來，當不以鄙人為僭妄也。」所載妙紅、彩雲等歌妓數人，亦小傳之體。秦淮志豔小說，王源《鐙窗瑣話》卷五中述其變遷云：「秦淮古佳麗地。余澹心《板橋雜記》搜採殊富，然如馬湘蘭、徐翩翩已不及見。近人亦有《續記》，微不及余作，自監篦汰後，揮金客少，炫翠人稀矣。道光壬寅，金陵當用兵之後，舊院一空。」

《玉井山館筆記》（附《舊遊日記》）一卷　　許宗衡撰

　　許宗衡（1811～1869），字海秋，江蘇上元（今南京）人，咸豐二年進士，官起居注主事，有《玉井山館文略》《玉井山館詩餘》《玉井山館詩集》等。《清

史稿藝文志》雜家類雜考之屬著錄。華東師大館藏《滂喜齋叢書》（同治十年至光緒九年）本。前有同治十三年潘祖蔭序。該書以詩話為主，其他如朝中掌故、軼事異聞、詩話文論、小學考證、性理遊記等，每則無標題，敘述中多引前代筆記如《塵史》《歸田錄》《敬齋古今黈》《困學紀聞》等，異夢舊遊，每露日記之體。《舊遊日記》為洪楊軍隊佔據南京後，在京為官的許宗衡在同治戊辰為憶念往日金陵舊遊而作。潘祖蔭云此書「所載事不一類，言近指遠，味於無窮」，過譽之言也。

《秦淮豔品》一卷　　張曦照撰

張曦照字海初，自號小娜嬛主人，疑為江寧（今南京市）人，同治年間尚在世。《八千卷樓書目》子部小說家類瑣語之屬著錄。國家圖書館「中華古籍資源庫」（清末刻本）。前有目錄，後有跋。是書仿舊題司空圖撰《二十四品》之意，類分《幽豔》《穠郁》《娟秀》《圓亮》《嬌冶》《嫻雅》《靚峭》《華娜》《妖雋》《流逸》《溫膩》《憨纖》《嫣媚》《修腴》《靈和》《蒨妍》《綺昵》《聰姣》《甜麗》《沖韶》《韻宕》《搖脫》《淡默》《清婉》二十四目，每目書一人品鑒之，如雙鳳、翠鳳、碧雲、蓉君等。其法以先傳記後評論，如《搖脫》之桂如：「桂如，廣陵人，大方不拘，有林下風，初來居懷素閣，現一舉李二家。『脫然畦封，清潔可愛。弱柳綿飄，修篁粉退。畫鑪忽鳴，幅巾懶佩。娟娟群釵，落落眉黛。駘蕩手神，疏慵意態。大方無隅，深閨自在。』」敘述典雅，高出鴉片煙雲彌漫之神仙窟數層矣。

《庸閒齋筆記》十二卷　　陳其元撰

陳其元（1812～1882），字子莊，號春澤，晚號庸閒老人，室名庸閒齋，浙江海寧（今海寧市）人，拔貢生，曾為金華訓導，歷官青浦、新陽、上海知縣，有《庸閒老人自述》。《八千卷樓書目》子部雜家類雜說之屬著錄。廣陵書社《筆記小說大觀》本。同治十三年俞樾序，同治十二年陳其元自序。與友朋談錄也。俞樾序云此書「首述家門盛跡、先世軼事，次及遊宦見聞，下迨詼諧遊戲之類，斐然可觀。」此書卷一至卷八主要敘述異聞（因果報應、狐鬼神祇）、軼事（巨公名士、洪楊之亂、烈婦孝子），卷一尤其介紹家族顯宦歷史，此八卷間有書畫評論、域外記錄、詩文輯錄、公案時事、官場見聞等類，總體上有勸誡之意，向善之心，並有時局之憂、濟世之心。卷九至卷十二為雜說之筆記，考證、論說、志怪、軼事、經濟、博物等皆存，卷九前

有小序，云本為編前八卷時摒棄之文，今掇拾之而成書，實最合「雜說筆記」之體，其中抄錄章奏新聞多篇，較為醒目。李慈銘《越縵堂讀書記》云此書「多載家世舊聞，間及近事，頗亦少資掌故。惟太不讀書，敘次亦拙，不足稱底下書耳。」

《小螺庵病榻憶語》一卷　孫道乾撰

孫道乾字瘦梅，號葆園、梅叟，浙江會稽（今紹興市）人，直隸候補知府，有《九曲漚舫隨筆》《續刀劍錄》《貽研山房詩文集》等。《清史稿藝文志拾遺》小說家類雜錄之屬著錄。蟲天子編《香艷叢書》（上海書店，2014 年）本。前有同治十二年癸酉王治壽序、平步青《越畹女史小傳》、陶方琦《越畹女史誄》、譚獻等《小螺庵病榻憶語題詞》，孫道乾《女芳祖略述》、孫德祖《哭舍妹（並序）》、孫慶曾《哭姑母》詞一首，後有光緒元年褚繼曾《小螺庵病榻憶語後序》、同治甲戌姜秉初《小螺庵病榻憶語書後》、乙亥王繼香《小螺庵病榻憶語書後》、光緒丙子秦曾熙《小螺庵病榻憶語跋》、同治癸酉胡壽頤《小螺庵病榻憶語跋》。此本為孫道乾憶念其亡女孫芳祖而作，孫氏道其生平（乖巧、嗜畫、耽詩詞，孝父母），芳華易逝，年十九卒，「垂死前二日，強笑執余手頻嗅之，似有千萬語欲說狀。雙眼注視，忽盈盈欲淚，覺不可忍，即反側面壁，恐傷余心，實握別也。悲哉！」淒然淚下，傷心人語也，亦「憶語體」作品。

《瀛珠仙館贅筆》三卷　題長洲黃兆麟撰

據陳玉堂編《中國近現代人物名號大辭典續編》，知其字叔文，亦字黻卿，一作紱卿，改字子效，號頌閣，室名古樗山房、瀛珠仙館，湖南善化（今屬長沙市）人，道光二十年進士，歷任順天鄉試同考官、江南道御史、刑科、禮科給事中等。書中屢言「吾吳」，疑其原籍為善化，實江蘇長洲（今蘇州市）人。《江蘇藝文志》集部別集類著錄。文聽閣圖書有限公司《晚清四部叢刊》影印稿本。是書無序跋，每則有標題，共 164 則（篇），內容有軼事（《畢尚書軼事》《柳如是軼事》《馬烈女》《林典史》《女伶》《金山衛城三忠祠》《張提軍》《向帥》），異聞（《試士異數》《讖語有證》《宅異》《奴欺主鬼弄人》《夙世冤孽》《神燈》《寓樓談鬼》），詩話（《二王先生詩》《歷城三子》《鈿湖感舊錄》《詩分門戶》《煙霞萬古樓詩》《瓶水齋詩》《寒瘦詩派》《茶磨山人詩》《珠江竹枝詞》《阿芙蓉詞》《佩秋閣詩略》《弔湖州趙觀察詩》），博物（《金頭顱》《仇畫》《雲月硯》

《趙檢討觥》《官窯》《圓圓遺像》），風俗（《承平燈錄》《西山踏春》《麻團勝會》《吳門花市》），卷二《張總統》言及咸豐十年洪楊之役「文廟震悼」，則同治間所撰矣。潘景鄭先生《著硯樓讀書記》云「其書涉於稗官家言，文筆亦殊纖弱，然所載吾邑庚申變後里居佚聞，足資談助。」「吾邑」者，蘇州也。

《科場益異聞錄》二十二卷附錄一卷　呂相燮輯

　　呂相燮字輔臣，廣東新會（今屬江門市）人，其他事蹟不詳。《清史稿藝文志拾遺》小說家類雜錄之屬著錄。《廣州大典》影印光緒二十四年順成書局石印本。前有光緒戊戌蔡鈞序、同治十二年俞增光序、同治十二年張璟檠序、同治戊辰呂相燮《五種試場異聞錄自序》、《募刻五種試場異聞錄啟》、《五種試場異聞錄凡例》10 條，書後有呂相燮《五種試場異聞錄自跋》。該書分「國朝九卷」「前明五卷」「唐宋三卷」「直省四卷」「小試一卷」5 種及附「《科名佳話》《梓里紀聞》《教學微言》」，前五种輯錄唐宋以來科場報應之事，每種前皆有呂相燮自敘，前三種分科輯錄，《直省科場異聞錄》按省域輯錄，《小試異聞錄》以人輯錄。《科名佳話》輯錄 12 則故事，如《兄弟解元》《父子鼎甲》《六子登科》《四世五世翰林》等。以上輯錄各條，皆已注明文獻來源。《梓里紀聞》為呂相燮輯錄新會科舉名人如張耿堂、林上國等事蹟，有邵彬儒批評。《教學微言》為江南程氏所著，分《功格》《過格》諸條，欲士每日三省之意。「大旨在戒人躁競，無涉妄求。」（呂相燮《五種試場異聞錄自跋》）體例謹嚴，簡而有法。《凡例》中云：「《科場錄》以鄉試、會試、殿試事為主，而餘試及武試亦附焉，小試錄以童試闈主，而生員之歲科試亦附焉。」「是書所採各條，取其巧應者為主，或徵諸夢，或徵諸簽，或徵諸占，或徵諸事，總之為棄為取，恰因某善某惡而起方行登錄。其有泛說某人行諸善後來貴顯、某人行諸惡後來被黜云云者，則汗牛充棟，收不勝收，姑從割愛。」「是書專以慶殃之說為主，其餘或徵兆於試題，或博趣於奇事，亦隨手掇拾，以佐談笑，以破睡魔。此外胥吏奸尻、試官糊塗，種種異事，並載一二，用昭勉戒。」此書意在明科名前定、功名源於道德，俞增光序云此書作意云：「從來世人見典謨訓誥，則忽忽思睡，聞因果異聞則怦然心動，上而士大夫，次及商賈，下逮牧豎，莫不皆然，抑知典謨訓誥之中，何嘗不顯示因果乎……《科場異聞錄》分時別地，因勸及懲，說鬼說神，志夢志怪，若蜃樓海市，愈出愈奇，若迅雷疾風，一轟一醒，足令見者觸目興懷，聞者驚心動魄，是可為度世津梁，豈持作登科寶筏也哉。」張璟檠序中稱許此書云：「自唐宋以來凡科名之得失，必溯其源以見古之所謂

降祥降殃者，竟無毫髮爽，較之釋氏空談因果益信而有徵，洵覺世之津梁、渡人之寶筏也。」亦《棘闈奪命錄》《浙闈科名果報錄》之類。

《里乘》十卷　　許奉恩撰

許奉恩（約 1816～？），字叔平、勗屏，自號蘭苕館外史，安徽桐城（今屬安慶市）人，諸生，有《蘭苕館詩抄》等。民國《安徽通志稿》小說家類敘述雜事之屬著錄。此書一名《留仙外史》。廣陵書社《筆記小說大觀》本，八卷。今有齊魯書社《清代筆記小說叢書》本，十卷，前有同治十三年方濬頤序、劉毓楠序、同治甲戌許秋槎序、同治甲戌方錫慶跋、金安清跋。金安清跋云：「我朝小說軼乎歷代、膾炙人口者四，曰《聊齋誌異》，曰《閱微草堂筆記》，曰《紅樓夢》，曰《儒林外史》。《紅樓夢》與《外史》以俗言道文情，究其指歸，與施耐庵、王弇州諸作等耳；雖寓勸懲之旨，觀者懵焉。《誌異》乃悲憤之書，文筆直參《左》《國》，峭峭冷雋，前此未有；特流於尖刻，無風人敦厚之思。《筆記》持論允矣，鬼狐太多，且皆短篇，說理有餘，行文不足，是皆有所憾焉。外此如《諧鐸》《六合內外瑣言》《耳食錄》《夜談隨錄》《品花寶鑒》，則更自鄶以下矣。許叔平先生《里乘》一書最後出，以漢魏古豔之筆寫昊蒼禍福之原。身際亂離，目擊因果，所記皆信而有徵，不託之玄虛縹緲。文心結構如剝蕉抽繭，繪聲繪影，無不畢現紙上。使閱者欣然喜，憬然悟，終之以凜然懼。先生教世之心若是，其明且切也。可謂盡有小說家之長而袪其短，足與正史相表裏者矣。」此書可稱「聊齋體」之屬，每則有標題，文後多有「里乘子」評論，妖狐鬼怪、里巷軼事，筆記與傳奇熔爐一書，不乏言情之作如《林妃雪》《仙露》《袁姬》《姮兒》等，卷九、卷十敘述軼事、異聞之外，輯錄《土司婚禮紀》《海上紀略》《豁意軒錄文》及記錄太平天國野史如《記粵寇倡亂始末》《記粵寇渠魁事蹟》等，皆逸出「聊齋體」之筆。譚獻稱此書「敘事翔雅，近人說部之佳者」，民國《安徽通志稿》小說家類云此書「雖曰本於虞初九百，作董狐之良史觀可也。」

《殘芍花館隨筆》　　周騰虎撰

周騰虎（1816～1862），原名瑛，字韜甫，江蘇陽湖（今常州市）人。諸生，官吏部員外郎，有《餐芍華館詩集》等。《清代毗陵書目》小說家類著錄。未見。

《勞山逸筆》一卷　馬志泮撰

馬志泮（1760～1857），字毓秀，號龍坡，別號懶仙，山東即墨（今屬青島市）人。宣統《山東通志》小說家類異聞之屬著錄，引此書題語云「不信仙而好聽人說仙，不信鬼狐而聽人說鬼狐，語雖涉於幻情，實即於真，燕居多暇，因於耳之所聞、目之所睹，草此一編，名之曰《勞山逸筆》云。」未見。

《我聞錄》一卷　葉蒸雲撰

葉蒸雲字閬帆，浙江太平（今屬台州市）人，道光十七年拔貢，同治間與陳澧同修縣志，未成，有《印香室詩鈔》《辛壬寇略》等。吳興劉氏嘉業堂抄本《台州經籍考》小說類著錄。未見。

《壺齋雜錄》　徐肇嵋撰

徐肇嵋原名紹梅，字蜀溪，湖北蘄水（今屬黃岡市）人，同治戊戌進士，有《壺齋詩古》等。光緒《黃州府志》子部十一小說家類、宣統《湖北通志》小說家類雜事之屬著錄。未見。

《客窗消寒筆記》　匡慶榆撰

光緒《黃州府志》卷二十一載：「匡慶榆原名一青，字星荄，道光丁未進士，歷署故城、隆平等縣知縣，補肥鄉，聽斷明決，以獲劇盜功保陞同知，因親老乞養歸里。服闋，爵相李鴻章督師東征，檄辦營務，復經理釐政於荊襄間，盡心籌劃，北師資以接濟，旋以疾卒於差次，著有《詩經序注正指》《客窗消寒筆記》。」光緒《黃州府志》子部十一小說家類、宣統《湖北通志》小說家類雜事之屬著錄。未見。

《蕉窗》十則、《廣義》一卷、《雷火紀聞》一卷、《聞見實錄》一卷、《醫心奇驗》一卷　朱廷簡撰

朱廷簡字文卿，號文岳，浙江黃岩（今屬台州市）人。光緒《黃岩縣志》卷二十七雜家類、吳興劉氏嘉業堂抄本《台州經籍考》小說類著錄。光緒《黃岩縣志》卷二十七雜家類上數書「皆陰騭家言，亦足以資勸誡。」未見。

《鞠盦閒話》　黃殿鈞撰

據《元明清中州藝文簡目》及李文政《黃殿鈞及其〈楹聯閒話〉》一文可知，黃殿鈞字陶庵，號襢襪秀才，河南商城（今屬信陽市）人，同治年間附生，

褫衿後南遊，咸、同間與傅蘭雅、楊格非有交往。民國《河南通志》小說類雜
事之屬著錄。未見。

《慎節齋雜記》　史致諤撰

史致諤（1802～1872），字鐵生、士良、子愚，號耜梁，順天宛平人，寄
居常州，道光十八年進士，授編修，累遷至浙江寧紹道臺，加按察使銜。《清
代毗陵書目》小說家類著錄。未見。

《輟耕筆記》一卷　倪偉人撰

倪偉人，字子楨，號倥侗，又號佣生，安徽祁門（今屬黃山市）人，縣廩
生，著有《輟耕吟稿》《課徒試貼》等。同治初卒（據傅璇琮總主編《中國古
代詩文名著提要·詩文評卷》）。《書髓樓藏書目》小說家類著錄。未見。

《松窗話舊》三冊　馬星翼撰

馬星翼號東泉，山東魚臺（今屬濟寧市）人，舉人，曾任樂陵縣教諭，主
講鄒平近聖書院，有《東泉居士集》《東泉詩集》等，同治間尚在世。光緒《魚
臺縣志》有傳。宣統《山東通志》小說家類瑣語之屬著錄。未見。

《添香餘話》十二卷　朱亢宗撰

朱亢宗字紫笙，道光丁酉拔貢，浙江仙居（今屬台州市）人，同治中卒，
有《四書別解》《臺宕遊草》《梅花譜》《香雪山房詩集》等。光緒《仙居志》
卷十五有傳。《台州經籍考》小說類著錄。未見。

《滋福堂叢話》　張葆森撰

光緒《沔陽州志》中云：「張葆森原名葆初，字竹人，庠生，品端學粹，
博覽羣群書，尤精史漢，留心輿地水道，於天下郡國縣志多所歷覽，州廉訪
周揆源延請主修《邵武府志》，體例精覈，為世所重，旋膺制軍陸建瀛續修《江
南通志》之聘，因粵匪之亂中止。嘗輯《沔陽州志稿》，與其生平著述均毀於
兵。今存者《滋福堂詩文》各集、東南遊草》《讀史隨筆》《滋福堂叢話》數
種。」或載張葆森字舊生，號竹人。宣統《湖北通志》小說家類雜事之屬著
錄。未見。

《醉墨窗三友夢記》一卷　　程啟選撰

程啟選事蹟不詳，著有《四書講意》。宣統《山東通志》小說家類瑣語之屬著錄，云「州志載是書云：三友者，木友、石友、杖友也，託之於夢演為詩詞，蓋皆寓言。邱應琢跋稱啟選少善屬文，既長於詩，年將髦益自刻苦，故詩最多。」未見。

《花月新聞》　　冷紘撰

冷紘字華雲，山東膠州（今屬青島市）人，事蹟不詳。宣統《山東通志》小說家類瑣語之屬著錄，云：「採訪冊載是書云：自謂可繼趙秋谷宮贊《海漚小譜》。」未見。

《桐蔭雜志》八卷　　紀鳳詔撰

紀鳳詔字紫綸，山東膠州（今屬青島市）人，其妻楊鳳徽亦以詩名，著有《紅葉書屋詩稿》。宣統《山東通志》小說家類雜事之屬著錄。紀鳳詔於咸豐間尚在世，趙文連、匡超之《膠志》云此書「凡軼事奇聞有關於世道人心風化者，靡不採錄。」未見。

《夢餘因話錄》三卷、《因話錄續》、《十硯齋雜識》三卷、《恩餘隨錄》二卷、《恩餘雜志》二卷、《恩餘雜志續》二卷、《恩餘續錄補》四卷、《恩餘續錄復補》二卷、《滌硯餘志》二卷　　杜堮撰

杜堮（1764～1858），字次厓，號石樵，山東濱州（今濱州市）人，嘉慶六年進士，官至禮部尚書。宣統《山東通志》小說家類雜事之屬著錄。未見。

《拙齋偶談》一卷　　李維藩撰

李維藩字價人，號紱堂，諸生，同治元年卒，有《讀書偶記》《草蟲吟秋》等。宣統《山東通志》小說家類雜事之屬著錄。未見。

《便記》一卷　　王永德撰

王永德字恒一，號柳圃，又號羲右居士，河南淮陽（今屬周口市）人，同治間尚在世，有《羲右居士集》一卷。民國《淮陽縣志》卷六有傳。民國《河南通志》小說類瑣記之屬著錄。未見。

《記聞瑣言》 馬化麟撰

馬化麟字玉書，道光庚子舉人，同治二年任山西壽陽知縣，有《古今雜體詩集》等。民國《河南通志》小說類瑣記之屬著錄。未見。

《桂林錄異》八卷 顧淦撰

顧淦，浙江嘉善（今屬嘉興市）人，咸、同時人。《清史稿藝文志拾遺》小說家類志怪之屬著錄。未見。

《春宵偶語》二卷 陳之翰撰

陳之翰字樹屏，室名綠滿廬，浙江象山（今屬寧波市）人，同治四年舉人，有《綠滿廬詩文鈔》等。同治四年（1865）補行辛酉、壬戌科（1861、1862）舉人。曾從鄞縣周岱、天台陳省欽遊。孫詒讓《溫州經籍志》卷十八小說家類瑣語之屬著錄。未見。

《維摩室隨筆》 莊受祺撰

莊受祺（1810～1866），字蕙生，一字衛生，江蘇武進（今常州市）人，道光二十年進士，歷任山西副主考、福建按察使、浙江布政使等，有《湖北兵事述》《維摩室遺訓》等。《清代毗陵書目》小說家類著錄。未見。

《聞見偶記》一卷 鄒樹榮撰

鄒樹榮號少陶，江西南昌（今南昌市）人，同治三年舉人，有《志乘刪補》等。《清史稿藝文志拾遺》小說家類雜錄之屬著錄。未見。

《萃異錄》四卷 甄九思撰

民國《林縣志》卷十一著錄，云：「九思本書無傳，字誠齋，咸同間諸生，城北落霞莊人。此書據九思族人稱原八卷，今所存者佚其半矣。書仿《聊齋誌異》體，筆錄異聞瑣事。」未見。

光　緒

《解醒語》四卷　蘭月樓主人編

　　《中國古籍總目》小說類文言之屬著錄。文聽閣圖書有限公司《晚清四部叢刊》影印光緒二十一年鉛印本。前有光緒十三年蘭月樓主人《總序》、光緒丙戌泖濱野客《野客讕語序》、光緒元年鷗鄉老人《老人夢語序》、目錄。是書實合泖濱野客《野客讕語》兩卷、鷗鄉老人《老人夢語》兩卷而成，蘭月樓主人「稍潤色之」，內容不過軼事志怪之類，如《狐報仇》《女鬼》《斬妖》《勾魂使》《妖術》《詩妓》《北遊記》《再世夫妻》《騙術》《鬼祟》等，然《野客讕語》多傳奇文，如《賽陶朱》《日本三奇女》《美哥馬島》《璿姑》《玉鳳》等，文風綺麗，篇幅漫長，每篇後有「野客曰」之評，「有憤世語，有警世語，有見道語，有詼諧語，吉光片羽，彌可珍貴」（《總序》），「聊齋體」小說；而《老人夢語》短篇脞語，文後亦有評論，仿魏晉小說之作，「語或鄰乎怪誕，意實本乎勸懲」（《總序》）。蘭月樓主人、泖濱野客、鷗鄉老人事蹟皆不詳，據《總序》可知，三人皆為不得志文人也。

《潛庵漫筆》八卷　程畹撰

　　程畹字蘭畦，江蘇儀徵（今屬揚州市）人，咸豐間貢生，有《嘯雲軒文集》《避寇紀略》等。《清史稿藝文志拾遺》小說家類雜錄之屬著錄。文聽閣《晚清四部叢刊》影印光緒元年上海申報館鉛印本。前有汪毓琪序、乙亥（光緒元年）程畹跋。此書意在勸懲，「以淺近雜說為動人聽聞之言，不過期其言之易入，使之善惡入於耳，好惡動於心，而禍福移其意，是其持之有故、言之合理，

亦足以合文通治而為風俗勸矣。」（汪毓琪序）共 194 則左右，皆異聞、軼事之類，異聞如《凶宅》《常州城隍》《城隍請幕友》《鬼同年治病》《假關帝遇真關帝》《氣衰妖作》《鬼好名》《科場十七則》《還財免劫二則》《夙冤可解》《藍袍神》《異夢二則》《正念驅狐》《雷異五則》《鬼哭》《無頭鬼》《孝婦天佑》、軼事如《毛將軍》《晚達》《破格憐才》《鐵面》《義婢》《阮文達軼事》《都將軍軼事》《〈隨聞錄〉辨誣》《盜案》《戲言釀命》等，格調雋古，文筆介於《閱微草堂筆記》《勸誡近錄》之間，其中不乏改編他作之文。文後多有作者評論，點題、補史之作也，如卷五《都將軍軼事》條論都興阿曰：「將軍在楚，與胡文忠、曾文正同奮功名，名下固無虛士哉。脅從罔治，與殺行人以立威者異矣。甘泉汪子儀主政曾入其幕，幕僚成章奏以語將軍，將軍口改數字，動中窾要，其才亦不可及云。」

《客窗閒話》（初集、續集）八卷，《續客窗閒話》八卷　　吳熾昌撰

　　吳熾昌（1780～？），號蔪厈居士，浙江鹽官（今屬海寧市）人，諸生，長期為幕賓。《清史稿藝文志補編》子部雜家類著錄。廣陵書社《筆記小說大觀》收錄《客窗閒話》（初集、續集）八卷。今有王宏鈞、苑育新校注本（文化藝術出版社 1988 年），前有目錄，書後《附錄》有乙亥長白山人《客窗閒話序》、光緒乙亥吳熾昌《客窗閒話自序》、《客窗閒話諸子總評》、方廷瑚等《客窗閒話題詞》、性甫謝理《續客窗閒話序》、光緒元年乙亥《續客窗閒話自序》、陸元琅等《續客窗閒話題詞》。此書刊刻於道光年間，校注者《前言》有說明。或云為「聊齋體」之一種，蓋指敘事漫長而言，然此書以雜事為主，如《明武宗遺事（五則）》《公大將軍延師》《王夢蛟》《假和尚》《磁州地震記》《淮南宴客記》《八松墓》《姚幕府》等，戀情如《雙縊廟》《張慧仙寄外詩記》等，多遊幕中所聞；異聞如《鶯仙（五則）》《無真叟》《某少君》《魏元虛》《某駕長》等，敘事生動，詩風暢然，方幼樗評此書「紀事詳明，而出筆俊雅，純是書生本色，筆墨不落做閒書人腔調，是以讀之口頰回津，不能釋手。……耀雲先生許與《聊齋》並傳，固非阿私所好矣。」譚獻云是書「敘事雅潔，文藻不及許叔平《里乘》，而噴薄之氣勝之，惜其心目終為蒲松齡所囿。亦近年說部之佳者。其次則黃氏《金壺七墨》差可觀，《墨餘錄》、《桐陰清話》等諸自鄶。若齊學裘之《見聞隨筆》，則陋劣不成文理矣。」（見《復堂日記》）評價亦可觀。

《滬遊雜記》四卷　葛元熙撰

　　葛元熙字理齋，號嘯園，又號西泠嘯翁，浙江仁和（今屬杭州）人，工書法，尤精篆隸。《八千卷樓書目》史部地理類遊記之屬著錄。廣陵書社《中國風土志叢刊》本。前有光緒二年袁祖志序、光緒二年葛元熙自序、《滬遊雜記弁言》8則，上海地圖、各國國旗、目錄。此書可稱「滬遊指南」，與民國間伯熙之《老上海》同一題旨。《弁言》中云：「一、是集仿《都門紀略》而作，首載風俗人物，專取近年目前事蹟，隨記隨錄，並不分門別類。另列英法美三國租界地圖及各國通商船旗式樣。其城南勝蹟間及一二，以備遊滬宦商便覽。一、滬上竹枝詞有散見《申報》者，有匯刻成書者，不一而足，其餘古今各體詩詞歌賦，亦復不勝收。是集吟詠惟選未刊之《申江雜詠》六十首，間擇各體詩賦詞曲以供賞玩。一、四卷附載絲茶錢匯等業、行棧字號住址，以便遠方人來入市交易，易於查閱。原知常有遷移增減未足久憑，擬於丁丑春起隨時增修，倘有舛錯之處，仍望各商號知照更改，尤為幸甚。一、各洋行外國往來輪船甚夥，其不載客者，一概不列，惟英法兩國公司輪船可以搭客往來香港，故將船名略載一二，裨可查考。一、滬地洋行有二百餘家，未能全載，僅擇著名者數十家附入四卷。一、上海自通商後，北市繁華日盛，日盛一日，與南市不同，宦商往來，咸喜寄跡於此，故卷內所載，惟租界獨備，非敢略彼而詳此也。一、北市煙花，遍地淫靡成風，不載則嫌其缺略，詳載又恐傷風化，然桑間濮上，孔子不刪，未始非示人以勸懲也。茲集揭出青樓俗例二十六則，祈閱者勿以辭害意焉可耳。一、是集原備采風問俗起見，逐條所記皆實情實事，毫無虛飾，惟一人耳目難周，誠恐掛一漏萬，閱者諒之。」所述滬上地理如《上海交界里數》《租界》《製造局》《會審公堂》、風俗如《神誕日》《租界例禁》《賽花會》《禮拜》、園林勝蹟《邑廟東西園》《也是園》《外國花園》《靜安寺》、博物如《洋水龍》《腳踏車》《東洋車》《外國訟師》《外國秤尺》《針線機器》《洋廣貨物》《外國酒店》《外國影戲》、詩文文獻如《題煙樓鬼趣圖（七古）》《洋場四詠（五律）》《上海感事詩（七律）》《滬北十景（七絕）》《冶遊自悔文》《申江雜詠百首（選存六十首）》《申江感事詞（調寄蝶戀花）》《海上十空曲》《滬上新詠（仿七筆勾體）》、國際關係如《和約各國》、海上航線如《輪船沿海路程》等，內容多樣，可謂清代地志文學之新變。晚清上海工商崛起以代蘇州，故多滬上地志小說之作，王韜《海陬冶遊錄》《瀛壖雜志》、袁祖志《海上見聞錄》、鄒弢《滬遊筆記》《春江燈市錄》、黃式權《淞南夢影錄》、池雲珊《滬遊夢影錄》

等，皆此類也。除此之外，隨邊疆地理之學興而有姚瑩《康輶紀行》，「今昔不同，要當隨時諮訪以求撫馭之宜，非圖廣見聞而已」（姚瑩《康輶紀行自敍》）。隨著出洋士人的增多，關於域外遊覽的筆記在晚清劇增，其中不乏以日記體記述者，如斌椿《乘查筆記》、蔡鈞《出洋瑣記》、王韜《扶桑遊記》、沈炳垣《星軺日記》、袁祖志《談瀛錄》等。本土與域外並存、地志與冶遊同舉，此亦晚清地志雜記之特色。

《求闕齋讀書錄》十卷　曾國藩著、王定安編

曾國藩（1811～1872），初名子城，字伯涵，號滌生，湖南湘鄉（今屬湘潭市）人，道光十八年進士，官至禮部侍郎，署兵部左侍郎，後回鄉辦團練，建立湘軍，參與平定太平天國之役，任兩江總督，節制浙、蘇、皖、贛四省軍務，後調任欽差大臣，對捻軍作戰，戰敗去職。卒諡「文正」，今有《曾文正公全集》。《中國古籍總目》子部雜家類雜記之屬著錄。上海古籍出版社《續修四庫全書》本。前有光緒丙子李鴻章序、光緒二年王定安序。李鴻章序云：「札記者，小說家之枝餘也。自王伯厚、顧亭林輩以通儒為之，於是其業始尊，識者至謂出於古之議官，列之諸子雜家。然二子之書皆所自為，非後人集錄也，獨長洲何屺瞻生無著述，歿而其徒相與集錄師說為《讀書記》，取捨失要，無復家法，君子譏焉。其後姚姬傳氏嘗欲論定其伯父編修君範之書，乃終其身不果為，而以付其從孫瑩。蓋書非自著，則立言者甘苦得失年蚤莫進退之故，記錄著不具知或往往得粗而遺精，求贍而反隘，此姚氏之所慎也。太傅曾文正公，學問奧博、貫穿今古，其於國朝顧氏、姚氏尤所篤嗜者也，其讀書必離析章句、條開理解，證據論議墨注朱揩，自少至老出入新故者屢其而，顧未始為書。今觀察東湖王君鼎丞間獨就其家取所藏，手校著書，撰次散遺，釐為十卷，半辭一說皆見甄錄，其勤至矣。是書出，其殆與顧姚二家著述相頡頏，顏何書不足數也。」該書卷一、卷二讀經，卷三、卷四讀史，卷五讀子，卷六─卷十讀集，以書名標目，下述數條。原為曾國藩讀書劄記之輯錄本。曾氏之學甚為博大，所謂「義理、考據、詞章經濟」四者，為傳統士子晚清理學挽救危局之法。晚清士子中巨擘甚多，此不可不考量者，非衰世而人才微也。

《擷華小錄》一卷　余嵩慶撰

余嵩慶（1854～1930），字子澂，號芷苓，湖南常德（今常德市）人，余嘉錫父，光緒二年進士，歷官戶部主事、楚雄知府等，曾參纂《（光緒）古州

廳志》，有《芳仙館詞存》等。《清史稿藝文志拾遺》小說家類雜錄之屬著錄。
中國戲劇出版社《清代燕都梨園史料》本。前有光緒丙子古茂苑好麗殷勤客序、
光緒二年沅浦癡漁自序。按花譜誌豔，其序跋多用駢文（甚至有如播花居士迦
羅奴《燕臺集豔序》用集句駢文者），題贈詩詞華美清綺（亦有用集句詩詞體
者），亦求美炫才之意。此書分優伶為「逸品」（6人）、「麗品」（6人）、「能品」
（3人）三目，後附「品流未判」者10人，共25人。每品下有小序，言流品
之意，如「逸品」云：「若有人兮，翛然塵表。或惠或夷。庶幾近道。紛紛裙
屐，搔首弄姿。鵁鶄黃鵠，孰為得之。」品優伶為人物品鑒之法，如「麗品」
之韻秀主人尉遲喜：「韻卿細骨豐肌，眉目娟好，姿色之姣，固是可見。稚齒
時負名譽，不易與人款洽。近乃折節自貶損，語笑婉約，諧噱間作，非復曩時
顧元歎之風。以是軒車過從，門復如市。」

《溫柔鄉記》一卷　梁國正撰

　　梁國正事蹟不詳，其又有《弔花狸文》，云書於丙子歲，當為光緒二年
（1876）作。《清史稿藝文志拾遺》小說家類諧謔之屬著錄。蟲天子編《香豔
叢書》（上海書店，2014年）本。前有小序，云：「余讀文苑滑稽龔肇權、趙聖
伊二先生《溫柔鄉記》，一則軟玉溫香，莊而不冶；一則幻情綺語，切於覺世。
心竊慕之。而世俗往往溺情飫欲，樂死溫柔鄉，余甚憫焉。戲作一篇，聊以儆
覺，辭近靡曼，意深垂戒。中溫柔鄉癖者，當奉為藥石。文之工拙，所不計也。」
所述西天安樂國桂林郡溫柔鄉之風土人情歷史變遷，但凡文學中與女性相關
者皆收錄之，寓言體小說，不過戒淫戒欲之意。敘述借鑒漢大賦，鋪排絢麗，
典故眾多，褻筆而借代山水，豔體以良俗古風，不根究其底，則有陶潛《桃花
源記》之想矣。

《蟲鳴漫錄》二卷　採蘅子撰

　　採蘅子事蹟不詳，知其姓宋，江蘇長洲（今蘇州市）人，據小說中所載，
知其活動於晚清時期。《中國古籍總目》子部雜家類雜記之屬著錄。又《中國
古籍總目》小說類文言之屬云為宋芬撰。廣陵書社《筆記小說大觀》本。前有
光緒三年誠存氏序、懺情生題詞。題詞云：「秋窗多暇，靜寂無聊。追憶舊聞，
隨筆錄記，不拘體例，亦不論前後，信手書成，足資醉餘夢醒之一粲云爾。『奇
形怪狀盡搜羅，詩有迷途酒有魔。世事紛紛何足論，愛聽說鬼是東坡。』『殘
月濛濛雨乍停，芭蕉窗下一燈青。騷人心事才人筆，併入秋蟲話窗冥。』」該

書所載多為民間傳聞，志怪、軼事為主，間有議論世風、經濟者，每則無標題，文風質樸。

《談瀛錄》六卷　　袁祖志撰

袁祖志（1827～1898），字翔甫，號枚孫，別署倉山舊主、楊柳樓臺主等，浙江杭州（今杭州市）人，袁枚之孫，曾任上海縣丞，主編《新聞報》，有《瀛海採問紀實》《西俗雜志》等。《中國古籍總目》史部地理類中外雜記之屬、子部雜家類雜記之屬著錄。國家圖書館「中華古籍資源庫」。前有徐潤序、唐廷樞序、楊伯潤題詞、《總目》。是書分《瀛海採問》《涉洋管見》《西俗雜志》《出洋須知》《海外吟》《海上吟》，為光緒九年隨唐廷樞遊歷西歐諸國之筆記也。王之春亦有《談瀛錄》，日本遊記之類。

《隨園瑣記》二卷　　袁祖志撰

《中國古籍總目》子部雜家類雜纂之屬著錄。浙江古籍出版社《袁枚全集新編》本。前有光緒三年梅鶴山人序、光緒四年蔡錫齡序、光緒三年蔣節序、王榮昌序、光緒三年袁祖志自序、汪守愚等《題詞》。袁祖志自序云：「嘗讀李格非《書〈洛陽名園記〉後》，謂『唐開元、天寶間，公卿貴戚，開館列第於東都者，數以千計。及其亂也，池塘花木廢而為丘墟，高臺廣榭化而為灰燼，百有餘年，蕩然無存。故曰園圃之興廢，關乎洛陽之盛衰。』余則曰：『世間好物不堅牢，彩雲易散琉璃碎。其理固當如是耳。』隨園者，先大父之菟裘，金陵名勝之一也。其間山水之佳，樓臺之美，花木之盛，觴詠之繁，久已圖不勝圖，記不勝記，見於詩歌更不一而足。蓋先大父慘淡經營，優游嘯傲者五十年矣。逮癸丑春，粵匪陷城，園亦隨毀。溯自卜築之日，亦閱百有餘年。盛衰興廢之理，古今初無二致。雖重興土木，復構亭臺，在子若孫者一息尚存，此志不容少懈。而蘭亭梓澤，再睹綦難。惟筆墨之常存，斯園林之宛在。余生也晚，去先大父捐館時三十年，又早失怙，生長於是，嬉遊於是，讀書又於是。二十餘年中，見見聞聞，足資談柄。閒中無事，追憶類志之可以補五圖六記及諸詩詞中所未及，題曰《隨園瑣記》，俾世之曾遊隨園者，為印證之資；未窺隨園者，增想像之趣。諒不至以浪費筆墨為譏耳。」是書記隨園中事蹟，雖為兩卷，實分19目，即《記堂榭》《記楹聯》《記遺訓》《記丘墟》《記著作》《記手澤》《記圖冊》《記翰墨》《記四時》《記花木》《記食品》《記軼事》《記幽境》《記宴集》《記吟詠》《記餘韻》《記器物》《記寇亂》《記世系》，書末附《附記

仲兄殉難上海事蹟（傳文、詩詞、對聯並附）》。每目數則，每則無標題。此書以地（隨園）繫物（陳設）、以物繫人（袁枚），雜廁詩文聯語，亦《洛陽伽藍記》《洛陽名園記》《東京夢華錄》之具體而微（私家園林）者。

《海上見聞錄》十二卷　　袁祖志撰

　　未見著錄。南京圖書館藏光緒二十一年上海新聞報館鉛印本。前有光緒二十一年乙未上海新聞報館主人序。每卷目錄（卷一、卷二正文前各有插圖 8 幅、14 幅）。上海新聞報館主人序云此書為袁祖志藏之篋笥十餘年，「本館代為排印，公諸同好，以徵先生見聞之廣、閱歷之奇也。」並云此書可與《談瀛錄》參看。全書約 466 則，四字標題，如《竹實休徵》《名釋惡教》《匪類分幫》《復建祠亭》《惜字有弊》《西醫眼科》《鄉愚殉難》《出洋人數》《酒館瑣談》《化麻為絲》《酒樓紀事》《蚊蛾寓言》《孝行可風》《蒙師笑柄》《童子吟詩》《機器造冰》《女史遺書》《閩縣二神》《雷殛八童》《火車登山》《西婦奇術》《氣行電錶》《氣球失事》《輪船創製》《印度記遊》《鬼累名醫》《防火新法》《牽夫遇鬼》《烈婦殉夫》《西報總數》《緬甸虐政》《西人論碳》《電氣釀酒》《乩仙輸棋》《手槍新式》《冤魂託夢》等，所述有洪楊之役、域外風俗、滬上妓藪、科舉試場、江湖騙術、詩話聯語、倫理陋俗、神鬼靈異等，敘述徵實，其中袁氏於西人格致之學每加歎服焉，故屢屢紹介之，蓋為開啟民智計也。

《椒生隨筆》八卷　　王之春撰

　　王之春（1842～1906），字爵棠、芍棠，號芍唐居士、椒生，湖南清泉縣（今屬衡陽市）人，歷官廣東督糧道、四川布政使、山西巡撫、安徽巡撫、廣西巡撫等，曾出使日本及歐洲數國，有《談瀛錄》《使俄草》《椒生奏議》等，今有《王之春集》。《八千卷樓書目》小說家類雜事之屬著錄。嶽麓書社《近代湘人筆記叢刊》本。丁丑周壽昌序、辛巳祝松雲序、譚鈞培等《題詩》、光緒三年王之春自序、目錄。周壽昌云此書：「講學具有淵源，考典則直探原本，論詩則力宗風雅，序事則務歸切近：類皆爽人心目，耐人咀嚼，雖不欲存，其可得乎！」每則有題目，此書以詩話（詞話文話）居多，如《板橋詞句悖律》《詩意含蓄》《「司」字平仄均用》《黃仲則詞》等，詩文文獻輯錄較多；其他議論如《論撚》《論流寇》《論三焦》《論六軍》《鏡花緣》《西遊記》、敘事如《楊忠武公》《湯海秋銓部》《廬州人物》《俄人取伊犁城》《王烈婦》、載記如《電報》《罡風匣》《怪魚》、考證如《金陵城垣考》《八仙》等，亦皆徵實。其書輯

錄他書者較多，亦皆注明出處，如邸報、宋邦傉《敬陳管見》、《胡文忠集》《荊溪詞》《戒洋煙詩》《淮海秋笳集》等。

《香飲樓賓談》二卷　　陸長春撰

陸長春字向榮，號瓣香，一號蕭士，浙江烏程（今湖州市）人，道光二十四年副貢，工書法、駢文，有《綠鸚仙館詩文集》等。《中國古籍總目》小說類文言之屬著錄。廣陵書社《筆記小說大觀》本。前有光緒三年丁丑南州縷馨仙史序，云此書「著墨不多，命意亦頗高遠。雖所紀各事，間有不脫前人窠臼之處，未免為白璧微瑕。」目錄、每則有標題，此書以志怪為主，如《狐仙》《姚文僖公》《仙丐》《火神》《乩示闈題》《無常鬼助考費》《青龍盤柱》《河神》等，間有軼事如《嘲學使詩》《醫貧》《吳烈女》等，文風質樸，得諸民間傳聞者居多。

《繪圖澆愁集》八卷　　鄒弢撰

鄒弢（？～1918？），字翰飛，號酒丐、瘦鶴詞人等，江蘇金匱（今無錫市）人，諸生，長期為館師，有《詞學捷徑》《詞學速成指南》、傳奇小說《澆愁集》、章回小說《海上聞塵錄》等。《中國古籍總目》小說類文言之屬著錄。文聽閣《晚清四部叢刊》影印民國三年上海大聲書局鉛印本。前有瀟湘館侍者《自敘》、光緒三年秦雲序、光緒三年朱康壽序、目錄、插圖8幅。此書仿《聊齋》而作，每篇有題目如《芸香國》《索略神》《張筵鬼》《秦生入夢》《腐鬼吟詩》《巨蛇》《仙遊》《夢述》等，篇後有西脊山人、吟香子、朱梅叔等評，文風綺麗、敘事曼長如《俞生逸事》《高三官》《仙醫》等。此書一名《繪圖再續聊齋誌異》，仿《陸判》而作《易骨》、《司文郎》而為《司運神》，可稱晚清「聊齋體」之屬。

《三借廬筆談》十二卷　　鄒弢撰

《清史稿藝文志補編》子部雜家類著錄。廣陵書社《筆記小說大觀》本。前有光緒七年潘鍾瑞序、光緒十一年葛其龍序、目錄。此書又名《三借廬贅談》。潘鍾瑞序云：「曩讀大著《澆愁集》，以為才人諷世妙筆，言情瑰奇之辭，感憤所出耳，茲承示《筆談》一書，知君以涵今茹古之深，有說禮敦詩之雅。學術宏富，體裁精能。收鐵網之珊枝，翦雲機之錦段。」葛其龍序此書「大抵表揚忠孝、闡發貞烈，以及搜羅山林之佚稿、閨閣之殘編，足備異日輶軒之採；至

於傳奇述異，結撰維新，亦自別饒風趣，固非以牛鬼蛇神、山魈木客動人聽聞業，是烏得以贅譚而棄之乎。」該書所述有詩話、朝野軼事、每則有標題。此書四體兼備。議論中經濟（如卷四《憤言》）、詩話居多，詩話輯錄詩詞文獻較為可觀，論詩亦開通，如卷一《論詩》、卷六《詞品》，考證亦詳細，如卷一《輪船考》、卷四《小說之誤》，敘事為雜事、異聞、瑣語之類，如卷二《智女》《楊利叔逸事》、卷三《時曼亭示夢》、卷六《金烈女》、卷八《江才女前生夢》、卷十《義賊》、卷十二《文章笑柄》，載記有域外、書畫之事，如卷三《通商》、卷四《子母銜蟬圖》、卷八《集錦圖》、卷十一《四洲》等。此書與《粟香隨筆》為一類，以詩話文獻為主，所錄晚清文人才女佳作較多。是書之外，鄒弢又有小說《蛛隱瑣言》三卷、《春江燈市錄》二卷、《春江花史》二卷、《瀟湘館筆記》四卷等，同光宣三朝報刊小說家，鄒弢與王韜、李伯元、吳趼人、梁啟超等，皆稱名手焉。

《蛛隱瑣言》三卷　　鄒弢撰

《中國古籍總目》子部小說家類著錄。南京圖書館藏光緒上海蘇報館鉛印本。此書皆為「聊齋」體傳奇之文，共 12 篇，卷一《記徐太史事》《姊妹同郎》《因循島》《夢中夢》，卷二《粉城公主》《反黃粱》《居仲琦》《妖畫》，卷三《辛四娘》《沈蘭芬》《皇甫更生》《花妖》，文風綺麗，敘事婉轉。鄒弢為海上傳奇名手，如《花妖》描摹景況云：「值西風起窗外，秋聲盈耳，背壁孤燈，欲明旋暗，怪鴟鳴於屋角。」

《瀟湘館筆記》四卷　　鄒弢撰

《中國古籍總目》小說類文言之屬著錄。南京圖書館藏上海中華圖書館石印本。全書 49 則（篇），是書所載皆怪奇之事，如《申剛》《惡僧》《劍仙張青奴》《神蛤》《廟神交戰》《張筵鬼》《異爪》《摸壁鬼》《索賂神》《蝴蝶仙》《神貓報主》等，短則如《異瓜》《神蛤《巨蛇》《騙騙騙》《換骨》之外，長篇曼麗如《蝴蝶仙》《小霸王》《花亭亭》《李小紫》《胡八郎》《鄭女》《鏡裏姻緣》《仙遊》《梅癡》《腐鬼吟詩》《高三官》《鈕湘靈》等，皆有「聊齋」傳奇之風。文後多有曲園居士、吟香子、夢仙館主人、漱霞仙人評，點題之文也，其中「曲園先生鑒定」云者，文筆清淺，不類俞樾之言，如卷四《高三官》文後評云：「高倩雲以一時下名妓，豈無王孫公子可以相從者，乃許一窮愁落寞之吳生，竟至死不得所，毋乃自誤？然壽夭前定也，姻緣夙分也，即

令別擇良人，安知不抑鬱死，況吳之待高，亦不薄哉。」蓋滬上書賈託名以利速售也。

《遊滬筆記》四卷　　鄒弢撰

《上海地方志提要》著錄。南京圖書館藏光緒十四年壯月詠哦齋刻本。前有王薇閣等《題詞》，後無跋。每卷皆有目錄。此書或作《滬遊筆記》，誤。卷一為滬上地理，租界、勝蹟、會館、公所之類，如《英租界圖（待刊）》《各國旗式（待刊）》《陸家花園》《聖母院》《招商局》《博物院》等。租界地理多見滬上筆記，《汪穰卿筆記》卷四云：「上海租界多特別之規例，久居其地者稍知一二。」故每為紹介焉。卷二為滬上通訊航運以及海上文人優伶介紹，如《海上詩詞書畫鐵筆名家》《中外商貨完歲章程》《輪船沿海路程》《滬北各碼頭》《電報價目》等。卷三滬上風俗物產曲藝介紹，如《影戲》《女薦頭》《掉包》《花鼓戲》《自來風扇》《神誕日》《賽花會》等。卷四為茶館酒店局廠以及方言竹枝詞之類，如《馬戲》《東洋茶館》《風琴》《小押店》《鴛鴦廳》《蟋蟀會》《英文館》《別琴竹枝詞》《冶遊自悔文》《洋場本事詩》《申江雜詠六十首》等，可謂「遊滬指南」，內容多同於葛元熙《滬遊雜記》。蓋此二書皆為牟利計，故前後相踵，稗販轉抄也。

《海上花天酒地傳》　　鄒弢撰

《中國古籍總目》子部小說類叢編之屬著錄。上海圖書館藏光緒十年刻本。前有□□序（缺頁）、王毓仙等題詞。□□序此書收錄兩種，即《春江燈市錄》二卷，《春江花史》二卷。□□序云此兩書「或志續藝文，言有資於掌故；或人傳節誼，事樂道於搢紳；或羅閭閻之珍，旁徵物產；或志海天志勝，廣闢見聞；或菊部審音，豪竹哀絲之迭奏；或章臺選勝，嬌鶯稚燕之紛陳，靡不摹繪入微，闡揚盡致。刻畫世態，鉤稽物情，敦厚溫柔，亦通詩教，嬉笑怒罵，皆成文章，洵乎說部之奇觀，藝林之巨製已夫。」《春江燈市錄》（《海上繁華記》）所述有滬上地理（租界、西人領事署、英法工部局、申園、也是園、西人建築），諸般行業（滬上拆梢黨、租界車行、租界東洋車、東洋車夫、跑馬場、賽船諸戲、洋場馬車、滬北賭窟、中西賭禁、靜安寺僧、滬上錢業、滬北番館、黃浦灘竊匪、上海客寓、戲館報館、番菜館、東洋雜技），以及滬上風俗（滬上執御、青樓中人去靜安寺舍緣、蘭花會、書寓茶僚、滬上花榜），約70餘則（篇），可稱海上掌故之書，其中卷下有關滬上青樓事蹟者較多。

《春江燈市錄》有八卷本，未見。《春江燈市錄》二卷為滬上倡人小傳，語涉90餘人，皆王韜所熟識者，如沈韻蘭、姚倩卿、陳玉卿、周墨香、謝吟香等，「不過藉此消遣愁緒，如樊川江州輩以青樓為痛哭場耳。」（卷一《陳玉卿》）吟詩填詞，題贈酬唱，仍是佳人才子之故話。

《蟾宮第一枝繡像全書》四卷卷首一卷　王真勤輯

王真勤事蹟不詳。《中國古籍總目》小說類文言之屬著錄。南京圖書館藏光緒丁丑姑蘇吳溫恒刻本。前有光緒三年純陽子序、光緒三年文曲宮魁斗序、光緒三年玉局天官黃道周序、目錄。是書以「敬惜字紙」為題旨，圖文並茂，神牌人物，睹之森然，如同《古今勸懲錄》《不費錢功德錄》《呂祖全書》等，皆假借神祇名色，以勸善戒惡、導俗淳厚焉。

《益聞錄》不分卷　上海益聞報館編

《中國古籍總目》小說類文言之屬著錄。據賈樹枚主編《上海新聞志》可知，「（《益聞錄》）光緒四年（1978年）創刊。初為半月刊，不久改為週刊，後又改為週二刊。上海益聞報館出版，李扶主編。主要刊登國內外時事新聞，以及奇聞軼事、詩文等，對戊戌維新運動多有報導。設有諭旨恭錄、論說、《京報》照錄等欄目。清光緒二十五年（1899年）8月與《格致新報》合併，改出《格致益聞彙報》。是法國天主教會在上海最早創辦的期刊。」（上海社會科學院出版社，2000年，第339頁。）今見第五冊（光緒九年鉛印本）、第十冊（光緒十四年鉛印本）、第十六冊（光緒十九年鉛印本）。短則叢記，如《霍邱考事》《濬河運煤》《王謝遭殃》《遺愛難忘》《錢鋪被劫》《白下咫聞》《紙鳶造禍》《鄉民滋事》《賽會造禍》《白下薰風《幾墜術中》《學轅近事》《顯誅不孝》《生番惡俗》《東甌瑣記》《吳山黛色》《魚腹藏屍》《吳宮叢話》《柘湖碎錄》《平湖燈市》《溫州瑣錄》《盜搶錢店》等，此等報載軼事，介於小說、新聞之間。晚清筆記小說，作品集已與報章並行。

《燕京雜記》不分卷　題古粵順德無名氏撰著

《中國古籍總目》史部地理類雜志之屬著錄。新興書局《筆記小說大觀》本。前有光緒四年蔡爾康序，云：「此《日下舊聞》《槐西雜志》之續也，里巷瑣屑，藉作掌故，風塵跋涉，悉有心得，故能上述天時，下紀土宜，中參人事，旁志物產，原原本本，炳炳烺烺，用筆則簡而不冗，言理則質而不腐，朗如視

掌，疑若列眉，幾幾乎極天下之大觀、盡文人之能事矣。」述京都節日、地理、曲藝、軼事、異聞、園囿、風俗、土產等，每則無標題，此書與諸仁安《營口雜記》體例相同，皆地理雜記之類。清代地理雜記中，「說燕京」筆記較多，蓋由孫承澤《春明夢餘錄》發起端，朱彝尊《日下舊聞》承其後，晚清歷史掌故之書至其巔，因北京為政治中心，故此類作品地理、軼聞、典制、風俗敘述相交融，政治色彩較濃厚，如《帝京歲時紀勝》《燕京歲時記》《都門紀略》《朝市叢載》《天咫偶聞》《宸垣識略》《養吉齋叢錄》《舊京瑣記》等，迥別於「說粵」「說江南」之類。

《鋤經書舍零墨》四卷　黃協塤撰

　　《中國古籍總目》雜家類雜記之屬著錄。廣陵書社《筆記小說大觀》本。光緒四年吳恩藻序，光緒戊寅王蓉生序、目錄。光緒四年吳恩藻《鋤經書舍零墨序》云：「式權表甥秉質聰穎……時與甥同學者無不致力時文，以科名為望，而甥獨胎息靈秘、怡情典墳，日課畢一編坐對悠然神怡，雖嚴寒盛暑弗輟也。近夏以課徒之暇，成《鋤經書舍零墨》四卷，丐序於余，余取而閱之，序事則簡而能賅，措詞則雅而不俗，凡里巷之傳聞、友朋著作，無不酌而錄之。蓋雖不能與古作者頡頏，而方之《曝簷雜記》《隨園隨筆》諸書，誠無多讓焉。抑嘗聞之，人生不朽有三，立言與功德並重，至不獲著書立說、議論古今、羽翼經史而僅僅拈弄筆墨成小說家言，此亦言之可有可無者矣。」軼事、志怪、詩話、譫語、考證之外，詩話較多，如《秦淮詩》《明妃詩》《紅豆詞人》《論詩拘泥》以及《集句詩》等，可與《粟香隨筆》為一類。

《粉墨叢談》兩卷附錄一卷　黃協塤撰

　　未見著錄。新興書局《筆記小說大觀》本。前有光緒強諲大淵獻意琴室主序、黃協塤《自題粉墨叢談》。此書為戲曲史料，卷上載周鳳林、想九霄、小桂林、十三旦等四十餘位優伶事蹟；卷下為文人奉贈優伶詩詞。附錄為品鑒優伶詩文及評級。此猶蘿摩庵老人《懷芳記》之類。

《止園筆談》八卷　史夢蘭撰

　　史夢蘭（1813～1899），字香崖，號硯農，直隸豐潤（今屬唐山市）人，道光二十四年舉人，選山東朝城知縣，因母老不赴，有《爾爾書屋詩草》等。《清史稿藝文志》子部小說類、《清史稿藝文志補編》子部雜家類著錄。上海

古籍出版社《續修四庫全書》本。前有光緒四年戊寅自序，云：「園居無事，惟以卷軸破寂，偶有所觸，輒赫蹄記之，以備遺忘。客至則藉為談柄，讀書快意，則相呼浮一大白。遇有以雜事、異詞、瑣語相告，可以資勸懲、廣見聞者，亦收拾綴輯，付之毛生，積久成帙，遂亦忘其為我談、為客談、為今人之談、古人之談，而概目之為筆談云。至於誣漫失真之語、妖妄惑聽之言則不敢闌入耳。」該書記載名人軼事、民間異聞、詩文文獻、朝廷掌故、理學家言、經史考證、奇物名產等，對於明清歷史如李自成、洪秀全等所載較詳。書中所引筆記，多不注出處。蓋非僅為談柄，當為讀書劄記之類。

《譎談》二卷　陳嵩泉撰

陳嵩泉，四川涪陵（今屬重慶市）人，有《古薾吟館雜說》等。未見著錄。廣文書局《中國近代小說史料續編》本。前有光緒二十四年趙藩序、光緒五年己卯古薾子序、目錄。趙藩序云：「小說九百，濫觴虞初，歷漢至今，書之存者，暇亦寓目，私心所喜，惟河間紀文達公《閱微草堂筆記》五種，以其義切勸懲，語獨警快，為自來稗官家言所未闢之境。湘鄉曾文正公，最其尤雅，題曰《紀氏嘉言》，別刊行世，蓋亦深重之也。涪陵陳嵩泉先生，績學不遇，遊於諸侯，見聞既博，劄記日多，成《駁癡譎談》八卷，其文視紀氏，則有斂侈純肆之別，然張皇勸懲，尤三致意，其於用心，固自一也。」全書約 130 則（篇），皆有標題，如《鮑登雲》《李三元》《果報（三則）》《女化男》《廟中怪》《小人》《張孝廉妻》《迷魂湯》《攝物妖》《雞牛斗》《守墨主人》《虎說》《麗娘》《鬼嫗》《彭烈婦》《夢虎》《地中怪》《冥鏹》《無頭人》《瓜變》《屍變》《論相》《疑案》《折獄（六則）》等，長短錯落，長篇如卷上《淫昏祠》《林酉生》《成念仙》《瓔娘》《傅韡娘》《碧筠》、卷下《蘭姓女》《姜耀鱗》《畢載陽》《樓相公》《吳幻娘》《仙惠》《彭烈婦》《余琲》《麗娘》《守墨主人》《文瑤階》，敘事中有老儒道學氣，蓋《聊齋》《閱微》合流之書。敘事之外，間有考證文如卷下《水滸傳考》。文後多有古薾子評，柳泉之法也。

《古今勸懲錄》一卷　佚名編

《中國古籍總目》小說類文言之屬著錄。南京圖書館藏光緒五年己卯琉璃廠松竹齋刻本。此書收錄《關聖帝君覺世真經》《聖帝警世新諭》《文昌帝君勸孝新諭》《勸弟要言》《戒淫說》《戒賭說》《文昌帝君陰騭文》《文昌帝君論燒香新諭》，神靈諭旨之外，附錄因果報應故事。勸善書也。

《笑笑錄》六卷　　獨逸窩退士編

　　獨逸窩退士事蹟不詳，知其為吳人。《中國古籍總目》子部小說家文言之屬（筆記・雜事）著錄。廣陵書社《筆記小說大觀》本。前有光緒五年獨逸窩退士序、目錄。序云：「余弱冠時善病，每課舉業，未逾月輒病，病輒逾月。壬子乙卯間兩次大病幾殆，各臥床者半年。居諸虛擲，學業荒落。職是故也，每病初愈，未能伏案，輒覽自遣之方，則學操縵、學六法、學弈、學詩，甚至焚香偃坐，灌竹栽花，亦親為之，要為習靜計耳。故所學都未深造，今且盡忘矣！先大夫嘗集崔子玉、陶淵明語，書聯以賜曰：『慎言節飲食，委懷在琴書。』蓋紀實也。而鄙性尤喜流覽說部，上自虞初稗官所志，下逮里巷野老所傳，莫不搜討寓目，寢饋弗忘。又平生善愁，居恒鬱鬱不快，亦賴陶寫胸襟，故壯歲以來，獨於此未之或廢。間取其可資咀噱而雅馴不俗者，筆之於冊，以自怡悅。忽忽卅年，戢戢遂多，惟零星叢雜。不便翻帑。茲於退直之暇，燈炧茶熟時，刪汰複沓，區分先後，手錄為六卷，名之曰《笑笑錄》。事類鈔胥賢猶博弈，知不足博大雅一粲，亦仍以供我之祛愁解悶而已。」上海進步書局提要云此書「上而探諸古籍，下而採及近聞，凡夫齊贅聲之滑稽、漢戟郎之諧謔以及打油釘鉸歇語廋詞，凡足以資嘔噱，無不悉入網絡。」瑣語之笑話書，亦《古今譚概》之屬。

《浙闈科名果報錄》一卷　　海天逸叟輯

　　海天逸叟事蹟不詳，浙江海鹽（今屬嘉興市）人。《中國古籍總目》小說類文言之屬著錄。文聽閣《晚清四部叢刊》影印光緒五年刻本。前有光緒四年海天逸叟序。是書共 17 則，言清代浙江科場果報之事，原本《兩浙科名錄》（輯錄他書如《淮海遺聞》《信徵錄》《今世說》《浙江通志》等）而附益數條而成，大旨以為士子功名富貴非苟得也，功名源於道德，其中寓天道好還、報應不爽之理，實為道德決定論類於西哲所謂「倫理衝動」。然「道德不是知識」（張世英語），此不過是士大夫之臆想因果論而已。

《鸚硯軒質言》四卷　　戴蓮芬撰

　　戴蓮芬，號霽峰，江蘇南通（今南通市）人，同治九年舉人，其他事蹟不詳（此據閔寬東等《韓國所藏中國文言小說版本目錄》）。《清史稿藝文志拾遺》子部小說家類雜錄之屬著錄。新興書局《筆記小說大觀》本。前有光緒

五年戴蓮芬自序、目錄。戴氏自序云「顧自五上長安以來，光陰荏苒，半消磨於輪蹄馬足間，每當客館孤燈，伏枕不寐，則取夫半生閱歷與夫良友之清談、野人之傳述，凡可以新耳目者一一皆隨筆紀之，以當揮麈清談之助，本取消遣，無取潤色以為工，假此勸懲，奚事經營以示巧？特以中無一物，未免博眾口之胡盧，然以樸人作樸語，似猶勝於貌為文者之令人作嘔也。」此書本主於勸懲之說，軼事如《亢掌櫃》《錢中丞》《太平鼓》《危症獲救》《儒醫》《賣薑翁》《五子登科》《某翰林》《詩僧》《拐匪》《騙子二則》《官詐》，里巷傳聞之類，其中晚清亂世事蹟如《記族叔祖避亂事》《湯文忠公軼事》《彭宮保軼事》《禁煙原委》《兩杯茶教匪》《張忠愍公》《趙甲》《彭宮保軼事》等。志怪如《鬼拜人》《府署狐仙》《五色蟒》《魂辭行》《書燈自走》《狐打甕》《花妖》《蛇異》《阿中堂》《好兒》《僵屍三則》《狐船》《洪承疇九世後身》《鬼梳頭》《呂祖祠靈簽》《凶宅》《揚州旅邸鬼》《開路神》《雷提龍王像》《純孝通神》《某中丞道友》《陰兵》等，神祇卜筮妖怪物異輪迴之類。所述以京師故事為多，整體文風樸質，間有旖旎之筆。《韓國所藏中國文言小說版本目錄》中云此書為仿《聊齋》之作，恐不盡然。

《屑玉叢譚》初集六卷、二集六卷、三集六卷、四集六卷　錢徵、蔡爾康同輯

錢徵字昕伯，浙江烏程（今湖州市）人，諸生；蔡爾康（（1851～1921）字紫黻，號鑄鐵庵主、縷馨仙史等，上海人，諸生。《中國古籍總目》小說類文言之屬著錄。今見南京圖書館藏《屑玉叢譚三集》（上海申報館聚珍板）本，前有光緒五年蔡爾康序。此書類同《說郛》，為叢書之類，《三集》輯錄書目 23 種，有野史遊記、筆記詩鈔、詞品畫品，如《五石瓠》《存世錄》《復社紀事》《晉人麈》《買愁集》《如是觀園記》《餞月樓詩鈔》《二十四畫品》《十二詞品》《煙話》《琲珣山房紅樓夢詞》等。

《十洲春語》三卷　二石生撰

二石生事蹟不詳。《清史稿藝文志拾遺》子部小說家類雜錄之屬著錄。新興書局《筆記小說大觀》本。每卷前皆有小序。卷上《品豔》，以花比附分品鑒諸女伎二十六品，如王蘭芳、樓凝芳之類；卷中《選韻》，才子贈詩歌妓，多詩詞；卷下《擷餘》，「蓋仿余澹心《軼事》、捧花生《餘譚》之例」，記述青樓雜事。

《自怡軒卮言》四卷　李承銜撰

李承銜，字雲浦，號支離之叟，江蘇丹徒（今屬鎮江市）人，《中國古籍總目》子部雜家類雜學雜說之屬著錄。文聽閣《晚清四部叢刊》影印光緒十二年刻本。前有咸豐丁巳趙克恭序、光緒丙戌李承銜自序、《凡例》6條。《凡例》中云此書成於光緒三年，刪削後為四卷本，「議論敘事，隨得隨錄，不復標題，以便流覽，非故效河間五種體也。」敘事而兼議論之書，敘事為軼事、異聞，如卷一「張大令卜功名」、卷二「人面豆」「某翁性鄙吝」、卷三「合肥周某」「都統德興阿」「余戚某住揚州」、卷四「李聯琇」等，間有日記之體；議論則理學、詩話、禮儀、經史等，新見無多，所錄晚清文稿奏議，亦可概見世變云。

《懷芳記》一卷　蘿摩庵老人撰、麋月樓主譚獻附注

蘿摩庵老人事蹟不詳。《清史稿藝文志拾遺》史部傳記類總傳之屬著錄。新興書局《筆記小說大觀》本。前有光緒五年武林雲居主人序，云：「京師歌伶，甲於天下，人原是璧，室盡如蘭，一經品題，聲價何止十倍。記咸豐丙辰，吾友余不釣徒展覲入都，招勝侶，萃吟朋，選伎徵歌，尋花問柳，曾有《明僮小錄》之刊，勤搜珊網，廣纂瑤編，盛事一時，貽芳千載，可以按圖索驥，執鏡招鸞焉。茲蘿摩老人《懷芳記》一記，成於丙子秋仲，相去十年，用情一致。舞衫歌扇，當年之舊雨無多；寵柳驕花，出谷之新驪更貴。想見軟紅十丈，珠溫玉暖之鄉；拾翠三春，蝶醉蜂迷之候。清眸皓齒，發其瑤思；瑋態瑰姿，鏤之銀管。盛矣！麗矣！幻耶？真耶？竊恐陳跡之難追，所貴手民之是付。傳來日下，何殊千佛之經；唱遍人間，猶是群芳之譜。」狎伶之作也，所載楊素蘭、丁鴻寶、鄭蓮貴等伶人，於其體態、才藝、聲望皆錄焉。麋月樓主補充傳主師承源流、交遊近況以及士林評語。

《茶餘談薈》二卷　見南山人撰

見南山人事蹟不詳。《清史稿藝文志拾遺》小說家類雜錄之屬著錄。文聽閣《晚清四部叢刊》影印光緒五年申報館鉛活字本。前有光緒五年己卯自序。自序云是書「奇而不詭於正，麗而不近於誣，無世俗小說諸病，而有合於古人紀事實、探物理、示勸懲、資談笑之旨。……上卷仿列傳之體，敷暢厥詞，下卷則隨聞隨錄，不加修飾，以存其實而已」，此即紀昀所謂「一書而兼二體」之作。上卷16篇，傳奇體如《王秋石》《麗仙》《狐劫》《姍姍》《羅浮續夢》

《顧生》等，文風綺麗，篇後有「容園詞客」「師竹山人」「見南山人」評語，
人物品評、作品分析較多；下卷70餘則，筆記體如《巧對》《狐仙》《神畫》
《五星聚奎》《杭城初陷》《騙術》《女賊》《兩美》等，無評語，要在簡潔而已。
「筆記小說」如《聊齋》，要在泛覽以觀會通，此即以割裂瑣碎、固守一隅之
「筆記體小說」者所難也。

《四夢彙譚》四卷　吳紹箕撰

　　吳紹箕字又蕉，浙江歸安（湖州市）人，諸生。《清史稿藝文志拾遺》小
說家類雜錄之屬著錄。此書包括《塵夢醒談》一卷、《筆夢清談》一卷、《遊
夢倦談》一卷、《劫夢淚談》一卷。南京圖書館藏光緒五年申報館鉛印本。前
有光緒五年縵居士序、光緒四年夢談生自序、《筆夢清談自識》、每卷目錄。
吳紹箕自序云此書作意云：「一曰《筆夢清談》，則弦誦自如之際也。次曰《劫
夢淚談》，則死生不測之秋也。三曰《遊夢倦談》，則饑驅出走之時也。四曰
《塵夢醒談》，則豁然頓醒之候也。」《筆夢清談》39則（篇），記天子恩遇、
吳氏祖德遺訓以及歸安軼事異聞，如《遊暢春園玉泉山記》《吳貞女傳》《狗
皮道人》《天榜》《殉節詩》《土地求救》《鬼知報恩》《戴孺人遺訓》《殘年竹
枝詞》《錢孺人述》等。《劫夢淚談》57則（篇），主記洪楊之亂及兵燹下百
姓受禍之烈，如《粵匪初起（五則）》《上海城變》《父子主僕殉難》《蘇常繼
陷》《黑虎大王》《湖城二次解圍》《杭州再陷》等，間載怪異之事如《風異》
等。《遊夢倦談》48則（篇），為同治間遊蹤見聞之錄，語涉太平天國軼事、
亂後金陵荒蕪、秦淮舊院以及怪異之談，如《遼東千頂山記》《克復金陵記》
《瓜洲某甲》《憶珠小影》《天寧寺題壁》《狐談軼事》《秦淮》《莫愁湖》白門
新柳記題詞》等。《塵夢醒談》56則（篇），軼事異聞、議論之類，如《素大
王本紀》《輓聯》《城頭詩》《產異》《懷舊詩》《丁丑志夢》《蛇妖》《徐仙人》
《明桂王軼事》《崇禎五年舊案》《述懷詩》《打坐近禪》等，敘事中每寓深情，
有詩話之體。文後間有夢談生評，每露沉痛之意。此書本吳氏生平閱歷之實
錄，無漫誕之氣，故縵居士云此書「情詞斐然」，並云「蓋其生長承平，薦更
離亂，以可泣可歌之懷抱，寫可驚可喜之見聞。」可備湖州歷史掌故之一種
云。

《聽雨閒談》不分卷　題桐西漫士編

　　桐西漫士事蹟不詳。未見著錄。新興書局《筆記小說大觀》本。是書無序

目，觀其舊題，似分三卷：卷一首述清太宗事蹟，尊君之意，次之以各部典制、帝后事蹟、郊祀、名蹟、殿閣等，掌故之筆也；卷二文人軼事（類乎詩人、書畫家小傳）、服飾器物、地理名蹟、土貢方物、刻石文；卷三載古籍金石、瓷器木器、書畫碑帖，如銅雀瓦硯、諸葛鼓、仲謙水磨竹器、宣德銅盤、馬湘蘭玉印、文信國硯、葉小鸞眉子硯、秘色瓷、龍涎香、朱碧山銀槎、宋刻本《金石錄》、杜士元核舟等，多述清代出土文物，其中亦輯錄他書如沈德符《敝帚齋餘談》以成之。上海古籍出版社 1983 年版《聽雨閒談（外兩種）》影印本頁眉有徐康校語數則，書後有光緒七年徐康跋兩則，謝國楨識語一篇。謝剛主識語分此書為兩卷，云：「右書為知友黃永年先生所贈。桐西漫士事蹟待考。上卷記清代宮廷儀式、典章制度，簡明摯要，下卷記元明以來工藝美術、文人逸事，雅潔可喜。書中有徐康題識校語，書後有徐康跋語。徐君鑒賞名家，博聞多識之士，著有《前塵夢影錄》。徐君盛稱其書，余亦感其為有用之本，談春明掌故，不可缺少之書也。」

《蘭芷零香錄》一卷　　蓬道人撰

蓬道人事蹟不詳。《八千卷樓書目》子部小說家類瑣語之屬著錄。《清史稿藝文志拾遺》小說家類雜錄之屬云為楊恩壽撰。楊恩壽（1835～1891），字鶴壽，號蓬海（又作朋海），別署蓬道人，湖南長沙（今長沙市）人，同治九年舉人，光緒初年授都轉鹽運使，官至湖北候補知府，有《坦園全集》等。此書無序，書後有蓬道人跋。正文分目而作，《列傳》為桂齡、寶翠、金芝等十一人小傳。《紀事》為晚清軼事、世風之記，如湘軍子弟豪奢、妓館吸食鴉片之流行、名士定花榜等。《詩文》為青樓才士往還酬答詩文，如《無題集杜少陵句十八首》《無題集李義山句十二首》《有贈集詞七律三首》等，炫才之作也。仿板橋體之法。

《夜雨秋燈錄》四卷、《續集》四卷、《三集》四卷　　宣鼎撰

宣鼎（1832～1880），字子九，又字素梅，號瘦梅，又號懊依，別署香雪道人、問香庵主等，安徽天長（今屬滁州市）縣人，擅書畫，長期遊幕。《八千卷樓書目》子部小說家類著錄。廣陵書社《筆記小說大觀》本。前有每卷目錄，每則有標題。此書又名《聊齋誌奇》，「聊齋體」之作也。上海進步書局提要云此書「能於列朝及有清小說界中嶄露頭角，其宗旨不外勸善懲惡，綺而不妖，質而不俚，趣味濃鬱，辭事新鮮，洵可上匹柳泉、近儕遁叟，篝燈夜讀，

處處引人入勝。」此書一則仿《聊齋》中傳奇之作，如《麻瘋女邱麗玉》《龍梭三娘》《珊瑚》《佟阿紫》《雪裏紅》《卓二娘》等，文風綺靡；一則短篇劄記，多從遊幕聽聞而來，其中不乏板橋之記，如《記珠江韻事》《記邗江張素琴校書畢命事》《記錢姬假途脫籍事》《吳門張少卿校書花燭詞並序》等。民國《安徽通志稿》小說家類云「是書所載，有見道語，有體物語，有憤世語，有寄懷語，有紀豔語，有誌異語，要之百變而不離乎命名之意，真可為知者道、不足為外人語也。」譚獻云此書「尚有《拾遺記》等遺意，詞筆穠麗，在《瑣蛣雜記》下、《里乘》之上矣。」

《瞑庵雜識》四卷，《瞑庵二識》二卷　朱克敬撰

朱克敬（1792～1887）字香蓀，晚年病目，因自號瞑庵，甘肅皋蘭（今屬蘭州市）人，曾任湖南龍山縣典史，流寓長沙，有《瞑庵叢稿》《通商諸國記》等。《中國古籍總目》子部雜家類雜學雜說之書著錄。新興書局《筆記小說大觀》本。《瞑庵雜識》前有朱克敬《題辭》，書後有更訂6則之《附錄》。《瞑庵二識》前有朱克敬自序。此兩種前者以晚清雜事、詩話為主，雜事中輯錄湖南巡撫釐金之議稿、楊廷熙疏奏裁撤同文館，皆有關晚清政事者，而詩話中以詩人文獻為主。後者內容有文獻、雜事、詩話為主，雜事黃文琛審湖南教案之牒詞、郭嵩燾上李鴻章之書力推洋務強國、文獻中《康熙徵士記》等，皆有關清代政治之史。故新興書局《瞑庵雜識》提要云：「道咸同光四朝軼事遺聞，往往散見其中，而於湘中諸老若曾文正、曾忠襄、左文襄及郭筠仙有多表章，間及近代詩辭，其論斷取捨，頗具特識。」

《雨窗消意錄》四卷　牛應之撰

牛應之即皋蘭朱克敬。《中國古籍總目》小說類文言之屬著錄。廣陵書社《筆記小說大觀》本。前有牛應之序，云：「方春多雨，庭院陰灣；流鶯不來，落花滿地。獨居伊鬱，百憂撼心。令兒輩誦小說詭異事，臥而聽之，樂且忘疲。爰錄其尤雋，貽朋輩共怡悅焉。至於事多荒忽，小說類然。必欲鉤考是非、繩批得失，繭蠶自縛，非僕之素心矣。」該書內容有詩錄如羅念庵《解組詩》、坊間小說中《四時詞四首》、蔣士銓《夢中說夢》、鄭板橋《道情十首》、曹之升《萬鍾則不辨禮義而受之》八股遊戲文、陳寶箴《與沈寶楨書》等，類於詩話文話；他則志怪、謔語；雜事於晚清政局、對外交涉、洋務運動、自然災害、科舉廢存、海外遊記等記載較為詳盡，可稱雜史、雜事、詩文輯存之書。

《儒林瑣記》三卷《附記》一卷　朱克敬撰

《中國古籍總目》史部傳記類總傳之屬著錄。《近代湘人筆記叢刊》本。該書為文士傳記,「雜採自明末清初以迄道、咸、同、光的文士共一百零二人的逸事瑣聞,人自一則,合為一編。」(楊堅《儒林瑣記前言》)如汪溫、孫奇逢、王夫之、姚鼐、藍鼎元、戴震孫鼎臣、郭嵩燾、朱克敬、王闓運等,部分作者小傳中以詩文文獻為主。

《菽園贅談》七卷、《庚宣偶存》一卷　邱煒萲撰

邱煒萲(1873～1931),原名德馨,字菽娛,又名煒萲,字叔元,號菽園、嘯虹生、繡原、星洲寓公等,福建海澄(今龍海市)人,1898年創辦《天南新報》,1912年任《振南日報》社長,1927年任《星洲日報》「繁星」副刊主編,著有《嘯虹生詩鈔》《五百石洞天揮麈》《揮麈拾遺》《客雲廬小說話》《新小說百品》等。《中國古籍總目》小說類文言之屬著錄。今有廈門大學出版社2018年影印本。前有潘飛聲《菽園贅談序》、光緒丁酉葉棠頌《菽園贅談序》、光緒十七年侯材驥序、丘逢甲序、光緒二十二年邱煒萲《小引》、目錄。該書內容有詩話、域外文明、軼事、俗文學等,其中詩歌文獻、域外事物記載詳細,無虛誕之氣,敍述中每有考證、議論之法,如《纏足考》《朱子綱目乃偽書》《詩三百篇非孔子所刪》《續小說閒評》等,雜家筆記之類。

《隱蛛庵筆記》不分卷　陳倬撰

陳倬(1825～1881),字培之,號杏遂詞人,江蘇吳縣(今蘇州市)人,咸豐九年進士,官戶部主事,有《隱蛛庵文集》《香影餘譜》等。《中國古籍總目》小說類文言之屬(筆記·瑣語)著錄。臺北經學文化《稀見清代四部輯刊》影印手稿本。前後無序跋。全書約200則(篇),塗乙之處甚多乃至幾不可識,所述有詩話文論、地理天文、軼事志怪、史論經說、小學諸子,雜說之書也。敍述中引用他書如《困學紀聞》《荊楚歲時記》《典論》《幽通賦》《焦氏筆乘》《閩小記》《北史》《香祖筆記》《史記》《容齋隨筆》《鬼谷子》《慎子》等處較多,亦讀書劄記之所為。

《錫崑筆記》不分卷　錫崑撰

錫崑,事蹟不詳,浙江石門(今屬嘉興市)人。《中國古籍總目》小說類文言之屬著錄。臺北經學文化《稀見清代四部輯刊》影印稿本。前後無序跋,

書後輯錄《陳希夷先生心相篇》《海船占風濤》《逐月風忌日》《聖賢忌辰》。全書71則（篇）左右，所述有祖德、洪楊之役、石門軼事異聞、浙省經濟會黨等，異聞如《誠則靈》《祀神》《陰鎖》《正能克邪》《張天師法》《祈夢》《圓光》《白日雷殛》《數有前定》、軼事如《賑饑》《石門漕米》《髮逆陷石門巔末》《巧姻緣斷案》《修造糧船》《臺匪王彝梧》《咸豐三年水災》《哥老會》等，可觀道咸同光間浙省故實。自述之外，有輯錄他文如《馬中丞批稟留台州府劉任》《王總制招降》《劉伯溫》斷案》《三十六子》《讞獄》者，並附豔詩如《美人口》《美人手》、章程如《擬救災章程》等。該書本為草稿，故無體例。敘述質實，其中《定海大火》條提及「光緒辛卯正月」為光緒十七年事，則此書為光緒間雜說筆記之書。

《續廣博物志》十六卷　徐壽基輯

《清代毗陵名人小傳稿》卷九載：「壽基字桂珤，武進人，光緒六年進士，山東某縣知縣。博學工文，著述頗富，並精賞鑒。」《八千卷樓書目》子部小說家類瑣語之屬著錄。前有徐壽基自序，云：「是書為余庚申以前之所裒錄也。昔弱冠之年，性喜涉獵，今屆服官之歲，學慚遜荒，流光驅人，案牘勞我。撫英華之早謝，感衰老之將至。忽忽無聞，良自悼矣。筆垢易膠，硯塵欲寸。忽翻行篋，見有此帙，縱橫鼠跡之地，飽飫囊吻之鄉。貪而能廉，冥而若覺，亦異事也。重理舊緒，若迪新知。爰從鈔胥，將付剞劂。手自定文，愧無眷龍之譽。目任讎訛，期免帝虎之訛。又以聚類分群，同條共貫，遂使多寡難均，詳略異致。短綆之汲奚辭，斷帶之續有待。並於篇首，各系序言。」是書分 16類，每類一卷，卷端有徐壽基小序，以明是類纂輯緣由，體例類乎張岱《夜航船》：《天地》為天文、星宿、氣象、潮汐。《五行》為金木水火土生剋之理，側重於山脈、河渠之介紹。《占驗》為選擇術如風角、鳥鳴、鏡聽之類。《人事》為禁忌之俗、祈禳之法。《修養》為衛生服食之法及經絡腧穴之神名。《辟邪》述方書中辟邪之法，如禁咒、藥物等。《迪吉》亦方術之類，不過要在求吉而已。《製造》述手工業製造技術，多神秘之術。《禁忌》為食忌、藥忌。《古方》為藥方，宋前居多，然多玄虛之談。《靈術》為巫術。《鬼神》為天界四方幽冥諸神祇。《群動》為神獸怪物及奇異鳥獸蟲骨及其用途，多玄怪之談。《蕃檀》為草木花果菌芝之奇異者。《珍寶》為珠玉礦石之類。《怪異》為精怪之類，如犀犬、僵屍、俞兒等。每則所引皆有出處，如《白澤圖》《異苑》《抱朴子》《山海經》《韓非子》《莊子》《酉陽雜俎》等。

《無事為福齋隨筆》二卷　　韓泰華撰

　　韓泰華字小亭，浙江仁和（今杭州市）人，晚年僑居江寧，歷官兵部侍郎、陝西糧儲道等，有《玉雨堂書畫記》等。《清史稿藝文志》子部雜家類雜說之屬著錄。上海古籍出版社《續修四庫全書》本。此書記載清代掌故、名人軼事、詩話、古蹟、傳記、經史考之外，多記古籍、書畫金石碑帖等事，每則無標題，其中多引宋人著述如《金石錄》《侯鯖錄》《澠水燕談錄》等，可視為文獻之學也，此即王端履《重論文齋筆錄》之藏書家筆記也。

《午窗隨筆》四卷　　郭夢星撰

　　郭夢星（1815～1884），字亦白，亦字西垣，號蓮農，室名寶樹堂，山東濰縣（今濰坊市）人，道光二十六年舉人，歷任廣西候補知縣、候選內閣中書等，有《尚書小劄》《漢書古字類》《花雨軒詩稿》等。《清史稿藝文志拾遺》子部雜家類雜說之屬著錄。上海古籍出版社《續修四庫全書》本。前有孫葆田序、後有郭祐之跋。孫氏序云：「先生性好學，每讀一書，必鉤元提要，尤熟於歷代史事及本朝掌故，下至當時邸鈔，有事關因革黜陟者，輒手錄成帙，《午窗隨筆》其一也。按先生是編，皆隨時劄記，不分門類，蓋仿王文簡公《居易錄》《池北偶談》而作。」卷一《易》《詩》《論語》及春秋至明代之史事考辨，卷二為歷代官制、名物、科舉考，卷三卷四為曆日、歷史地理、名物稱呼考，每則有標題，如《秦皇愚陋》《項王不都關中》《韓信不背漢》《明季增田賦》《太上皇》《濰縣志拾遺》《三易卦名同》《蒙需訟相次》《雞鳴詩別解》《論孟別解》《阡陌》《胡麻飯》《紙筆濫觴》《鼎碣偽造》《儀狄造酒》《佛書》等，多史事考辨，類於後之蔣超伯《榕堂續錄》《南漘楛語》之書。

《多暇錄》二卷　　程庭鷺撰

　　程庭鷺（1796～1859），初名振元，一名振鷺，改名庭鷺，字號多種，江蘇嘉定（今屬上海市）人，諸生，寄居吳門，工詞章，善丹青，有《尊璞堂詩文集》《虞山遊草》等。《清史稿藝文志》子部雜家類著錄。《觀自得齋叢書》（光緒甲午刻）本。前有《自敘》。該書以詩話為主，間有別集軼事、詩話文論、金石書畫、名人格言、遊戲文、園林風土等記載，每則有標題，如《拜五經》《千字文》《赤壁賦》《鬥茶》《劄記》《野馬》《韓文公》《試院詩》《馬湘蘭畫壁》《格言四則》《記東坡語十五則》《木棉吟》《洪武戶帖》《送痁鬼文》《北

堂年譜》《十一家詞》《拙政園》《奇術》《扇篋銘》《指鴻堂賸句》《錢雲姑》《詩人喜言衰病》《濕荾乾花》《龍城柳石刻考》《司馬相如印》《卿憐》《論趙清常事》《詩家情重伉儷》《回文賦》《容齋隨筆》《白水先生》《曲律》《宣德爐》《古人不貴楷書》《題畫詩》《唐詩人以畫名》《六君子圖》《天香深處卷》《蕭尺木》《邕州集》等，敘述簡要，文風清新，體性類於《容齋隨筆》，惜詩話新見無多。

《謹舫小說》不分卷　　戴熙艾撰

據武新立《明清稀見史籍敘錄》，知戴熙艾字謹舫，號慎圃，又號勤軒，江蘇丹徒（今鎮江市）人，道光二十年生，卒年不詳，有《五湖異聞錄》等。《中國古籍總目》小說類文言之屬著錄。臺北經學文化《稀見清代四部輯刊》影印稿本。全書44則（篇），軼事志怪為主，如《湖南失印紀略（坿同二事）》《辦訟師》《冷飯鬼為崇》《迎娶二新婦》《蘇州五聖故事》《湖州府知府丁鶴年仙譜》《遇仇巧報》《一木傷三命》《猴案》《魅使神差》《記雷擊》《誤殺命案未報》等，此外雜說如《仕宦》《門神通稱》《灶神》《稱謂可談》《災祲論》等，文體雜亂，敘事議論之外，有《謹舫日記》《自序》《日記》等，幕客之筆，本為未定之日記也。書中《記雷擊》條撰於「己丑二月二日」，則此書下限為光緒十五年。

《遊梁瑣記》一卷　　題云橋黃軒祖撰

黃軒祖事蹟不詳。《清史稿藝文志拾遺》小說家類雜錄之屬著錄。新興書局《筆記小說大觀》本。所記有公案、劍俠、名臣軼事等，每篇有標題，《天王沖》《張勤果軼事》《文悌佳話》《三麻子》《易內奇案》《龍門鯉》《記懷寧二巨逆案》《附小松奇案》《吳翠鳳》《內黃大盜》《堤轔子》《裕州刀匪》《劍術》《顧嘉蘅》《段靈》，主以傳奇之事。

《郎潛紀聞》十四卷、《二筆》（一名《燕下鄉脞錄》）十六卷、《三筆》（《一名壬辰藏札記》）十二卷、《四筆》（一名《判牘餘瀋》）十卷　　陳康祺撰

陳康祺（1840～1908），字鈞堂，又字篠室，室名清園，浙江鄞縣（今屬寧波市）人，同治十年進士，歷官刑部員外郎及昭文、江陰知縣，工書法，有《虞東文稿》等。《八千卷樓書目》子部雜家類雜說之屬著錄。廣陵書社《筆

記小說大觀》收錄《燕下鄉脞錄》《郎潛紀聞》兩種。今有中華書局《清代史料筆記叢刊》本。前有目錄、光緒六年陳康祺《郎潛紀聞初筆序》、光緒七年楊峴《郎潛紀聞二筆序》、張文虎《郎潛紀聞三筆序》。此書以清代雜史居多，如帝王事蹟如《穆宗登遐》《聖祖親征厄魯特》《太祖敷教明刑》《紀列聖御世諸大政》《本朝開國方略》《太宗伐明》《太祖教訓諸公主》、名臣軼聞如《姚端恪之謹慎》《鐵面學道》《劉忠節國爾忘家》《李文恭逸事》《松文清之遺事》《關忠節早定死志》、典制榮遇如《大挑原始》《本朝狀元總數及常熟科名》《召對賜座》等，故陳康祺自序云此書為「官西曹時紀述掌故之書也」，楊峴雲此書「蓋史部載紀類也」，間有書畫品鑒如《陳太僕書法》《錢砧之篆學》《宣南詩會圖》《湯鵬鐵畫》、詩話學術如《翁文端祀灶詩》《紀家詩》《西域聞見錄》《焦里堂邃於經學》《阮文達推重經學》、異聞瑣語如《張文端為王敦轉世》、博物如《水晶眼鏡》《石渠寶笈之璽文》等，可視為《嘯亭雜錄》之類。張文虎對此書評價較高，云「本朝掌故之書，如新城、山陽、柳南、蔽塘諸家，無此博贍精覈也。」（案新城、山陽、柳南、蔽塘，即王漁洋、黃鈞宰、王應奎、戴璐。）然其中不乏抄撮他書之文，惜無注明之例，故譚獻云：「鈞堂標高揭己，稗販復經，不足著錄。惟士夫荒陋者眾，京曹瞶冗，似此薄有文采，抄纂舊聞，尚不至割裂支離，已可謂朝陽之鳳。至於行不顧言、方以詐敗，此有吏議，有公論，尤不待貶絕矣。」雜史之書也。

《粟香隨筆》五筆四十卷　金武祥撰

金武祥（1841～1926），字淮生，號粟香，江蘇江陰人，監生，曾官廣東鹽運司同知，有《芙蓉江上草堂詞稿》《陶廬雜憶》《赤溪雜志》等。《八千卷樓書目》小說家類雜事之屬著錄。謝永芳校點、鳳凰出版社 2017 年版。《粟香隨筆》前有光緒九年周星譽序、光緒丙戌繆荃孫序、光緒丁亥汪瑔序、光緒七年金武祥自序、秦煥等《題詞》，後有光緒甲申汪瑔跋。光緒七年陳諴跋。《粟香二筆》前有光緒甲申袁寶璜序，後有汪瑔跋。《粟香三筆》前有光緒甲申陳諴序，《粟香四筆》前有光緒十五年徐紹楨序、光緒十六年屠寄序，《粟香五筆》前有光緒二十年劉孚京序、光緒二十一年劉汝霖序、光緒二十四年張鳴珂序。內容有詩話文評、地理勝蹟、考古證獻、軼事異聞、域外風土等，「或言道德，或言政事，或言經術，或言史學，或言金石文字，或言訓詁聲音，與夫古人名蹟、朋舊詩詞、閭巷風俗、親戚情話，罔不兼收並錄。」（徐紹楨《粟

香四筆序》）如屠寄序中所言，有誦芬、懷舊、辨俗、考古、榷藝，雖仿《容齋隨筆》，而詩話過之，然輯錄詩詞文較多，而詩論較少且新見無多，故可視為詩歌文獻輯錄之書。汪瑔《粟香隨筆序》云此書有四善：述德、敬鄉、經務、闡幽。金武祥自序云是書「詩詞為多，為抱遺訂墜之資，亦感舊懷人之助」。陳彀跋云此書「論詩居多，間及考訂，異文軼事，往往而在」。汪瑔《粟香二筆跋》云「湘生此書，體裁明潔，敘述雅合」，所言皆合乎此書體性。每則有標題，如《送行詩詞》《周氏昆仲詩》《湯文正奏疏》《行吾素齋日記》《義亭詩稿》《惜餘芳館詩詞》《浣青集》《節孝烈婦女四條》《宣州老兵硯》《石鼓文集字》《真娘墓詩》《黃鶴樓聯》《繆氏得姓考》《江陰六氏譜》《徐青牧先生傳》《女兒情態》《守一齋筆記》《詞分南北》《江陰沿革考》《玉井山館詞》《歐遊隨筆》《談瀛錄》《乘槎筆記》《地球圖說》《納蘭性德與紅樓夢》《論正統》《論文讀史》《王士正詩自然高妙》《聯語四則》《小孤山》《村居樂》《集句渾成》《江西水道支派》《獅子林》《花品四十八首》等，輯錄詩文集、遊記、地志、筆記、傳記、文選、目錄等，不愧十年編纂之力。徐紹楨《粟香四筆序》云此書敘事、議論、考證、立說皆有過人之處：「伏讀《四庫全書》，於雜家者流，別為六事：以立說者為之雜學，辯證者謂之雜考，議論而兼敘述者謂之雜說，旁究物理、臚陳纖瑣者謂之雜品，類輯舊文、途兼眾軌者謂之雜纂，合刻諸書、不名一體者謂之雜編。古人著錄，大抵各有專家。先生則悉能兼綜無遺。其見於《隨筆》者，立說必唯其正，辯證必唯其詳，議論、敘述必不取冗散無用之言，即膌義瑣言，亦迥異遊談無根之說。若後二事，所謂雜纂、雜編者，先生則更有《粟香室叢書》足以括之。自唐宋以來，如李濟翁、邱光庭、沈存中、吳虎臣、洪景廬、王伯厚諸公所著之書，皆入雜家，足為後人考鏡之資。而最精者，莫過於王氏之《紀聞》；最富者，莫過於洪氏之五筆。然景廬、伯厚所得已止於是，先生則勤學好問，取之富而擇之精，靡有已時，其所成就，又安在不方駕乎其上？」過譽之語也，然是書輯錄文獻之功、敘述晚清軼聞，可為後世者稱。譚獻云此書「若輿地形勝、若掌故、若中外、若小學新舊學，皆有可採掇，談藝其末也。」亦別有見解也。

《此中人語》六卷　　*程麟撰*

　　程麟生平不詳，據書前吳再福序，知其字趾祥，南匯（今屬上海市）人，約生於同治八年。《清史稿藝文志拾遺》小說家類雜錄之屬著錄。廣陵書社《筆

記小說大觀》本。前有光緒八年吳再福序、光緒八年姚印詮序、目錄。姚印詮序云「昔紀曉嵐先生於書無所不覽，於學無所不窺，而其所撰之書，不過稗官小說，皆談果報之言以昭勸誡之旨，彼誠謂經史諸說浩如煙海，人未必盡肯觀，不如稗官小說人人好之，為新奇悅目也。」志怪、軼事之中有「聊齋體」如《王生》《蘇若蘭》《阿土》數篇，間有詩文輯錄如《詩用迴文題》《瘦鶴詞人》《悼亡詩》《集句》《彭宮保詩》《呂光復詩》，多有輯自《申報》者。小說中多有詩歌詠歎之作，詩心色彩明顯。

《豔異新編》五卷　俞宗駿輯

據《中國古代小說總目·文言卷》，知俞宗駿又名俞達，字吟香，號慕真山人，江蘇長洲（今蘇州市）人，鄒弢友，有章回小說《青樓夢》《醉紅軒筆話》等。《清史稿藝文志拾遺》小說家類志怪之屬著錄。文聽閣圖書有限公司《晚清四部叢刊》影印光緒九年刻本。光緒九年楊殿奎序、目錄。是書名仿明王世貞《豔異編》而有「新民新德之旨」（楊殿奎序），故又名《新聞新裏新》，共 77 則（篇），敘述晚清節烈及旖旎風情之作較多，如《錯遇錯》《紅顏薄命》《索嫖債》《節婦殉夫》《誤女再聘》《以禮制情》《癡女鍾情》《范生幻遇》《海上奇緣》《馬烈女傳》《情死奇聞》《二女爭寵》《床頭金盡》《歡場軼事》等，間有志怪如《扶鸞戲》之作，楊殿奎序云「是書以五色筆成一家言，述新見、採新聞，其命意所在，吾不知於陸賈《新語》何若？而紀事詭奇，足敵齊諧之新記，措詞妍麗，宛合玉臺之新詠。香溫茶熟，時一為展卷，足以遣新睡、助新談而並消釋新愁與新恨。」過譽之語也。

《朝市叢載》八卷　李虹若編

李虹若名象寅，以字行，河南開封（今開封市）人，事蹟不詳。《清史稿藝文志拾遺》史部地理類雜志之屬著錄。國家圖書館「中華古籍資源庫」。前有光緒九年楊靜亭序、光緒十二年李虹若自序、每卷目錄。李虹若自序云：「京華為首善之區，仕宦商賈於斯萃焉，人士繁富，風光麗都，居之數十年，往往不能盡悉其情事，遍歷其景物，況初入都門者，宜茫乎若迷也。曩有《都門紀略》一書，誠迷路之指南，然閱時已久，事多遷變，爰重加釐定，冗者刪、缺者補，名曰《朝市叢載》。舉凡禁城之壯麗，衙署之紛繁，以及名人書畫、廠肆珍玩，下至遊宴之所、飲饌之細，無不備載而詳說之。讀是編者，上可以知

神京之掌故，下不至受奸民之欺朦，庶幾作者之意也夫。」是書與《日下舊聞》《都門紀略》體性相同，原為增訂《都門紀略》而作（《都門紀略》原出於道光間，後此「增訂」之風一直延續至宣統年間，見國家圖書館藏宣統二年榮錄堂刻本《新增都門紀略》）：「是書之作，原為遠省客商而設，暫時來京，耳目難以周知，故上自風俗，下至飲食服用以及遊眺之所，必詳細注明以資採訪，庶幾雅俗共賞。」（卷一《例言》）此書為京師掌故之書，亦瞿兌之《故都聞見錄》之類，然所不同者，在於晚清京滬近代工商業興起，地理雜記之書除補志乘、備掌故之用外，為外地客商做本地指南亦應運而生，葛元熙《滬遊雜記》亦此類也。此晚清地理雜記類作品之一轉變也。是書按門分類，卷一《品級》《衙署》《齋戒》《忌辰》，卷二《歷科鼎甲錄》（順治丙戌科至光緒丙戌科），卷三《行館》《會館》《客店》《廟寓》《提塘》，卷四《風俗》《行路》《路程》《風暴》，卷五《匯號》《宴會》《服用》《食品》，卷六《翰墨》《市廛》《八景》《古蹟》《時尚》《戲園》《戲班》，卷七《翰墨》《古蹟》《節令》《人事》《服用》《食品》《市廛》《風俗》《時尚》《技藝》《詞場》《竹枝詞》，載京都竹枝詞。卷八《鞠臺集秀》，述京城如豬毛胡同，櫻桃斜街等處名伶，以班主隸其伶人，於優伶籍貫、曲目、唱腔皆簡要介紹之。

《淞南夢影錄》四卷　黃式權撰

　　黃協塤（1851～1924），字式權，原名本銓，號夢畹，別署海上夢畹生、畹香留夢室主，南匯（今屬上海市）人，曾任《申報》總編纂二十年之久，著有《夢畹詩抄》《粉墨叢談》等。《中國古籍總目》小說類文言之屬著錄。廣陵書社《筆記小說大觀》本。前有光緒九年寒食生序、管秋初等《題詞》，寒食生云此書「權輿於《海陬冶遊錄》……大而風俗變遷、時事更易，小而花叢標異、鳥語鳴奇，無情不移，有境皆幻，一一詳記而備錄之。」上海進步書局提要云：「書中所載，大抵滬濱俗尚洎北里中事，他若名園勝蹟、海內眩人、寓公名作、閨秀新詞，間亦載及。」每則無標題，所述梨園優伶、外國文士、青樓歌女、上海名蹟、租界風氣等，其中介紹關西洋事物者較多。志豔小說之類，兼有地志小說色彩。曹聚仁先生《滬上繽紛錄》一文中云晚清有關上海掌故之書中，「黃協塤的《淞南夢影錄》，可說是第一流的隨筆，取材、識力、文筆，可與王紫詮相伯仲的。文士風流，那是那一代的風尚，詩酒往還，他們的生活正是如此。」

《無聊齋雜記》四卷　張鳴珂撰

張鳴珂（1829～1908），字玉珊、公束，號窳翁、無聊齋主人等，浙江嘉興（嘉興市）人，生於武漢，咸豐十一年拔貢，官至江西義寧州知州，有《寒松閣詞》《寒松閣詩集》《寒松閣談藝瑣錄》等。《中國古籍總目》小說類文言之屬著錄。文聽閣圖書有限公司《晚清四部叢刊》影印光緒九年刻本，題「張鳴珂訂」。前有光緒八年王家坊序、無聊齋主人自序、目錄。是書分「元」「亨」「利」「貞」四卷，共242則左右，志怪為主，如《蟋蟀夢》《烹鱉報》《渾源州冤鬼》《鬼神呵護貴》《晉祠娘娘》《物異》《吉狐》《岑彭遇馬武》等，他如軼事《貞義婦》《採花太守》《盜庫太守》《裘進士》《邯鄲妓》《玉碎珠還》等，亦古淡簡潔，間有文藝如《反切要訣》，言小學之法。文中不乏改編他人之作者。王家坊序云是書「舉凡人事之得失，物類之紛繁，鬼神之情狀，上自格言彝訓，下及巷議街談，莫不兼收博採，期於勸善而懲惡，雖未知於古作者何如，而用心之勤、存心之厚，豈譾辭飾說者所可同日語哉。」

《海上冶遊備覽》四卷　指迷生撰

指迷生事蹟不詳。《清史稿藝文志拾遺》小說家類雜錄之屬著錄。南京圖書館藏光緒九年寄月軒刻本。前有光緒九年指迷生自序、目次。指迷生自序云此書所撰，本為覺醒煙花窟中迷途子弟也：「海上為煙花巨藪，人之沉迷而不返者，不知凡幾。……余來遊多載，觸目傷心，誓亟救援，特為道破。閒中無事，因將其中迷人之徑、惑人之具、媚人之技、（食舌）人之詞一一表而出之、揭而張之，不憚委曲煩瑣，釐為四卷，技二百條，俾閱者一目了然、洞若觀火，知佳境實為幻境，迷途乃屬險途，既已燭照無遺，自可味同嚼蠟。」全書194則，如《堂名》《住家》《長三》《小本家》《討主》《夥計》《自家身體》《包房間》《酒局》《一局兩茶圍》《掀檯面》《絞殺手巾》《跳槽》《吃水菜》《吃雙臺》《偷開包》《打印錢》《拍小照》《打野雞》《拔蠟燭頭》《琵琶仔》《過房娘》《軋姘頭》《馬調》《老舉》等，述滬上狹邪風俗，不乏行話隱語、裝飾鋪設。序曰指迷，實為一嫖經也，如卷一《天明局》：「招妓就客，徹夜不歸，謂之天明局。亦有賭錢者，亦有陪寢者，大率較出局加倍以償焉。」卷二《攀相好》：「攀相好者，初次結交之意也。不曰結而曰攀，蓋取攀花攀柳之意。攀相好如何？即上局也，即裝乾濕也，即加茶碗也。」卷四《琵琶仔》：「廣妓之小者，曰琵琶

仔，專司裝水煙捧茶一切梳籠之費，較蘇人為加重焉。」清初以來秦淮士女詩文雅賞，至此已盡。

《海上群芳譜》四卷　懺情侍者撰

懺情侍者亦寫作小藍田懺情侍者，或以為即畢以鍔，浙江嘉善（今屬嘉興市）人。《清史稿藝文志拾遺》小說家類雜錄之屬著錄。南京圖書館藏上海申報館聚珍板。前有光緒十年紫薇舍人序、光緒十年高昌寒食生序、光緒甲申顧曲詞人序、光緒閼逢攝提格恬宜居士自序、《贅言》7條、總目。是書一名《百花豔詠》，仿《詩品》《書品》《畫品》為海上花榜之類，分清、雋、逸、秀四品，《贅言》中云：「是作首詠名花百種，下列青樓百餘人，後紀事蹟百篇，是名花美人事蹟相輔而詠，未免牽制不雅，所謂拉雜成文，閱者諒之。」「是作所標庚辛壬癸花榜，皆是歷年品，見諸《申報》採錄，引證以為群芳增色。」敘述中首詠花詩，繼之以當時青樓歌妓事蹟（類乎小傳），間賦高昌寒食生、霧裏看花客等詩詞品題，可謂花以喻人之作。其中《清品》24人，如周文卿（蓮花）、姚倩卿（梅花）、李三三（牡丹）、王桂卿（桂花）等。《雋品》24人，如王翠芬（繡球花）、徐雅仙（芙蓉花）、陳燕卿（杏花）等。《逸品》26人，如李寶卿（玉蘭花）、孫文玉（萱花）、周素娥（千日紅）、胡寶玉（百合花）等。《秀品》26人，如黃繡君（秋葵花）、周麗卿（青鸞花）、張雲仙（李花）等。晚清上海崛起為東亞工商業大都會，四方商貿匯聚，中外士女叢雜，故此譜中並載東洋蘭田仙（西番蓮）、西洋美斐兒（鏡中花）等而品題之，「其旨雖詠詞比事，寓言中多所懲勸。」（紫薇舍人序）

《津門雜記》三卷　張燾撰

張燾（約1854～？），字赤山，自號燕市閒人，原籍錢塘，生於北京，幼年隨父僑寓天津，其他事蹟不詳。《中國古籍總目》史部地理類雜志之屬著錄。廣陵書社《筆記小說大觀》本，前有光緒十年《自序》、光緒甲申如孩老人《敘》、津門羅浮夢隱《弁言》、目錄，書後有有津門從善擇三《題後》、光緒十一年《閱書畫家一則有作》。張燾自序云：「余於課餘之暇，仿《都門紀略》《滬遊雜記》留心採訪，輯成一書，聊備考證，其風俗人物有採諸新報者，僅就現在見聞所及，隨筆錄之，事維紀實，語不求工，並附錄今昔題詠篇章，藉資潤色，爰名曰《津門雜記》。」羅浮夢隱（梅寶璐）云張燾「留心津門風物三十年滄桑之

變」，所記津門地理名勝、工商產業、名士藝術、中外異俗、優伶俗曲等，間有議論如《天津論》、考證如《考略》、詩文輯錄如《天津縣謝忠愍公哀詞並序》《金額沒那咋詠》《附勸誡煙詩》等，每則有標題，如《七十二沽說》《各衙門行館住址》《書院》《古蹟》《烈女墓》《天津縣謝忠愍公誄（並序）》《官書局》《機器局》《開平礦務局》《四月廟會》《仙家搬運》《妓館》《天主教堂》《高麗館》《北洋水師辦公處》《賽跑馬》《中外國異俗》《輪船搭客價目》《津門雜詠》等，實與顧鐵卿《清嘉錄》、黃協塤《淞南夢影錄》、尹元煒《溪上遺聞集錄》、王韜《瀛壖雜志》、黃士塤《北隅掌錄》、丁丙《北隅綴錄》《續錄》、富察敦崇《燕京歲時記》為地志小說類。

《海國奇談》四卷　　張燾輯

　　《中國古籍總目》小說類文言之屬（筆記·異聞）著錄。上海圖書館藏光緒石印本。前有《上海四馬路文宜書局代售各種石印書籍》目錄、光緒二十一年張燾序（即《海國妙喻序》）、光緒二十一年再序（即《海外拾遺序》）、目錄、插圖 6 幅，後有乙未劍峰跋（即《海國妙喻書後》）。此書輯錄《海國妙喻》《海外拾遺》以及《墨餘錄》《乘槎筆記》等 40 餘則而成。案《海外拾遺》，《中國古籍總目》子部小說類著錄，東北師大、吉林省圖書館藏光緒間鉛印本，未見。張燾《海外拾遺序》云：「自海禁大開，通商歲久，時局一變。中外一家，諸事未免仿照西法，成效亦殊可觀。誠以西法之底蘊，盡在西書，然而泰西典籍，種數繁多，猶須亟請翻譯，以助博覽宏收，自能識其門閫，窺其堂奧，取長棄短，擇善而從，實事求是，精益求精，所以增才德、廣學問，不僅於洋情洋務洞徹無遺，措施如意，行見興利除弊，積習全消。熙熙然人文蔚起，駸駸乎立致富強，其益可限量哉。此其事之要者也。他若泰西之稗官野史雜說，以見所未見、聞所未聞，亦足新人耳目、擴人胸懷，此其細焉者。余於館課之暇，集錄前卷《海國妙喻》，乃文人結撰之寓言也。此卷《海外拾遺》，乃實有其事之紀載也。各有至理，各有天趣，總名之曰《泰西美談》，不過供人玩賞，聊作引玉之磚云耳。至於西方經學、史學、性理學、天文學、地輿學、算學、化學、醫學、重學、氣學、聲學、電學、光熱學、水火學、植物學、動物學、圖繪學、製造學、測量學、航海學、水利學、農政、船政、水陸軍政、礦物、商務、律例學、方言學、交涉公法學、理財富國策等，凡諸子百家有裨實用之書，吾知他日必有譯而出之者，以資肄習而參考焉。不禁拭目俟之、翹足望之，是為序。」

觀《海國奇談》卷二至卷四可知，《海外拾遺》者，介紹域外（歐美為主）軼事異聞、史地科技、中外水程等，如《夫少得多》《不嗜殺人》《父狂子頑》《馬識地理》《自鳴鐘》等。此書封面題《繪圖外國笑話奇談》，其實非諧語之書。

《海外異聞錄》二卷附《續集》二卷　　赤山畸士撰

赤山畸士即張燾。《中國古籍總目》小說類文言之屬（筆記・異聞）著錄。南京圖書館藏光緒丁未石印本。光緒三十三年赤山畸士自序、總目錄。《續集》前有總目錄。每則有標題。案此序本光緒十四年張燾《海國妙喻序》，書賈移錄於此，不過眩人耳目也。今考此書，《海外異聞錄》又名為《中外見聞錄》，約 101 則左右，輯自《海國妙喻》。《續集》輯錄毛祥麟《墨餘錄》、映堂居士《英京書籍博物院論》等，約 96 則。兩者皆託名偽書也。

《壺天錄》三卷　　百一居士撰

百一居士事蹟不詳。《清史稿藝文志拾遺》小說家類雜錄之屬著錄。廣陵書社《筆記小說大觀》本。前有光緒十一年百一居士《壺天錄序》、白田吏隱《壺天錄後序》。百一居士序云：「自劉向著《七略》，始有小說之名，唐宋而還，遞相仿傚，降至今日，博學者極意研恩，大率矜言奇異，俾世人耳目一新，烏足以資興感哉！予瓠落不才，殆將衰老；旅館寂寥，形影相弔，其藉以釋心胸、破積悶者，每不出稗史諸書。茶餘酒半，聊復效顰，徵聞考見，信手錄之，顏曰《壺天錄》。」白田吏隱序云：「今觀是錄，要使當世之夢夢者交相警悟，咸曉然於召，必本而一以常經自守，不為物慾世故其有益於世道人心也當非淺鮮。而居士內學，蓋於是可見一斑云。」此書有天象異變、忠烈、節孝、醫藥、詩話、詞曲、志怪、軼事、西學等，每則無標題，多議論，每有理學氣。實則雜家筆記之書。

《珊瑚舌雕談初筆》八卷　　許起撰

許起（1828～1903），字壬甫、仁甫、壬瓠，號吟鷗，自號江左老瓠，江蘇元和（今蘇州市）人，貢生，與王韜為莫逆交，有《霍亂燃犀說》二卷。《中國古籍總目》小說類文言之屬著錄。國家圖書館藏有光緒間木活字印本（十二卷），今筆者有《續修四庫全書》本。前有光緒十一年王韜序、光緒九年許起自序、目錄。每則有標題。王韜序云：「雜說中有《珊瑚舌雕談初筆》八卷，皆紀平日之見聞，述邇年之閱歷，足以佐談屑滌襟塵，藉下濁酒數斗，《淞南

閒錄》《硯北叢鈔》當無多讓。」按黃叔琳有《硯北叢鈔》，《淞南閒錄》則不詳作者。是書為雜說之類，雜事如《國朝曠典》《沈四山人軼事》《聖祚邁古》《小畫眉》《聖崇理學》《方軍門將才》《朝鮮戲亂》《千叟宴》《諸生為天子》、異聞如《鬼枕》《白血白氣》《鬼區三種》《龍爪》《灶鍋飛墜》《遇仙公死節》《後身》、議論如《創設電線》《八股》《名利輕重》《嫁娶異事》《崔鶯鶯》《梁山伯祝英臺》《守雌辨》《荊釵傳奇》《古書疑竇》、醫藥《種痘》《鼻衄方》《難產經驗方》、書畫《白揩書畫》《書家祖師》《鐵畫》《畫家三要》《南溪泛棹圖》、博物《孫小虎墓磚》《龍涎香》《古寶鏡》《南唐硯滴》《白蠟》《詹子硯》《瘞琴銘》、詩（詞）話《詞貴好色不淫》《繡鞋詩》《四老詩》《題趙子昂畫詩》《清和月》《蕉上吟》《歎貧詩》《古詩平仄》《詩忌偏枯》《辨韻》《詩同意不同》《詩法在摹寫撐幹》、考證《先生饌》《雅量》《寒具》《阿字》《兩僕絕筆》《關帝祖考諱並誕日》等，文風樸實，博學、求實之意。

《在野邇言》八卷　王嘉楨撰

王嘉楨字周卿，浙江吳興（今湖州市）人，事蹟不詳。《中國古籍總目》子部小說類文言之屬著錄。新興書局《筆記小說大觀》本。前有光緒十三年丁亥甘克寬序、光緒丁亥孫蘭谷序、目錄。甘、丁二序皆言與王嘉楨交遊始末及小說與史部之關係，亦乏新見。該書內容有雜事、異聞、瑣語，間有詩話、博物，得諸見聞者多，可以敍事體小說視之。每則有標題，如《論金聖歎》《悼亡詩》《周副將殉難》《詩可以興》《禪門語錄》《諧謔》《夜行遇鬼》《紀蘇城事》《萬里尋兄》《趙忠節公》《苔雪溪堂圖記》《太湖水涸》《元神出遊》《蒲留仙孫》《掃葉山人落花詩》《回煞》《雷擊賊子》《科場破格》《刺客》《慘死索命》《榆次瓜》《夢戰狼》《讀書貴有識》等，卷八《刺客》條當為「刺馬案」，所述有本。晚清暮景亂世，於此可觀。

《趨庭瑣語》八卷　史澄撰

史澄，原名淳，字穆堂，廣東番禺（今廣州市）人，道光二十年進士，歷官國子監司業、詹事府右春坊右中允等，致仕後主講豐湖、粵秀、端溪三書院，有《安和堂世範》《史氏本源錄》等。《清史稿藝文志補編》子部雜家類著錄。《廣州大典》影印光緒間《味根山房全集》刻本。前有盧乃潼序、光緒十三年丁亥史澄自序、《示兒孫輩讀趨庭瑣語法》、目錄。史澄自序述此書緣起云：「予主講端溪粵秀書院二十有六年，日長課暇，兒輩趨庭，或起居，或答問，或論

事，或抒情，或質疑，或引證，或懷古，或鑒今，為日既久，所言遂富。雖語多瑣瑣，而誨亦諄諄，竊恐過耳忘心，瑟希聲歇，晚歲端居多暇，因就有關人心風俗者追憶之。」卷一《談道》，言善惡之事，有關道德倫理之學，非枯燥說教，間舉例談說報應之理。卷二《敦倫》，言五倫親親之理。卷三《立身》，修德讀書慎獨之語。卷四《貽謀》，「家和萬事興」「家庭乃見真之地」，論居家持重之道，多家訓語。卷五《處世（從政附）》，言處事接物、任事建言、忠恕之道；《從政》言君臣官民士庶相得及居官美政之道。卷六《養生（辨藥附）》，言養氣、節欲、食療之事，猶重衛氣養神之法；《辨藥》載藥材中藥性易失真者數味如麋鹿茸、人參、黃蓍、芍藥、白術、三春柳、桑白皮地骨皮。卷七《正俗》，言當時不合吉凶嘉三禮者數事，如小說之熒惑人心、吸食鴉片之害以及「古人結婚重禮而輕儀，今人結婚重儀而輕禮。」蓋「士大夫居鄉，本有轉移風俗之責」意。卷八《紀事》，所載為軼聞怪異之事，如述科考經歷、維修書院、參纂方志、賑濟鰥寡等，皆求真務實之筆。雜說筆記之類。

《逸農筆記》八卷　黃鴻藻撰

　　黃鴻藻（1828～1891），字硯賓，號逸農，廣東嘉應州（今梅州市）人，咸豐丙辰舉人，歷官戶部主事、廣西思恩府知府，黃遵憲父，有《思恩雜著》等。《中國古籍總目》小說類文言之屬著錄。南京圖書館藏光緒十四年戊子刻本。前有光緒十三年丁亥秦煥序、丁亥黃鴻藻自序、金武祥等《題詞》。此書為「閱微體」筆記小說，黃鴻藻自序芸：「余少讀紀文達《閱微草堂筆記》，心竊好之。壯歲計偕入都，旋供職農曹，京居多暇，間與良朋作文酒之會，十餘年來，友朋所述里巷傳聞，不乏新奇之事，其中有因果報應鑿然不爽且確而有徵者，尤令人可驚可喜。憶幼時居鄉聞諸父老者，其中新奇之事可驚可喜者亦復不少，欲倣《灤陽消夏錄》《槐西雜志》等書之例，雜綴成篇，兼資勸誡，歲月已寬，知好復多投贈，拉雜書之，共得八卷，計三百廿餘則。其六卷以下，則榕城需次時所輯也。稗官小說，聊記見聞，干寶虞初，各有體例。紀文達有言『不失忠厚之意，稍存勸懲之旨，不顛倒是非，不懷挾恩怨，不描摹才子佳人如《會真記》，不繪畫橫陳如《秘辛》，區區竊比之意，或亦不見擯於大雅君子云爾。」所述五行災異、扶乩、異夢、遇鬼、入冥、神道、輪迴、堪輿、離魂等，故事以晚清居多，敘事而兼考證、議論。得諸傳聞之外，並間或輯錄他書如《閱微草堂筆記》《楹聯叢話》《熙朝新語》《新齊諧》《勸誡近錄》等。文風樸質，可備嶺南志怪小說之一種云。

《竹隱廬隨筆》四卷　鄭永禧撰

鄭永禧（1866～1931），字渭川，又字緯臣，號隱廬主人、瘦竹詞人，浙江（今衢州市）人，光緒丁酉舉人，曾任湖北恩施縣知事，有《不其山館文存稿》等。《八千卷樓書目》子部小說家類雜事之屬著錄。南京圖書館藏清活字印本。前有光緒十四年方壺序、鄭永禧《弁言》、每卷目錄。鄭永禧《弁言》云此書「或拾耆舊之遺，或糾沿流之謬，或嘉名節以興風化，或搜逸事以廣見聞」，實則詩話居多，如《詩源》《瘦竹詞》《壺山集》《蕉葉美人》《徐琴姑》《山行》《擱筆亭》《坐筵》《城頭斷句》《二僧》《舊稿摘句》《琴鶴遺風》《蝴蝶花》《踏青詞》《旅舍詩》《百花詠》《雜感詩》《昭君詠》《白秋海棠詩》《西江月詞》《山滿樓》《蘭闈擷秀》《故宮春》《西安竹枝詞》《間句押韻體》《汪唐卿》《風塵景況》《採菊圖》《風塵景況》《子夜歌》《梅花詞》《集句》《鈔本詞》《日本詩》《述懷》《詠竹》等，語涉閨秀、落拓士、詠物詩、方外詩、行旅詩、唐宋詩論等，其他有議論如《金玉至言》《丈人》《泰山》《封神榜》，軼事如《孝烈祠》，瑣語如《胥吏妙解》《巧對》《燈謎》《詩諧》《西廂判事》《黑老婆》《集地名對》《酒籌》《試題》《梵語聯》，考證如《談八仙》，異聞如《乩示闈題》《夢示闈題》《圓夢》《綠衣女郎》，晚清詩詞皆雜廁其間，與《粟香隨筆》為一類，敍述從容，可謂晚清詩話文獻之作。

《海國妙喻》不分卷　張燾輯

《中國古籍總目》小說類文言之屬著錄。南京圖書館藏光緒十四年鉛印本。前有光緒十四年赤山畸士（張燾）《海國妙喻序》，後有戊子劍峰《書後》。張燾《中外見聞錄序》云此書來歷：「自來聖賢之教，經史之傳，庠序學校之設，《聖諭廣訓》之講，皆所以化民成俗，功在勸懲。無如人聞正言法語，輒奄奄欲睡，聽如不聽，亦人之恒情。若以笑語俗言警怵之，激勵之，能中其偏私蒙昧貪癡之病，則庶乎知慚改悔，勉為善良矣。昔者希臘國有文士名伊所布，博雅宏通，才高心細。其人貌不揚而善於詞令，出語新而雋，奇而警，令人易於領會，且終身不致遺忘。其所著《寓言》一書，多至千百餘篇。借物比擬，敍述如繪，言近旨遠，即粗見精，苦口婆心，叮嚀曲喻，能發人記性，能生人悟性，讀之者賞心快目，觸類旁通，所謂『道得世情透，便是好文章』。在西洲久已膾炙人口，各以該國方言爭譯之。其義欲人改過而遷善，欲世反璞而還真，悉貞淫正變之旨，以助文教之不逮，足使庸夫傾耳，頑石點頭，不啻莒警

世之木鐸，破夢之晨鐘也。近歲經西人士翻以漢文，列於報章者甚夥。雖由譯改而成，尚不失本來意味，惜未匯輯成書。余恐日久散失，因竭意搜羅，得七十篇，爰手鈔付梓，以供諸君子茶餘酒後之談，庶可傳播遐邇，籍以啟迪愚曚於懲勸一端，未必無所裨益，或能引人憬然思，悅然悟，感發歸正，束身檢行，是則寸衷所深企禱者也，幸勿徒以解頤為快焉可耳。」劍峰《書後》云：「西泠張君赤山讀有用書，通中西學，關懷時務，固亦斯世有心人也，而性格高雅，嘗閉戶著書，乃有隱君子風。近出《海國妙喻》一冊，以談笑詼諧寓勸懲要旨，如暗室之燈，如照妖之鏡，無意不搜，無詞不雋，有情有理，可箴可銘，讀之令人知所向往，知所趨避，輔助文教，警覺愚蒙，洵為有功世道之作，不勝欽佩，奇文共賞，信可樂也。爰揮汗搦管，為數言於後。」《海國妙喻》即《伊索寓言》，據序文可知此書為張燾輯錄西人譯文而成，共70則，如《蠅語》《踏繩》《守分》《鼠防貓》《犬慧》《救蛇》《狐鶴酬答》《賊案》《二鼠》《學飛》《喜媚》《忘恩》《求死》《金蛋》《肉影》《柔勝剛》等，譯文亦合中國古典筆記法，如《人獅論理》云：「一日，獅與人同行，各自稱大，不肯相讓。人則指一石像腳蹈獅子，曰：『爾看，豈非人大乎』獅曰：『不然。吾謂獅之爪下，不知埋沒多少人也。噫，人能塑像而獅不能也，使獅能塑像，彼亦必塑獅之在人上也。理之當然，何足奇哉。』」明清《伊索寓言》在華譯本，晚明有《況義》，晚清有《意拾喻言》《泰西寓言》《伊索寓言》及本書也。

《宋豔》十二卷　徐士鑾輯

徐士鑾（1833～1915），字苑卿，又字沅青，天津（今天津市）人，曾任浙江台州知府，《書髓樓藏書目》小說家類著錄。廣陵書社《筆記小說大觀》本。前有光緒十七年辛卯楊光儀序、光緒癸巳徐郙序、光緒辛卯史夢蘭《宋豔題辭》、光緒辛卯徐士鑾《小引》、《宋豔總目》。徐郙序云：「吾宗沅青太守息居里門，纂輯《宋豔》一書，沿《世說新語》例，分門別類，悉寓箴規，是匪惟感發中材，即士夫慧業靈心，亦足懲其逸志。」徐士鑾《小引》中云：「余自旋里後，杜門卻掃，日手一編，藉以攝心息慮，曾輯《醫方叢話》八卷付梓。余性善忘，而閱過輒不記憶，因於書中可驚可喜之事隨手錄之，或同一事而紀述互異，亦並錄之；其與彼事有辯論有佐證與夫引用故實之可考核者，亦附錄之。至若載籍中箴語格言，余尤喜其得以自警也。歲月既久，手錄積多，爰規《世說新語》例，分門三十有六，將所錄南北宋事，逐類排次，雖事故限以婢

妾倡伎，然各有緣由，固可區分，即於各類所載後，或附以歷朝事實，或繫以先正法言，其間雖片言單詞，皆有所本，要非鄙人妄逞臆說也。」該書為「世說體」之屬，類分36門，如《端方》《德義》《耿直》《警悟》《慚悔》《遏絕》《懊惱》《詭譎》《紕繆》《狎邪》《狂妄》《嬉戲》《惑溺》《殘暴》《果報》《奇異》《駁辨》《傅會》《叢雜》等，每則所輯書目《宋史》及宋筆記、詩話等附後，並有所考辨，其事蹟皆與女性有關，或烘托鬚眉，或愛戀之事，宗尚風雅，非狎邪者比。

《斯陶說林》十二卷　　王用臣撰

王用臣字念航，號斯陶居士，河北深澤（今屬石家莊市）人，其他事蹟不詳。《清史稿藝文志補編》子部雜家類著錄。中國書店《海王村古籍叢刊》影印本。前有光緒壬辰年王用臣自序、《例言》八條。光緒十八年王用臣自序云：「說部一門，久為講學家所屬禁，然亦視筆墨何如耳。典而不蕪，雅而不俚，可以助譚，可以引睡，宜老宜病，宜悶宜閒，善矣哉！謝在槐（杭）之言曰：『讀書者不博覽稗官諸家，如啖粱肉而棄海錯，坐堂荒而廢臺沼也。』辛、壬以來，杜門養疴，經史百家亦束高閣，唯日取稗說野史，摘錄數則，日積月益，裒然成編。時當風雨晦明，焚香煮茗，拂拭几硯，翛然意清，賞心樂事，不在遠，麈尾自搖，不覺已斯陶矣。」該書主於採輯，分為10類，每類皆有小序，如《文藝》云：「昔人謂歡樂之詞難工，愁苦之詞易好，豈乖時而通天？將由習而得巧。其淺者方一覽無餘，而深者且三四讀不能通曉，求其犁然當於人心者，蓋亦眇矣，而何以行遠而載道。孔子曰：『辭達而已矣。』吾恐今人之所為盤折者徒自擾也。」《例言》中云：「前九門十一卷皆擇錄成說，有當引書目者則標明之，有嫌其冗長者則節錄之，自其所見聞則圈外用案字為志，其卷十二則隨筆自記者也。」卷一《箴規》，輯錄故事中人物善言可謂鑒戒者；卷二、卷三《軼事》，輯錄唐以來至清同治間軼事，激勵忠義也；卷四、卷五《文藝》，輯錄詩文，類於詩話文話；卷六《考證》，詞語考證、史事辯證；卷七、卷八《清談》，非魏晉清談之語，實輯錄詩詞雅謔之語之動視聽者；卷九《詼笑》，輯錄笑話如《笑林》；卷十《技術》為方技之事，《閨秀》輯女史詩詞、貞女麗句；卷十一《祥異》為志怪；卷十二《隨筆》為雜說之類，載天文曆法、清代典制、晚清兵亂、祥異公案、先祖德徽、文人風雅等，目擊耳聞晚清時事，亂離中亦多惇惇勸世語，可謂儒者仁心也。

《秦淮八豔圖詠》一卷　　葉衍蘭撰

葉衍蘭字蘭臺，又字南雪，廣東番禺（今廣州市）人，原籍浙江餘姚，咸豐六年進士，改翰林院庶吉士，散館授主事，簽分戶部，考取軍機章京，後主講越華書院，有《秋夢盦詞》二卷續一卷。《清史稿藝文志拾遺》小說家類雜錄之屬著錄。上海古籍出版社《中國近代文學叢書》之《葉衍蘭集》（謝永芳校點）本。《中國近代文學叢書》本只見本文，圖、序皆無。該本《附錄三　序跋評論》中有光緒十八年張景祁《秦淮八豔圖詠序》。本文為「秦淮八豔」（馬守真、卞賽、李香、柳是、董白、顧媚、寇湄、陳沅）小傳，敘事簡明秀麗，故張景祁序中題旨云：「洛浦之朝霞渺矣，尚疑細馬馱來；秣陵之明月依然，莫放彩鸞仙去。」

《談異》八卷　　陳彝纂

陳彝（1827～1896），字六舟，號聽軒、蛻翁，江蘇省儀徵（今屬揚州市）人，曾任內閣學士、禮部侍郎等，有《抱甕廬詩文存》等。譚獻友。《中國古籍總目》小說類文言之屬著錄。南京圖書館藏光緒十九年刻本。前有己丑伊園主人《敘》、每卷目錄。伊園主人《敘》云：「戊子歲，皖垣刊成梁氏《勸誡近錄》九編，索觀者眾，日不暇給，因憶舊有是編，不如出之，遂倉卒以活字版印行，知好兒孫輩從而附益，郢書燕說，亦不暇為之點定，大方之家，鑒之恕之而已。」全書300則（篇）左右，軼事如《聚寶盆》《改詩》《斷兄弟訟》《王壯愍公》《寶應王文勤（凱泰）軼事》《書三案始末》《兩婿兩女》《京師僕婦》《朱子家訓》、異聞如《淮東門鬼》《炮架鎮江城》《女鬼詩》《元寶能飛》《元旦遇仙》《入冥問事》《換心》等，敘事徵實，言之有據。無露才揚己之習，有老儒淳厚之風。敘事中間有議論，如卷二《紅樓夢》：「作《紅樓夢》之曹雪芹，真有其人，其子孫陷入王倫逆案，伏法無後。同鄉殷秋樵所云，異日詳之。」此書所述除目擊耳聞外，亦有抄撮他書如《辛丑餘生記》《獪園》《耳郵》《癸巳存稿》《記何烈女事》及中州民歌之舉，文獻皆注明出處。譚獻《復堂日記》云此書「意存懲勸，筆兼隱顯，近時說部之名雋者。」

《奇聞隨筆》四卷　　梁山居士撰

梁山居士事蹟不詳。《中國古籍總目》小說類文言之屬著錄。南京圖書館藏光緒庚子石印本，名《增像奇聞隨筆初集（二集嗣出）》。前有光緒二十年許惇序、目錄、人物插圖12幅。全書143則，皆從梁章鉅《浪跡叢談》《楹聯叢

話》等筆記中輯錄，所謂「梁山居士」者，不過惑人聽聞而已。晚清民初，筆記小說中偽書極多，此其一也。

《情天外史》正續冊不分卷　　情天外史撰

情天外史事蹟不詳。《中國古籍總目》小說類文言之屬著錄。中國戲劇出版社《清代燕都梨園史料》本。前有光緒二十一年乙未情天外史自序、《凡例》5 條，後有光緒乙未後序、光緒乙未情天外史《京華消遣記》。板橋體小說及優伶小說，多文士寄興之作，所謂「象以外超，特修豔史」（情天外史序），此書《凡例》中云：「是書專為天仙部表彰幽隱，故以天仙十人入正冊，各班十人入續冊。雖天仙腳色，一散入丹桂，再散入鴻奎，部名仍從其朔。」「是書專為司坊揄揚色藝，是以科班名角，概未登入。」「是書專為後進提倡風雅，是以出師立堂，毋庸贅述。」「天姿天籟，過時難保，是以十六歲以上，不入論列。」於此可窺作者之意。正冊十品（神品、雋品、豔品、俊品、能品、異品、佳品、倩品、逸品）、續冊十品（超品、上品、媚品、妍品、憨品、殊品、妙品、美品、靜品、絕品），每品以一人充之，傳記之外，繫之以七絕一首如《燕蘭小譜》之法。此正冊、續冊，仿《紅樓》《詩品》之法。《京華消遣記》述著述緣起，有提攜雛伶後進之意云：「小天仙班中多後起之秀。知音者希，座客不滿，予心為不平，作《情天外史》正冊表揚之。益以各班之翹楚者為續冊。」士伶好名之習，於此花榜可見一斑。

《繪圖古今眼前報》四卷　　吳鑒芳輯

吳鑒芳號略識子，其他事蹟不詳，有《繪圖續編今古奇觀》四卷。《中國古籍總目》小說類文言之屬著錄。文聽閣圖書有限公司《晚清四部叢刊》影印光緒二十一年石印本。前有吳淮序、光緒乙未吳鑒芳自序、目錄、插圖 16 幅。據自序可知，此書本為己丑夏日與友朋夜坐之語，「積三月而成帙，因擇其中善惡報應並狐鬼之靈異者分為四卷，諸同人勸付剞劂氏，以公同好。」共 128 則，不過軼事異聞之類，如《冤鬼現形》《產異四則》《殺蛇》《姑嫂墓》《救民之報》《財不可強求二則》《鬼嫂作祟》《回煞二則》《孝婦》《乩仙》《雷殛逆婦》《奢侈二則》《門神當祭》《貪酒遇鬼》《娶再醮婦》《天懲不孝》《巧緣》《狐報前恩》等，敘事質實，吳淮云是書「意簡言該」，非過譽之語。

《澹園述異》四編　　沈耀曾撰

沈耀曾號幼田，安徽蕪湖（今蕪湖市）人。《中國古籍總目》小說類文言之屬著錄。南京圖書館藏辛丑歲上海寓言館鉛印本，四編 2 冊。前有光緒二十一年乙未何如海序、光緒乙未戴啟文序、光緒乙未嚴翿昌序、沈耀曾自敘、張樹恩《題詞》。全書約 193 則（篇），不過狐鬼物怪異夢入冥方術公案之類，如《鬼考課》《城隍醫病》《蜈蚣精》《僵屍》溺鬼情急》《病中得夢》《窗外吟詩》《斷頭復續》《武夫持刀》《術能止盜》《狐緣》《冤婦》《狐報恩》《狐擾》《疑獄》《雷擊陰謀》《行路難》等，其中二編之《狐緣》、三編之《荷花生日》、四編《海客奇談》，篇幅漫長，敘事婉轉，傳奇之文也。此書可謂「聊齋體」之作，「其大旨一以勸誡為宗」（戴啟文序），文後信天氏評語亦諄諄勸善。駭人聞聽之外，偶有軼事（《閉市令尹》）、詩話（《論詩》）、志豔（《蓮花污泥》）、人生況味（《入闈七苦》）之記，因果報應中，稍顯秀士之雅色。

《金壺七墨》　　黃鈞宰撰

黃鈞宰生卒年不詳，初名振均，字仲衡，別號天河生、缽池山農，江蘇山陽（今淮安市）人，道光二十九年拔貢，就奉賢訓導，有《比玉樓遺稿》及傳奇《比玉樓四種》等。《清史稿藝文志拾遺》小說家類雜錄之屬、《清史稿藝文志拾遺》雜家類雜說之屬著錄。廣陵書社《筆記小說大觀》本。前有光緒二十一年洪葆榮序。《金壺七墨》有《浪墨》八卷、《遁墨》五卷、《逸墨》二卷以及《戲墨》、《醉墨》（原名《醉言》）、《淚墨》（原名《心影》）三種（不分卷）。洪葆榮序稱此書「爰就咸同間所見所聞掇拾成書，類分七種，名《金壺七墨》，而其一種閒情別致、異想奇思，有令人執卷披吟而愛不釋手者。」《浪墨》八卷、《遁墨》五卷、《逸墨》二卷以及《戲墨》、《醉墨》每則皆有標題，內容有雜史（有關軍國大事者）如《南巡盛典》《洪秀泉》《洪大全》《廣東夷變》《白旗》《廣勇》《將軍》《吳淞之變》《教匪遺孽》《撚匪初起》《永安州》《杭州初陷》《李國泰》，記載詳細。小說中雜事如《某太守》《塞外尋親》《白首完婚》《吳卿憐》《醜女守志》《投火救父》《丐女貞烈》《石城橋夷人》《十二紅》《里婦》《騙婚》《伶人》《驢案》，異聞如《王九》《周生》《人化虎》《說鬼》《視鬼》《候仙》《殺鬼》，瑣語如《改唐詩》《遊戲詩》，敘事娓娓。文獻輯錄有詩文日記等，如《聽秋閣詩謹錄》《題壁詩》《金陵懷古》《送別詩》《水患詩》《懊惱詞》《雜詠詩》《羊城日報（七則）》《西山遊記（七則）》《北行日錄七則》《重

建永暉橋記》《奉題唐節母安甘廬圖》《賦唐節婦事》《欽旌節婦唐母安甘廬記》等，而詩歌文獻居多。經濟之學如《熙朝財賦》《鹽商》《漕弊》《綱鹽改票》《銀價》《州縣積習》等，皆有關挽救晚清危局意。載記如《英吉利》《京師天主堂》《黔粵山洞諸蠻》《狼人》《煤氣》《輪船》《火車》《報恩寺塔》《靈谷寺》《少文畫》《斷碑硯》等，為金石書畫、域外事物、地記勝蹟之記載。上數種關於鴉片戰爭、洪楊之役記載較詳，而亂世軼聞、詩歌文獻輯錄繁富，不可僅以小說視之也。《醉墨》不過議論之筆記，多有關五行、理學；《淚墨》有《琴園夢略》《鴛鴦印傳奇始末》《離恨天雜記》三種，前兩種為傳奇文，《離恨天雜記》為筆記文，皆男女戀情事。民國間《張棡日記》云此書「雖是一種瑣記，然筆墨極佳，其於國故、軼聞及洪楊戰事、禁煙始末，無不縷縷詳之，足為近日龜鑑。」又嘉慶間潘德輿有《金壺浪墨》一卷（《小方壺齋叢書》本），《清史稿藝文志拾遺》集部別集類著錄，為雜著之類，如《桃花三夢記》《九冷齋記》《解生傳》《五日宴遊記》《女弟子盟雪生誄》《讀〈水滸傳〉題後》《讀〈紅樓夢〉題後》《讀〈聊齋誌異〉書後》《靈感賦》等。

《採異錄》八卷　　胡源祚纂

胡源祚事蹟不詳。《藏園群書經眼錄》子部著錄。新興書局《筆記小說大觀》本。前有光緒二十二年餘景和序、光緒丁酉黃振元虛、光緒二十二年胡源祚自序、目錄。胡源祚序自云為婁東之沙溪人，少為商賈，業餘抄錄有關勸懲之小說者，彙集成書。是書不分類別，雜事、志怪、諧語之類，每則有標題，如《崇明老人記》《望江二翁》《常州孝婦》《廉吏》《捨身救人》《幼童孝智》《黃善聰》《金錠》《神泉縣令》《煙花響馬》《義婢全主》《不禁屠沽》《魚報恩》《奇女殺賊》《石格卜答書》《義猴報冤》《俚語詩》《奇緣記》《三賢合傳》《投火救父》《金烈女》《神卜自失》等，標題下注原書，匯纂勸善之書也。

《笑林擇雅》二卷　　漚醒道人輯

漚醒道人事蹟不詳。《中國古籍總目》小說類文言之屬著錄。文聽閣《晚清四部叢刊》影印光緒二十二年上海鴻文書局石印本。前有光緒丙申漚醒道人自序、目錄。全書有笑話 92 則左右，輯錄他書而成，不標出處，如《吃嘴》《館師》《夢酒》《修腳》《彈琴》《封君》《及第》《借牛》《下飯》《矮人》等，文意淺薄，夾雜白話，不過為俗人資談笑也。晚清民初，瑣語笑話之書一時風

行，如佚名《笑話奇譚》、陳庚《笑史》、佚名《舊笑話》、吳趼人《新笑林廣記》《新笑史》、俞樾《一笑》、悟癡生《奇言可笑錄》、赤山畸士《改良新笑話雜俎》、省非子《改良新聊齋》、獨逸窩退士《笑笑錄》、逍遙子《最新繪圖遊戲奇觀》、坐花散人《春申江之新笑談》、雷瑨《文苑滑稽譚》、愚公《千笑集》等，其中吳趼人以當下為話題，諷世風以寓意，足稱妙手，他則多轉相抄襲、稗販成書。此亦近代都市商品經濟所促之新文學大觀也。

《異聞益智叢錄》三十四卷　種蕉藝蘭生輯

　　種蕉藝蘭生事蹟不詳。《中國古籍總目》小說類文言之屬著錄。此書又名《異聞益智新囊》《中西聞見叢鈔》。文聽閣圖書有限公司《晚清四部叢刊》影印光緒二十六年江南書局鉛印本。前有光緒二十三年種蕉藝蘭生自序、《凡例》17 條、目錄。卷一《紀始》，為天文、地形、律法、飲食等 23 類事物原始。卷二《年表》，為中西年表對照圖（附歷代建都考）。卷三《世紀》，評述歷代開國帝王事蹟。卷四《音解》，經解之語。卷五《考據》，鋪陳比事。卷六《書畫》，書畫技藝。卷七《格致》，電化天文之學，介紹西學為主。卷八《路程》，行旅注意事項及國內道里遠近。卷九《傑行》《奇樂》《器量》《友誼》，歷代軼事之類。卷十《至理》，格言雋語之類。卷十一《寓言》，《伊索寓言》之類。卷十二《勸誡》《醒迷》，以故事警世頑。卷十三《智令》、卷十四《精察》、卷十五《俊辨》、卷十六《巧對》、卷十七《巧令》、卷十八《巧謎》、卷十九《巧文》、卷二十《智術》《驍勇》《好尚》《訟師》、卷二十一《文繆》《謬誤》、卷二十二《遺忘》《貪鄙》《褊急》《詭詐》、卷二十三《騙術》《盜賊》、卷二十四《戲弄》、卷二十五《詩謔》、卷二十六《文謔》、卷二十七《詼諧》，《世說》之類，謔語較多。卷二十八《病方》，養生及醫方之類。卷二十九《食訣》，食療及飲饌製作。卷三十《雜法》，類於今日「生活小竅門」，如「飲酒不醉法卷」「養花法」「退野獸法」「洗油手法」等。三十一《荒政》，救荒之法，分草、木、穀、果、菜五類。卷三十二《俗語》，古今語對照。卷三十三、卷三十四《雜存》，為無可歸類之文，如《盲人識字》《心虛致死》《羅瑪大堂》《嘲吳蒙》等。此書類於張岱《夜航船》，而敘事過之，泰西文明業已籠罩全書。

《城南草堂筆記》三卷　許幻園撰

　　許幻園名鑅，松江（今屬上海市）人，早年豪富，寓居滬上城南草堂，喜交文士，師從鄒弢，與李叔同、蔡小春、張小樓和袁希濂組成「城南文社」，

此五人又稱「天涯五友」。《中國古籍總目》小說類文言之屬著錄。南京圖書館藏光緒辛丑鉛印本。前有光緒二十七年鄒弢序，卷上有幻園居士自序，卷下後有天籟閣主題辭（七言絕句一首）。書後有李成蹞跋。許幻園自序云：「光緒辛丑初春，余養疴草堂，抑鬱殊甚，暇嘗錄筆記一編，得數百則，拉雜命筆，匪敢示人，聊為消閑之助云爾。」全書約 290 條（則篇），有文獻（味姜公遺著、內子舊稿、天籟閣藏書、南懷仁《坤輿圖說》）、名士軼事（吳大澂為賞鑒家、王霞軒諧謔）、志怪（許幻園夢紅衣女子、夢舊姬）、狎妓（春江花選、李愛卿、張寶兒、金鳳）、遊記（金陵莫愁湖、上海龍華寺、徐家匯教堂）、詩話（評才女之詩、補恨樓主人《津門竹枝詞》、王鐵生無題詩、許幻園贈煙波釣徒詩、黃竹樵悼亡詩、江靈鶼學政題朝鮮王閔妃像詩、胡竹亭太守詩）、情緣（許幻園與日本女子明玉）等，其中詩話居多，此文士之故習，不足怪也。其他若金石書畫、若評世風域外，皆有關……。鄒弢序中稱讚此書「見所記者皆近時事，五花八門，不名一格。按近時雜記中，以《兩般秋雨庵》《墨餘錄》兩書錄取最廣，君獨能步其後塵，其好古之誠與愛才之念，實為晚近所稀。」行文典雅，然名士豁達放浪之氣，盈於紙上，惟卷二片言隻語，稍欠洗練。此書有佚名朱筆批語，如卷三「紅衣女子」條上眉批云：「文筆夾雜，寫來非驢非馬，選句尚不妥，遑論其他，不意天南遯叟，竟有如此門生。」案天南遯叟為王韜。此非公允之言也。

《行素齋雜記》二卷　繼昌撰

繼昌（1849～1908），字述之，號蓮溪、蓮畦、左庵，李佳氏，內務府漢軍正白旗人，光緒三年進士，官至江寧、甘肅布政使、護理安徽巡撫，卒於任，有《左庵詩餘》《左庵詞話》等。國家圖書館「中華古籍資源庫」（光緒二十七年刻本）。前有光緒二十七年俞廉三序、光緒二十七年蔡乃煌序、光緒己亥年繼昌自序。俞廉三《行素齋雜記序》云：「《行素齋雜記》二卷，為長白蓮畦廉訪著。廉訪少游大梁，天資英異，為故河帥喬勤恪宮保所激賞，文名驟起，成丁丑進士，觀政工部，旋充軍機章敬，筆劄敏贍，樞密諸公倚如左右手，退值餘閑，一編矻矻，雞鳴不已，是書成於讀禮之年，凡朝章國典、軼事遺聞罔不網羅掇拾，足以廣見聞、資考證，自周秦之世諸子雜興，漢唐以還，說部競出，雖純疵互見，雅鄭分參，未嘗不可與史乘相發明，訂古今之得失，國朝談掌故之書，以王文簡《居易錄》、阮吾山《茶餘客話》、禮邸《嘯亭雜錄》為詳正，近如潘文恭、王文勤兩公，梁茞林中丞所著亦最稱雅，今是書晚出，殆與頡頏，

流傳無疑。昔人謂『欲知古事問高仲舒，欲知今事問崔琳。』余與廉訪亦如是云。」繼昌自序云：「光緒癸巳六月，奉先妣那拉太夫人諱，讀禮家居。謝絕塵事，惟與筆墨為緣。因憶見聞所及者，拉雜書之，洎甲午哀然成帙。乙未春二月，先君又復棄養，昌且在病中。苫塊之餘，只藥爐茗碗相伴，心緒益復無聊。仍假筆記為消遣計，迨病起服闋，此事仍不肯輟，日久遂積為數巨卷。顧語多瑣屑，不過小說家言，茲擇其稍可存者，重加釐訂。」此書內容有典制、政事（朝廷掌故）、地理、祖德、名物，每則無標題，序事簡潔，體性近於吳振棫《養吉齋叢錄》。李佳繼昌於光緒辛丑撰有《左庵瑣語》一帙，體同此書而敘事過之，軼事異聞、詩話謠聯，典制恩遇、文獻書畫，敘述清雋，可謂雜說筆記之類。

《靜娛亭筆記》五卷　張培仁撰

　　張培仁字紫聯，一字紫蓮，廣西賀縣（今賀州市）人，進士，曾官湘鄉、善化、平江知縣，於曾國藩為前輩，曾參修《（同治）平江縣志》。《清史稿藝文志補編》子部小說家筆記之屬著錄。上海古籍出版社《續修四庫全書》本。前有曾紀鴻序，云「經張茂先之嬋嬽福地，對此懷人；記武平一之七穆三桓，因而考古。比明新投轄之錢，方滑稽炙輠之談。一編入手，百讀傾心。不必黃州說鬼，奚殊丈室談禪。事多述舊，意轉生新。」每卷皆有目錄，每則（篇）有標題，如《明代苛斂之重》《民以食為天》《近日善政》《日本旱稻》《禁賣軍器以制盜》《輪船達重慶》《論開礦之益》《論勵精圖治之益（為洋布局而發）》《西人集股之易》《皖北民風》《愛惜人才》《林少尉殉難》《田玉梅大令》《六事箴言》《海外異聞》《南山翁妙語》《康伯可詞》《盜亦工詞》《洪稚存論詩》《儷語》《漁洋詩摘句》《論杜詩》《黃生幸免》《李恭勤公儉德》《神醫》《記各國議論》《鄒中丞厚道》《黃觀察論天主教》《同文館》《平仄兩用》《詩中巧搭》《地瓜考》等，書中經世之議論與傳記、軼聞為多，詩話文論、語錄詞選、金石銘文、海外情事、異物博匯、考證文等亦廁身其中，憂患意識每每流於筆端，並輯錄當時人之書如《筧園雜說》《治褒瑣言》《思補齋筆記》《冰溪吟草》《葬說》《墓制說》及當時告示、奏疏等，以寄寓興國之意。張培仁又有《妙香室叢話》十四卷，為剿竊纂輯他書而成。

《妙香室叢話》十四卷　張培仁輯

　　《清史稿藝文志補編》子部雜家類著錄。廣陵書社《筆記小說大觀》本。

前有目錄、每則標題。上海進步書局提要云此書為剽竊而成，蓋讀書劄記之書。所輯內容有詩話、軼事、志怪、說經、諸子、術數、恩遇、書畫、醫藥、軍事等，無類目，所輯有《人海記》《翼駉稗編》《見聞近錄》《吳門畫舫錄》《商君書》《苕溪漁隱叢話》《西清詩話》《花間集》《小鷗波集》等書，以宋代以來之書為主，詩話中多女史之作，亦文士譚雅之風。

《評點聊齋誌異》　方玉潤撰

方玉潤（1811～1883），字友石，一字黝石，自號鴻蒙子，雲南寶寧（今屬文山自治州）人，諸生，肄業省會五華書院，曾獻策平洪楊之亂，著有《蒙室叢書三十六種》。民國《新纂雲南通志》小說家類著錄。此書未見。方玉潤又有《評點紅樓夢》一書，「向達云玉潤於此二書之見解，在咸豐十年十二月二十八日《星烈日記》中曾發揮一二，可參閱。」（民國《新纂雲南通志》卷七十三）按今國家圖書館藏《星烈日記》（存 51 卷）稿本中不見「咸豐十年十二月二十八日」冊頁。學苑出版社《歷代日記叢鈔》有《星烈日記匯要》，為方玉潤日記按類編纂之本——此書目錄部分有同治壬申自序、《總目》。卷首《年表》二卷。卷一至卷五為《志道》《經義》，性理經義之類。卷六《史論》《諸子》。卷七至卷九《經濟》，包括治道、選舉、農桑、河渠、財用、屯田、牧令、荒政、兵策，皆有關經濟之學。卷十至卷二十二，包括古文、時藝、韻語。卷二十三至卷二十八《遊藝》，包括天文、地理、醫藥、卜筮、祿命、風鑒、書法、繪事、音樂、鐵筆、槍法、騎射。卷二十九至卷四十《涉歷》，包括遊歷、名勝、賊酋、賊蹤、賊表、觀戰、祥瑞、災變、怪異、果報、二氏、勇俠、忠義、節烈。卷末有《紀夢》一卷。此《匯要》蓋類於《越縵堂讀書筆記》而有濟世之才者。

《說冷話》　一卷　襳襪道人輯

襳襪道人事蹟不詳，蘇州人。《中國古籍總目》小說類文言之屬著錄。文聽閣《晚清四部叢刊》影印光緒十年壽墨閣刻本。前有目錄，無序跋。共 39 則，所述為晚清軼事，實皆江浙滬新聞如《跌雪》《木瓜》《蓑衣》《訓牛》《索租》《順手》《要割》《算麥》《筆誤》等，不乏紹介西事如《接吻》《題匾》《刑部》《不壞》《做蛋》者，敘事而兼議論，間有口語以動人聞聽，敘述簡淡，不為佳作。

《春在堂隨筆》十卷附《小浮梅閒話》　俞樾撰

　　俞樾（1821～1907），字蔭甫，晚號曲園居士，浙江德清（今屬湖州市）人，道光三十年進士，曾任河南學政，著名經學家，著述多種，今有《俞樾全集》。《清史稿藝文志》子部雜家類雜考之屬著錄。廣陵書社《筆記小說大觀》本。《春在堂隨筆》為雜說筆記之類，內容有經史考證、朝野軼聞、域外事物、養生醫藥、詩話遊記、諸子考辨、金石書畫、經世軍事、文獻輯錄等，考證、議論、載記、敘事皆存焉。《小浮梅閒話》為俞樾與其妻子談論之語，為考證俗傳之誤而舉小說戲曲中事以辨之，如《封神傳》《浣紗記》、孟姜女、《琵琶記》《三國演義》《西遊記》《隋唐演義》《虬髯客傳》《龍圖公案》《三遂平妖傳》《水滸傳》《今古奇觀》《呂洞賓度城南柳》《紅樓夢》等，或考證名物，或辨析史事，或詳定作者，為俗文學研究之作。

《薈蕞編》二十卷　俞樾撰

　　《中國古籍總目》小說類文言之屬著錄。廣陵書社《筆記小說大觀》本。前有光緒七年俞樾《薈蕞編自序》、光緒七年何鏞《弁言》、目錄。此書為傳記之書，所述為民間有德行者，「其中多忠孝節義等事」（上海進步書局提要），俞樾序云：「國朝二百餘年來，人才特盛，其大者見於金匱石室之書，次者散見於名家碑傳之文。道光間嘉興錢衍石先生有《國朝徵獻錄》一書，亂後散佚，而平江李次青廉訪乃有《先正事略》之作，近者湘陰李黼堂方伯又有《耆獻類徵》之作，搜羅宏富，誠著述之盛心也。雖然，子夏不云乎『賢者識其大者，不賢者識其小者』。愚以為諸巨公之磊落幹天地者，不患無傳，惟匹夫匹婦一節之奇，往往淹沒不著，誠私心悼之。瀏覽諸家文集，隨手摘錄，積久遂多，不忍遂棄，篋而藏之。」卷一～卷十四為男子忠孝，卷十五～卷二十為孝女烈婦，每則有標題，輯錄他人文集中有德行者而成，如《雙孝》《奇窮子》《潁州匠》《一壺先生》《楚壯士》《三烈》《王次泉》《東海處士》《邵山人》《五公山人》《秦舍人》《孝義吳君》等，每則注明文獻出處，如《遂出堂集》《恬齋遺稿》等。

《耳郵》四卷　俞樾撰

　　《中國古籍總目》子部小說類著錄。廣陵書社《筆記小說大觀》本。前有俞樾自序，序云：「墨子書引周燕齊宋之《春秋》所載，如杜伯莊子儀祐觀辜中里徽諸事，皆近於小說家言，是即虞初三百之權輿。蓋志怪搜神，從古有之

矣。然竊以為警心動魄之事，即在男女飲食之間，非必侈談靈怪，然後耳目一新也。余吳下杜門，日長無事，遇有以近事告者，輒筆之於書，大率人事居多，其涉及鬼怪者十之一二而已。其用意措詞，亦似有善惡報應之說，實在聊以遣日，非敢云意在勸懲也。因耳聞者多，目見者少，故是門《耳郵》，猶曰傳聞爾。昔宋張端義著《貴耳集》，取尊聞之義，文人好奇，鷗戶虬閣，固有所受之矣。」所述皆民間軼聞異事，江南一帶居多，短劄筆記，文風質實，敘事簡潔，關乎道德倫理，言之有據，不乏因果報應之談。

《右臺仙館筆記》十六卷　俞樾撰

　　《八千卷樓書目》子部小說家類雜事之屬著錄。今有齊魯書社《清代筆記小說叢書》本。前有俞樾自序，述其寫作過程云：「余自己卯夏姚夫人卒，精神意興，日就闌衰，著述之事，殆將輟筆矣。其年冬，葬夫人於錢塘之右台山，余亦自營生壙於其左……余吳下有曲園，即有《曲園雜纂》五十卷；湖上有俞樓，即有《俞樓雜纂》五十卷；右臺仙館安得無書？而精力衰頹，不能復有撰述，乃以所著《筆記》歸之。《筆記》者，雜記平時所見所聞，蓋搜神述異之類，不足，則又徵之於人。」此書為「閱微體」小說，新穎之處在於敘述晚清衰世，每則無標題，語言質樸，狐鬼之外軼聞居多，敘事簡潔中寓勸誡之旨，故每多議論考據之語如《閱微草堂筆記》，經師小說也。

《廣楊園近鑒》一卷　俞樾撰

　　《師石山房書目》小說家類雜事之屬著錄。浙江古籍出版社《俞樾全集》之《俞樓雜纂》本。前有小序，云：「楊園先生集《近鑒》一卷，舉近世之事蹟以為鑒戒，其意深矣。《書》不云乎，『無以水鑒，當以民鑒』，因亦舉世事數十條以警愚頑。楊園之書有惡而無善，專以示戒也。餘則兼採善事數條，善惡兼收，勸懲並寓矣，因題曰《廣楊園近鑒》。」則知此書仿清代理學家楊園先生張履祥之《近鑒》而作。張楊園《近鑒》，敘述明清軼事 24 則，以史為鑒之意。俞樾《廣楊園近鑒》共 40 則左右，每則亦無標題，可視作小說集，內容有軼事如「焚《金瓶梅》」「沈小梅太守」「沭陽某甲」「皖南宦家婦」「某甲滁人」「某顯宦寓於揚州」等，異聞如「蘇州周進豐」「金陵僧」「朱酉生」「高要縣鄉官」「農家女」「油煤人」「三娘子」「辰州法」「王莽蛇」「楚北萬生」「王熊光」「廣慧」等，不過因果報應事，寓勸誡之意。文風質樸，一如《右臺仙

館筆記》，間有考證之語，如「單衣去衣」條本言某少年縣令佻達無知、顢頇斷案，俞樾引《元史・刑法志》《金史・海陵本志》《金史・刑志》，以證「杖罪不盡加於臀，曰去衣，不曰去褌，專指杖脊而言。此令所執，未得律之本意也。」

《五五》一卷　　俞樾撰

《師石山房書目》小說家類雜事之屬著錄。浙江古籍出版社《俞樾全集》之《俞樓雜纂》本。前有俞樾小序云：「余流覽國朝諸家記載，有可喜可愕可感歎者，刺取其事，分為五類，類各五事，得二十五事，因題曰《五五》。昔《昭明文選》錄《七發》、《七啟》、《七命》諸篇，題篇曰『七』，余用其例也。」《五義》述王全、陳碻、王良梧、李生春、濮氏女五人恪守倫理道德事，《五奇》述節行瑰奇之士如鬋髰公、侯老道、呂尚義、石哈生、田世亨，《五愚》記徐三瘸腳、奇奴、榮小兒、郭六、鄭成仙五人身處卑賤而品德高尚事。《五逸》書隱逸之士，如潁州耕者、打卦者、草薦先生、樵煙野客、跣足傭者。《五悲》述張星象、嚴羅氏、吉馮氏、姚磬兒、張有五人事蹟，或才士流落不偶，或殉節殉情。每類前有俞樾小序，每則後有俞氏評，頗精警，如評郭六愚忠事云：「愚哉！郭六之為人乎？無故棄其親戚，捐百金之產，隨人於七千里外，而為之役，且為之子，卒以僧死異鄉，此何為者歟？如六之愚，蓋無足取，然其人則固以愚傳矣。六負愚，愚固不負六哉！」

《一笑》一卷　　俞樾撰

《師石山房書目》小說家類瑣語之屬。浙江古籍出版社《俞樾全集》之《俞樓雜纂》本。前有俞樾序，云其作意云：「《新唐書・藝文志》小說家類，有邯鄲淳《笑林》三卷，何自然《笑林》三卷，又有《會昌解頤》四卷。今其書不傳，不知所載何事，大率供人噴飯者也。《太平廣記・嗤鄙部》所載，如癡婿弔喪、爭鬥齧鼻，皆出《笑林》。未知即此諸家之書否？夫古人著書，期於明道，若止以供一笑而已，又何足傳。乃讀釋氏之書，有所謂《百喻經》者，意存諷勸，而詞涉詼諧，如造樓磨刀，賣香賭餅之類，皆可採入《笑林》。然則《撫掌》《啟顏》之錄，其即發蒙振聵之資乎？余流覽古書，知古文章家自有此一體。因憶曩時少年，與朋輩燕聚，談諧間作，軒渠大噱，旁若無人。迄今思之，如在目前，而霄漢故人，半歸黃壤。余亦衰病，興會索然，不復能為康駢之《劇談》矣。清夜不寐，追憶舊聞，得十餘事，錄為一卷，即題之曰《一

笑》。莊子不云乎：『人上壽百歲，中壽八十，下壽六十，其中開口而笑者，一月之中，不過四五日而已。』余近者，朝欷暮唶，愁環無端，求有此四五日而不可得。故於《雜纂》中存此一卷，排積慘而求暫歡，莞爾之餘，彌復喟然矣。」是書有笑話15則，每則無標題，有「蔬食待客」「我孫君祖」「館餐冬瓜」「冬冬湯」「戴高帽」「延師教子」「南北口音」「巡檢傲妻」「《左傳》右傳」「二人短視」「富家子學書」「性格緩急」「照境」「賊畏醫手」，除「照境」「賊畏醫手」外，皆士大夫中謔語，清新可喜，足堪捧腹。

《十二月花神議》一卷　俞樾撰

　　《師石山房書目》小說家類瑣語之屬。浙江古籍出版社《俞樾全集》之《俞樓雜纂》本。前有俞樾小序，云世俗傳有十二月花神，吳下養閒翁擬更定之，屬草未定，後俞樾「舟窗獨坐，苦無聊俚，乃就養閒翁原議，以意參酌之。雖無青帝司規之權，聊付昌黎薦士之議。」此小說瑣語之類，其體例大致首敘花木，次敘花神，次列相關文獻。以男女花神分上下二部，《議之上》：正月梅花（何遜）、二月蘭花（屈平）、三月桃花（劉晨　阮肇）、四月牡丹花（李白）、五月榴花（孔紹安）、六月蓮花（王儉）、七月雞冠花（陳後主）、八月桂花（郗詵）、九月菊花（陶淵明）、十月芙蓉花（石曼卿）、十一月山茶花（湯若士）、十二月臘梅花（蘇東坡　黃山谷）。《議之下》：正月梅花（壽陽公主），二月杏花（阮文姬）、三月桃花（息夫人）、四月薔薇花（麗娟）、五月榴花（魏安得王妃李氏）、六月蓮花（晁采）、七月玉簪花（漢武帝李夫人）、八月桂花（唐太宗賢妃徐氏）、九月菊花（晉武帝左貴嬪）、十月芙蓉花（飛鸞輕鳳）、十一月山茶花（楊太真）、十二月水仙花（梁玉清），總領群花之神（魏夫人）。其所擬花神，引諸經史、筆記、小說，言之有據，引文典雅，可稱一時佳妙之文。

《隱書》一卷　俞樾撰

　　《清史稿藝文志補編》子部小說家類著錄。浙江古籍出版社《俞樾全集》之《俞樓雜纂》本。前有俞樾小序云：「《漢藝文志》有《隱書》十八篇，隱語之有書，由來久矣。余雖無齊贅滑稽之辯，頗有秦客度辭之意，文人遊戲，賢於博弈，錄為一編，以千字文為次，前隱後解，貽好事者。」小說家謎語之書，文人遊戲之作，分上下兩部分，上半部分（《隱語》）為謎語，下半部分（《隱語解》）為答案，如「日」字號：「君臣上下同聽之，父子兄弟同聽之。（古書名二。）」謎底即《國語》《家語》。「昃」字號：「長兄為父，長嫂為母。（周初

及春秋時人名各一。)」謎底即為管仲、管叔。俞樾深於經術而好通俗文學，遊戲瑣語亦興致不減，博學廣取，射覆定名，亦非淺學者所能及也。

《醉茶志怪》四卷　　李慶辰撰

李慶辰（？～1897），字筱筠，號醉茶子，津門（今天津市）人，諸生，課徒為生，有詩集《醉茶吟草》等。《清史稿藝文志補編》子部小說家類著錄。齊魯書社《清代筆記小說叢書》本。前有光緒十八年壬辰楊光儀序、光緒壬辰李慶辰《自敘》，皆云如聊齋所為，抑鬱牢騷一發之於談狐說怪而已。此書一名《希奇古怪》，共346則（篇）（據《中國書名釋義大辭典》），為「聊齋體」小說，情節每多相類，每則有標題，如《折獄二則》《陰司》《賣書叟》《藍怪》《點金石》《白衣婦》《高烈婦》《妖避雷》《鬼吟詩》《冤魂》《山左布商》《屍變》《草偶》等，河北、天津故事居多，敘事後多有醉茶子評語，亦筆記與傳奇並存於一書，惟旖旎處不逮《聊齋》，可與《客窗閒話》《淞濱瑣話》相鼎足。

《庸庵筆記》六卷　　薛福成撰

薛福成（1838～1894），字叔耘，號庸庵。江蘇無錫（今無錫市）人，同治丁卯副貢，同光年間入曾國藩、李鴻章幕府，後任出使英、法、意、比四國公使，升左副都御史，提倡洋務和變法，今有《薛福成全集》。《清續文獻通考·經籍考》子部雜家類雜說之屬著錄。廣陵書社《筆記小說大觀》本。前有《凡例》6條、目錄，書後有光緒二十四年陳先澍跋。該書分《史料》《軼聞》《述異》《幽怪》四類。《史料》為軍國之事，如《裕靖節殉難》《溫壯勇公守六合》《庚申杭城之陷》《曾左二相封侯》；《軼聞》為雜事，如《入相奇緣》《某制軍為乞丐》《查鈔和珅住宅花園清單》《河工奢侈之風》；《述異》《幽怪》為異聞，如《曾文正公始生》《桃花夫人示夢》《娶妾得泥佛》《大臣某公轉生為光州牧女》《山東某生夢遊地獄》《神護漢陵》等，間有評論如《四子書集注宜熟讀》《庸閒齋筆記褒貶未允》《盾鼻隨聞錄當毀》、載記如《戒鴉片煙良法》。敘事意在求實，其中《史料》記載晚清政事較有價值，陳先澍跋云此書「論事平正通達，涉筆謹嚴」，亦中肯之言。

《奇異隨錄》二卷　　薛福成撰

《中國古籍總目》小說類文言之屬著錄。南京圖書館藏稿本。每卷皆有目錄，前後無序跋。全書53則（篇），如《魁星為學徒換心》《亡兵享關帝廟血

食》《北齊李後為地仙》《四川劉生遇仙》《神護漢陵》《牛太守前生為太守》《生作城隍三日》《縊鬼為崇》《人鬼對談》《蘇州瑞光塔蟒蛇》《狐佑孝子》《蓬萊仙蹟》《狐仙談歷代麗人》等，已收錄在《庸庵筆記》卷五、卷六之《幽怪》類，題目間有改擬者，非別有一書也。

《坐花精舍筆記》二卷　　懷朔山人撰

懷朔山人事蹟不詳，江蘇常熟（今屬蘇州市）人。《中國古籍總目》小說類文言之屬著錄。南京圖書館藏光緒二十五年己亥刻本。光緒丙申清河居士序、題詞（闕）、光緒己亥懷朔山人自序。全書93則（篇），卷一《乙未消夏錄》，41則，卷二《乙未冬烘錄》，52則。所述有輪迴扶乩、狐鬼雷殛、秦淮風月（京江土妓女）、詩話連詠（秦淮雜詠、鬥蟋蟀詩、題黃子久《歲寒長隱圖》）、博物（宵明草、蚌、蓮）豪客（大同客）、洪楊之亂（金陵鬼宅）等，敍述中間有傳奇之篇如卷二「某生美容儀」「邑中素傳前明時」「某生邑城人也」等，多人狐之戀。敍事而兼議論，取境較佳，如卷上「某生遊虞山」中云：「白雲紅葉，上下皆秋意，谿如也。」或以議論開篇而敍事隨之，如「開國帝王自秦漢而後不必皆聖」「鄉村演劇最堪敗俗」「讀書人多不近情」等，蓋虞山老儒之作也。

《霞外攟屑》十卷　　平步青撰

平步青（1832～1895），字景蓀，號棟山，別號棟山樵、霞偶、三壺佚史、常庸等，浙江山陰（今紹興市）人，浙東學派代表，同治元年進士，歷任翰林院庶吉士授編修、翰林侍讀、江西糧道並署布政使等，有《香雪崦叢書》等。《清史稿藝文志拾遺》子部雜家類雜考之屬著錄。上海古籍出版社1982年版。前有總目，後有謝國楨撰《平景孫事輯》。卷一《藜汋山房眭記（掌故）》，記清代典制、館閣文臣行述、科舉、服飾、官階等。卷二《執香唅搏話（時事）》，記清代政事，包括清代財經、官場科場禮儀、各國使節往還、教案、招商局、近代西方科技事物等。卷三《辛夷垞蕘言（格言）》，戒殺生、勸學、禮制等。卷四《夫移山館輯聞（里事）》，輯錄紹興歷代名士事蹟、文獻遺著，發揚鄉賢之意。卷五《豐雪庵雜觚》，雜考諸書，包括文獻、史事、小學等。卷六《玉樹盧芮錄（校書）》，校錄典籍。卷七《縹錦廛文築（論文）》，文章之考，文集為主。卷八《眠雲舸釀說（詩話）》，考詩話。卷九《小棲霞說稗》，通俗小說、

戲曲之考。卷十《玉雨淙釋諺》，考古今語，亦事物原始之意。是書分十類，
詩話、文話、軼事、諺語、政事、典制、博物等皆以考證之眼出之，引書繁多
如《晉書》《傲軒吟稿》《紹興府志》《柳亭詩話》《天香樓偶得》《西河合集》
《南窗紀談》《五總志》《俞樓雜著》《輿地碑記目》等，作者非僅以敘事議論
而自限也。每則有標題，如《七閣》《上書房》《藩庫宜嚴杜借支》《勸學文》
《餘姚二城》《蛾術堂集》《大清經解》《鄭司農年譜》《龔定庵集》《國語》《漢
書地理志注》《弇州山人四部稿》《孔明不樂出身非諸葛武侯》《七古七字仄句》
《觀劇詩》《狀元紅》《鍍金》《把持》等，考證確當，為晚清雜說之代表者。

《塞外見聞錄》一卷　佚名撰、費仲華抄

　　未見著錄。國家圖書館「中華古籍資源庫」（抄本）。是書所述為口外蒙古
見聞，書中所述已提及光緒間事，有地理如野狐嶺、鴛鴦河、恰克圖、正黃四
旗牧場，部落如蘇尼特部、阿巴噶部、阿巴哈納爾部，土產如烏珠穆沁牛、押
不蘆草、沙雞、塵，詩文如楊元孚灤京雜詠、張仲仁紀遊詩、高士奇塞外雜詠，
風俗如張家口俗、蒙人信佛，古蹟如豐鎮八景等，多引襲自珍詩文及他筆記如
《竹葉亭雜記》《中堂事記》等。文風清致，類於《柳邊紀略》。

《阮庵筆記五種》八卷　況周頤撰

　　況周頤（1859~1926），原名周儀，字夔笙，號蕙風，廣西臨桂（今桂林
市）人，光緒五年舉人，官內閣中書，為「晚清四大詞人」之一，今有《況周
頤集》。《中國古籍總目》小說類文言之屬著錄。學苑出版社《學術筆記叢刊》
本。該書《五種》包括《選巷叢談》二卷、《鹵底叢譚》一卷、《蘭雲菱夢樓筆
記》一卷、《蕙風簃隨筆》二卷、《二筆》二卷，每種卷首皆有小序。此五種筆
記內容關於金石、碑帖、書畫、詞文獻、人物小傳等，可視為文獻學筆記。《選
巷叢談》在揚州作，敘述中輯錄原文如阮元《晉真子飛霜竟拓本跋》、張丙炎
《唐石軒感碑目》、馮振東《林姑曲（並序）》、李福《探春慢（黃梅花）》、王
鵬運詞、《都嶠石刻記》、《春雨樓叢書》、《唐絳州聞喜縣令楊君故夫人裴氏墓
誌銘並序》。《鹵底叢譚》載記西南史事、碑刻文。《蘭雲菱夢樓筆記》於常州
作，載常州文獻、地理、軼事與況氏搜集所訪得拓片、古籍、與友朋唱和詩詞、
詞話等。《蕙風簃隨筆》作於金陵，記錄碑刻文古籍校勘及傳世文獻中史事考
辨、詞話詩錄、明清軼事等。每則無標題。《五種》中以碑刻文、詞話最為顯
明，蓋保存文獻之意。

《餐櫻廡隨筆》不分卷　況周頤撰

未見著錄。山西古籍出版社《民國筆記小說大觀》本。是書 221 則（張繼紅點校），內容有清代典制、軼事、譃語、詞話、金石、花木、典籍以及經史詩文曲藝服飾考證等，輯錄他文以考辨之文，所引如日本學人緒言及《西學探源》《仕途規範》《朔方備乘》《神異經》《尚友錄》《說聽》《碻庵集》《綠香館稿》等，每則有標題（《民國筆記小說大觀》所收錄之書，前無標題者，已經編輯擬出，故敷陳如下），如《公府積弊之例》《張文達薦僕》《兩湖自強學堂》《日人之質樸》《金石紀年之法》《要離墓殘碑》《歷代印質地》《作詞戲言窮餓》《文筆貴簡》《黃子久自號大癡哥》《樊榭〈吳山詠古〉詩》《北齊造像拓本》《六部相見之禮》《「豈止一壺」》《蕙風詞一首》《平仄互叶源起》《野翰林》《驢別稱「衛」考》《龍夫人事略》《於晦若答袁世凱書》《果園漆器》《馬湘蘭小像題詞》《漢西王母鏡》《潘申甫夫妻同生同死》《〈天馬媒〉傳奇考》《日人作詩之初》《埃及古碑》《桃花源考》《集〈漢書〉言為張之洞祝壽》《龔自珍奇行怪迹》《清廷官吏笑話》《「裙」考》等，文風輕盈，考證亦有據。雜說筆記約略有二類：一為文人筆記，考經證史、高論文藝，不出語象之藩圍，故得清新之文風。一為經史專家筆記，考索本原、窮究義理，翱翔義證之園林，實從典重之遺芬。況周頤此作不乏別材別趣，文人筆記也。

《眉廬叢話》不分卷　況周頤撰

未見著錄。山西古籍出版社《民國筆記小說大觀》本。是書共 515 則（郭長保點校），內容一如《餐櫻廡隨筆》，如《韓偓詩三絕》《馬雞》《查繼佐案秘聞》《高郵露筋祠考》《木蘭身世考》《羅思舉軼事》《徐兆奎限韻閨怨詩》《葉德輝〈奐彬買書行〉》《閨秀題詠》《貧女善吟詩》《楊繼業佘太君考》《都門各衙署小禁忌》《燭臺考》《綠營》《清代賜諡法規》《丁寶楨斬安德海秘聞》《集經句為試帖》《薛生善追魂術》《誤書諧語》《清末財政紊亂》《妓馬湘蘭名硯名印》等，惜節錄稍多。

《趼廛剩墨》一卷、《趼廛筆記》一卷　吳趼人撰

吳趼人（1866～1910），原名寶震，又名沃堯，字繭人，後改趼人，筆名中國老少年、我佛山人等，廣東南海（今屬佛山市）人，晚清著名文學家，有《二十年目睹之怪現狀》《恨海》等。《清史稿藝文志拾遺》小說家類雜錄之屬

著錄，名為《研廛隨筆》。北方文藝出版社《吳趼人全集・短篇小說集》本。
《趼廛剩墨》17則，有雜說筆記之體，敘事而兼議論，如《盜被騙》《嗅癮》
《龍》《方言》《集〈四書〉句》《借對》《主權已復乎國家已亡乎》《桂婉節孝
記》等，勸誡之外，不乏救世之心。《趼廛筆記》則以志怪為主，如《復蘇》
《狐言》《扶鸞》《鬼求醫》《夙冤》等，輔之以軼事如《葉中堂樂府三章》《南
海巨盜》等，間以災異如《上海災異記》《記戊寅風災》，並多有「趼人氏曰」
之評，可與《劄記小說》參看者。

《札記小說》四卷　　吳趼人撰

未見著錄。北方文藝出版社《吳趼人全集・短篇小說集》本。此書為「聊
齋體」而語似清淡者，所載以陸粵兩省志怪、軼事為多（間有諧語），筆記體
小說如《賣豇豆者》《區新》《某酒樓》《清遠健婦》《南海某生》《某京卿》《龍》
《李文忠》《李侍郎軼事》《販蠟客》與傳奇體小說如《霞雲閣主人別傳》《俠
妓》《厲鬼吞人案》《張玉姑》《李善才》《山陽巨案》交相敘述，有山巒起伏之
勢，每則（篇）後多有「趼人氏曰」之評，文鋒甚健，言鬼神之有、革命廢科
舉之利弊，蓋保存國粹之意。間有遊記如《勞山零拾》、散文如《捏粉人匠》
《宋寶祐丙辰題名錄》，活潑之筆也。

《中國偵探案》一卷　　吳趼人輯

《清史稿藝文志拾遺》小說家類雜錄之屬著錄。《廣州大典》影印光緒三
十二年上海廣智書局鉛印本。前有光緒丙午吳趼人自序、凡例6條、目錄。全
書34篇（則），「或得之故老傳聞，或得之近人筆記」，皆公案小說之類，如《斷
布》《搭連袋》《東湖冤婦案》《強姦辨》《盜屍案》《偽借券》《慈谿冤女案》《自
行偵探》《審樹》《清苑冤婦案》等，吳氏自序云當今崇拜外人之風日甚，中國
恐有忘卻故國文詞之虞，且舶來文學中有所謂「偵探小說」者，主於虛構而非
寫實，不合國人審美，「誰謂我國無偵探耶」（《凡例》），故「輯是書也，必求
紀實，而絕不參以理想。非捨難而就易，捨深而就淺也。無徵不信，不足以饜
讀者，且不足以塞崇拜外人者之口也。惟是所記者皆官長之事，非役人之事，
第其迹近於偵探耳，然則謂此書為中國偵探案也可，謂此書為中國能吏傳也亦
無不可。」此書「筆墨簡潔」（《凡例》），可視為「刺激—反應」模式下，本土
文學界從傳統文化資源中闢一新境之法。然公案與偵探案，究非一體，此不可
不注意分別者也。

《上海三十年豔迹》一卷　　吳趼人撰

　　《清史稿藝文志拾遺》小說家類雜錄之屬著錄。北方文藝出版社《吳趼人全集・短篇小說集》本。前有自序，云所述賤籍，亦可傳奇聞佚事、風流佳話。志豔小說也，所述為滬上青樓事蹟（間有伶人小傳），北里傳記如《李巧玲》《豔迹述略》《二怪物》《四大金剛小傳》《九花娘》《洪奶奶》《金巧玲》《女伶》《胡寶玉小傳》之外，述豔迹變遷如《北里變遷之大略》、狹斜遊客活動如《上海遊客之豪侈》、曲巷軼事如《上海花叢之笑柄》以及與此花叢相關者如《花叢事物起原》《洋場陳迹一覽表》《上海已佚各報》等，文風輕靡，所揭露風塵之暗、銷金之惡，已無清初《板橋雜記》之清雅矣。

《新笑林廣記》一卷　　吳趼人撰

　　未見著錄。北方文藝出版社《吳趼人全集・短篇小說集》本。前有序，云：「邇日學者，深悟小說具改良社會之能力，於是競言小說。竊謂文字一道，其所以入人者，壯詞不如諧語，故笑話小說尚焉。吾國笑話小說亦頗不鮮，然類皆陳陳相因，無甚新意識，新趣味。內中尤以《笑林廣記》為婦孺皆知之本，惜其內容鄙俚下文，皆下流社會之惡謔，非獨無益於閱者，且適足為導淫之漸。思有以改良之，作《新笑林廣記》。」晚清士人於西學東漸潮流下，所撰小說多有實驗主義傾向，吳趼人所撰偵探小說、笑話小說、志豔小說、寓言小說與章回小說，往往能見古典與近代變遷之迹，文風清淺，敘事牽合連綴較為勉強，帶有過渡性質，此書亦實驗主義之作品。序中所中《笑林廣記》「惡俗」之弊，此書「新小說」者引人發噱者與晚清政局世風相關，如《聖人不利於國》《排滿黨之實行政策》《和尚宜蓄髮辮》《剛毅第二》《絕鴉片妙法》《旗色》等，笑罵之筆，兼寓世風之變，如《神號鬼哭》云：「我佛山人方捉筆撰小說，忽聞人言科舉廢矣，明詔且見矣。急索報紙視之，果然。乃投筆歎曰：『今而後，神號鬼哭矣！』或曰：『哭煞酸秀才耳，於鬼神乎何有？』曰：『子不見求科舉者歟？僕僕亟拜於文昌帝君、魁斗星君之前也，今而後誰復祀之？謂神不當號耶？抑不聞科場果報之說歟？科舉廢，而含冤負屈於重泉之下者，不復得修怨之地，謂鬼不當哭耶？』」

《新笑史》一卷　　吳趼人撰

　　未見著錄。北方文藝出版社《吳趼人全集・短篇小說集》本。是書20則，所述為晚清官場可資發噱者，如《推廣朝廷名器》《兩個製造局總辦》《另外一

個崇明鎮》《梁鼎芬被窘》《對聯三則》《問官奇話》《犬車》《詠張松詩》《視亡國為應有之事》《避諱》等，從中見晚清官員之迂腐氣、卑諂俗、庸碌事。

《俏皮話》一卷　　吳趼人撰

未見著錄。北方文藝出版社《吳趼人全集・短篇小說集》本。前有自序，云：「餘生平喜詭詼之言，廣座間賓客雜沓，余至，必歡迎曰：『某至矣！』及縱談，余偶發言，眾輒為捧腹，亦不自解吾言之何以可笑也。語已，輒錄之，以付諸各日報，凡報紙之以諧謔為宗旨者，即以付之。報出，粵、港、南洋各報恒多採錄，甚至上海各小報亦採及之。年來倦於此事，然偶讀新出各種小報，所錄者猶多餘舊作。楮墨之神歟？亦亦文章之知己也。然輾轉抄錄，終在報章，散失不能成帙；香港近輯之《時諧新集》，雖間亦採及數條，亦僅得一二，非我面目，竊自以為憾。會月月小說社主人有《月月小說》之創，乃得請於主人，月以數則附諸冊末，庶可積久而成帙也。以一不值覆瓿之物，而乃值得如許張致，敝帚自珍之譏，吾知其不免夫。」是書為寓言小說，假動植、金石以及人體臟器相對語以諷世態，如《畜生別號》《蒼蠅被逐》《烏鬼雅名》《豬講天理》《蛤蟆感恩》等，間有笑話小說數則如《民權之現象》《思想之自由》《送死》（裴效維擬題）等。

《滑稽談》一卷　　吳趼人撰

未見著錄。北方文藝出版社《吳趼人全集・短篇小說集》本。此版本闕雷瑨序文一篇（上海掃葉山房石印本前有雲間顛公（雷瑨）序文一篇，述與吳趼人交遊始末），僅存本文，所述如《新笑林廣記》《俏皮話》而龐雜過之，如《是亦有祖師耶》《好大運動力》《吃羊肉》《應了一句蘇州罵人話》《自治會缺點之現象》《剪鬚與亡國之關係》《會議阻止剪髮》《忌諱鬧成笑話》等，諷世自嘲，不乏救世挽風之意。《四不像》《上海酷暑八景》《百像圖》，蓋取義李義山《雜纂》，《破缺不完之〈水滸〉》《破碎不完之〈西遊〉》，則晚清「故事新編」，如孫悟空因打殺屍魔被唐僧貶回花果山，眾猴敘舊，問及唐僧為何沒有什麼本事卻要悟空做徒弟時，悟空道：「你沒見過人事，如今世界上拜老師的，何嘗是要學他本事，不過是一條援引的路子罷了。」又云間雷瑨輯有《文苑滑稽譚》（前雲間雷琳輯有《漁磯漫鈔》），亦笑話之書，「搜輯頗詳，雖不若《堅瓠》之美備，而較之《天花亂墜》一書，似過之而無不及。至於報章中所輯如《消

閒報》《遊戲雜志》各種，亦足為茶餘飯後之談助。」「其末卷載嘲王壬秋時文一篇，《雀戲文》一篇，均淋漓盡致，令人解頤。」（見民國間《張棡日記》）

《南亭筆記》十六卷　　李伯元撰

李伯元（1867～1906），名寶嘉，以字行，別署南亭亭長，江蘇武進（今屬常州市）人，光緒諸生，後因累舉不第，後去上海，從事新聞工作，辦《指南報》《遊戲報》《繁華報》，後受商務印書館之聘，任《繡像小說》編輯，著有彈詞、小說十餘種，如《庚子國變彈詞》《海天鴻雪記》《繁華夢》《活地獄》《官場現形記》《文明小史》等，今有《李伯元全集》。《中國古籍總目》小說類文言之屬著錄。新興書局《筆記小說大觀》本。是書可稱清史中雜事之書，前有目錄，共 695 則（此據江蘇古籍出版社《李伯元全集》編者統計）。每則無標題，所述以乾隆後歷史居多，於晚清名臣尤為詳盡，蓋多得之傳聞，非徒纂輯史料而已。記述中每流露當時人口語，此亦貼近歷史之法。雜史小說之類。

《莊諧叢話》一卷　　李伯元撰

《清史稿藝文志拾遺》小說家類雜錄之屬著錄。江蘇古籍出版社《李伯元全集》本。此書為李伯元《南亭四話》九卷（《莊諧詩話》四卷、《莊諧聯話》三卷、《莊諧詞話》一卷、《莊諧叢話》一卷）之一種，書後附錄民國十三年古稀老人序。古稀老人序云：「《南亭四話》，一詩話，一聯話，一詞話，一叢話，為毗陵李伯元徵君撰。徵君見聞廣博，學問源深，詞章尤其所長。一舉經濟特科而不應，徜徉海上，辦《遊戲報》，為小報之開山祖，風語華言，至今膾炙，暇則以著述自娛。亡後，遺稿散失甚多。其《南亭筆記》一書，大東主人已為刊行，士林均奉為枕中秘。茲又得其四話，詩聯莊諧分部，而詞話叢話則諧語為多。……《詩》《聯》莊諧分部，而《詞話》《叢話》則諧話為多。徵君深於詞章，縱觀泛覽，論理有獨到之處；而交遊既廣，搜採尤富，以生花之筆、粲花之舌兼資並用，其莊者固足為詞章家之圭臬，即諧者亦可為酒後茶餘之消遣。以視前人之陳腐、今人之空疏雜湊成書者，相去奚啻霄壤耶？主人以余交徵君也久，知徵君也深，函來索序，為書簡端以道徵君，以慰世之喜讀徵君書者。」《莊諧叢話》一卷共 108 則，每則有標題，如《日人送行序》《梅村不知詩》《祭牛文》《窈窕詩》《善解杜詩》《仿枯樹賦》《野雞賦》《臨去秋波》《想入非非》《論權利文》《瞎說瞎話》《孔乙己》《南皮詩鐘》《衣缽真傳》《藥名》等，敘述以詩文為中心，歷載名人軼事、詩論

文話，蓋以雋語謔句而醒人耳目之意，可備清人藝林掌故。此書所載除目擊耳聞晚清軼事外，改編自他書者尤多。徐兆瑋《叢書草堂日記》中評此「四話」云：「伯元初主《遊戲報》，多記朝野瑣聞，後主《繁華報》，涉及文藝及名人軼事。《四話》九卷疑從《繁華報》輯出，非伯元手定，但憑記臆，不免踳駁。樊樊山《彩雲曲》誤為倩雲，河東君妝鏡則稱橫波古鏡，顯顯耳目間事尚多疵繆，其不足徵信可知。」小說集源出輯錄改編，為晚清報人如吳趼人、雷瑨等纂輯法也，不獨李伯元為此。

《古宧異述記》四卷　　林蘭興撰

　　林蘭興字灼林，號樵灼，河北滄州（今滄州市）人，曾任邢臺教諭。《中國古籍總目》小說類文言之屬著錄。南京圖書館藏光緒三十三年石印本。前有光緒二十九年林蘭興自敘、癸卯齊朝卿序、光緒丙午唐烜《題滄州蘭灼林廣文古宧異述記》、目錄。全書約 133 則（篇），記述傳聞軼事、異聞，不過鬼狐幽冥方外方技夢異物怪、公案婚戀劍客寇盜之類，其中多有關河北掌故者。每則有標題，如《夢》《溪中怪》《種瓜人》《大鳥》《秦氏》《崔某》《高某》《紀僧》《邯鄲獄》《壽數》《小啦》《長蛇》《放生咒》《龍破屍》《雷擊人》《南皮某生》《劍術》《魂見三事》《土靈芝》等，其中卷三《夏姬》《袁生》、卷四《劉勝》《謝生》《魏生》《范生》，敘事婉轉，有傳奇之體，然整體行文偏於《閱微》，故唐烜題辭云：「吾鄉昔有紀文達，雜記於今五種傳。寂寂百年無嗣響，多君搖筆續夷堅。」又卷三《馬大夫》載西醫外科手術、同卷《袁生》載道士言「仙界去地球八千萬里」，則晚清筆記小說敘事，已逸出舊題之外。文後間有稗史氏評，興歎之語每露筆端，如《夏姬》之「色界一幻夢」、《袁生》云：「世事皆幻矣，吾身亦幻矣。」《秦氏》云：「余每讀《明史》，見費宮人刺羅賊事，未嘗不歎之以為難。」

《傷心人語》不分卷　　湘西夢芸生著、南海鐵山氏評

　　夢芸生，湘西人，事蹟不詳。《中國古籍總目》小說類文言之屬（筆記‧瑣語）著錄。南京圖書館藏光緒三十二年丙午振聵書社鉛印本，題「（警世小說）傷心人語」。前有丙午吳蟄公序，云小說之功用：「有一物焉，而可於形色聲勢之中，變人意力、鑄人靈魂者，小說也。」此為近代西化小說也，第一章《救國莫先救心》，第二章《京華冷觀》，第三章《督撫之誤國》，第四章《新智識與舊道德之衝突》，第五章《南京徵兵與巡勇之交訌》，第六章《瀛海歸來

談》，第七章《東京支那學生之現象記》，第八章《革命平議談》，通俗文中寓救國之心，尤奮激於學界、政界之污穢苟且也。非筆記小說之體。

《拈花微笑續編》六卷　碧琳琅館編纂、散花使者參訂

散花使者事蹟不詳。未見著錄。《廣州大道》影印光緒三十三年丁未廣州總商會報排印本。前有孔子降生二千四百五十八年散花使者序。全書 23 則（篇）左右，為筆記與傳奇並行之書，短篇如《南村遺著》《療貧》《孝猴》，長篇如《張雲松》《某中丞》《胡大壯》《鳳頭釵》《張生》《徐雲芝》《鄭廷傑》《陶四姐》，情事旖旎，有《聊齋》綺麗風而狐鬼之氣稍殺，旨在勸善，「使者具無量之愛情，抱無窮志希望。以一笑為眾生懺悔，猶是本諸《詩》三百篇，婉而多諷之苦心。」（散花使者序）文後多有異史氏、懺癡氏、稗史氏評，亦「聊齋體」常規。然長篇中如《小癡》主歐化主義、泰西成就，《邱菽園》述戊戌愛國志士，則皆晚清新現象。

《復堂日記》八卷、《補錄》一卷、《續錄》一卷　譚獻撰

譚獻（1832～1901），初名廷獻，字仲修，號復堂，浙江仁和（今杭州）人，同治六年（1867）舉人，屢試不售，任秀水教諭，歷任安徽歙縣、宿松、全椒、合肥等地知縣。工駢體文，評點《駢體文鈔》，編纂清人詞為《篋中詞》，撰有《復堂詩》《復堂詞》等。《八千卷樓書目》雜家類雜說之屬、《書髓樓藏書目》小說家類著錄。今有河北教育出版社 2001 年版。錢鍾書序、民國十九年錢基博序並跋、馬賡良序。此日記中有關詩文詞、經子、小說、域外等項之評論極為豐富，敘述中每寓經世之意焉。

《水窗春囈》二卷　歐陽兆熊、金安清撰

歐陽兆熊字小岑，湖南湘潭（今湘潭市）人，道光十七年舉人，曾任湖南新寧教官。金安清字眉生，號倘齋，浙江嘉善（今屬嘉興市），國子生，歷官至湖北督糧道、晉階鹽運使、提奏按察使。《八千卷樓書目》子部小說家類雜事之屬著錄。中華書局《清代史料筆記叢刊》本。前有謝興堯出版說明，云此書由來、內容及作者情況甚詳。是書有清代軼事、財經、名蹟、奏疏等，其中述晚清朝野之事較多。間有冶遊、志怪。每則有標題，如《首府首縣》《洋務宜遵祖訓安內攘外自有成效說》《川淮兩全說》《禁煙疏》《服色宜慎》《鹽務五則》《世風日替》《金陵勝地》《大臣抗直》《中外通商》《曾文正公事》《江忠烈

逸事》《王船山先生軼事》《鬼神情狀》《蓮香》等，文筆簡要，晚清著述方式
不變，報刊筆記、報刊小說興焉，此書與《〈青鶴〉筆記九種》皆為後世輯錄
報刊專欄而成。

《柳弧》六卷　丁柔克撰

　　丁柔克（1840～？），號變甫，江蘇泰州（泰州市）人，有《醫學星宿海》
《青芙館秘書》及小說《歸鶴瑣言》等。未見著錄。中華書局《清代史料筆記
叢刊》本。前有賈洪詔序。序中講丁柔克生平，讚揚作者之意，於筆記並無評
論。是書內容有雜史、雜事、異聞、考證、評論俗文學之類，而以敘事為主。
雜事中多官場現形之記，志怪為因果報應，瑣語亦多官場笑談，品格不高，其
他詩話、醫藥、卜算、風物土產、經學考，摻雜其中，每則有標題，如《盤古》
《王陽明》《河南旅店題壁詩》《尤西堂聯》《破承可笑》《殉伶》《劉文清風致》
《以詩答問》《詩鐘》《歐陽文忠祠》《某太守謹慎》《某司馬》《做官八股》《化
蛇》《治疔瘡方》《造火藥法》《養蠶十法》《白字司馬》《祝由科辰州科》《如皋
陋習》《謔對》《官場雜沓》《鳳凰簫》《尼山石》等。此書特色有二：一是暴露
晚清官場、士風惡習如現代文之《官場現形記》。二是語言趨向白話。可謂中
國古代筆記轉型中的一部作品。較諸前朝，晚清筆記敘述特點有三：一為經世
之語增多，域外思想湧入；二為史事增多，言朝野之事多無顧忌；三為文風趨
向纖佻，不類乾嘉以博大厚重為能。此書口語化較多，即其一也。

《天咫偶聞》十卷　震鈞撰

　　震鈞（1857～1920），滿族，姓瓜爾佳氏，字在廷亭，自號涉江道人，辛
亥革命後改名唐晏，北京人，曾任江蘇江都知縣，江寧八旗學堂總辦，任教於
京師大學堂，有《渤海國志》《庚子西行紀事》《西漢三國學案》《八旗詩媛小
傳》等。《清史稿藝文志拾遺》史部地理類雜志之屬著錄。是書由內及外敘述
京師地理，卷一《皇城》、卷二《南城》、卷三《東城》、卷四《北城》、卷五卷
六《外城東》、卷七《外城西》、卷八《郊坰》、卷九《郊坰》、卷十《瑣記》，
以地理為綱，記述北京風俗、文獻、臣子軼事、政府各部職能等，亦《洛陽伽
藍記》《日下舊聞》之類。

《北隅綴錄》二卷、《續錄》二卷　丁丙撰

　　《清史稿藝文志拾遺》史部地理類雜志之屬著錄。丁丙（1832～1899），

字松生，號松存，浙江錢塘（今杭州市）人，諸生，晚清著名藏書家。新興書局《筆記小說大觀》本。《續錄》前有張浚萬序、光緒丁酉丁丙自序。「藙泉先生《北隅掌錄》上卷三十條、下卷二十六條，載里中文獻及坊巷寺院，成於道光丁酉，刊於振綺汪氏，歲久版殘，《武林掌故叢編》既為重雕矣。先是道光壬辰，餘生於麒麟街龐氏，實北隅也，六七歲時隨先君朔旦謁里社，從先兄昕夕遊鄉塾，凡錄中諸境靡不親涉，後雖遷居中城，而請業師長起居母姨，猶時時歷之，正不必思故鄉而問明月，試十步而尋芳草也。自庚辛再劫滄桑變更，遼鶴重歸，但見城郭不惟間坊故第蕩為燹灰，即先生流風餘韻亦在彷彿，廣其墜遺名曰《綴錄》，更廣遺緒，若地若人若文若事，條仍舊貫，名曰《續錄》。上溯成書，適周花甲，噫，天人相感，今昔同視，雖曰小錄，豈偶然哉。」是書述杭州名勝、人物軼事及杭州文獻，每則（篇）有標題，如《萬壽亭》《小北門》《演武場》《長壽庵放生池》《梧園》《小跛翁》《不盲心叟》《簡松老人》《貞孝行略》《華氏孝女節婦》《陳坤維》《烈帝廟》《萬壽宮》等，多輯錄他書如《臥陶軒集》《紅幅山房集》《冷廬雜識》《清尊集》《（乾隆）杭州府志》《（成化）杭州府志》等，杭城經洪楊之役，故此書亦有《東京夢華錄》黍離之意。

《扁舟雜憶》 一卷　　題離恨天侍者稿

離恨天侍者事蹟不詳。《清史稿藝文志拾遺》子部小說家類雜錄之屬著錄。新興書局《筆記小說大觀》本。成書時間不詳。據書中所述，當為上海諸生。此書為誌豔之書，卷端云「乙酉秋試金陵，又報罷，廢然返海上，枯坐斗室，意忍忍若有失」或述與友人夢月生、瘦吟生、搔鬢生、江夏生、范氏子、天然和尚等交遊事蹟，或品評金陵吳門風月，如徐蕙仙、阿金、桂卿、如意、才寶、喜齡、阿招、陸姬、朱巧玲、楊桂寶等校書才貌，雖主以冶遊之事，其間詩詞往來、風景摹畫有足稱處，文風旖旎，不過才士清雅之炫。

《甘蔗編》 一卷　　佚名撰

《清史稿藝文志拾遺》子部小說家類雜錄之屬著錄。新興書局《筆記小說大觀》本。成書時間不詳。前有目錄（不全），所錄為清代名人姬妾如金圓玉、張香修、嬛娘等，詩詞輯錄較夥，亦歷代女史之類。

《嶺海叢譚》 不分卷　　佚名撰

未見著錄。國家圖書館藏光緒二十一年刻本（「中華古籍資源庫」）。《廣

州大典》收錄於子部雜家類。此書有關嶺南風土者居多，其中所述有「駱文忠公秉章」事，駱秉章卒於 1876 年（同治六年），則此書成於同治後矣。此書雖不分卷，然可略分 16 類，每類前有識語一則，今仿古法，以識語前數字標目分類：「俎豆千秋」，述賢人佳士烈女貞女。「天象昭仰觀之瑞」，述科考士子及隱士之事。「紅杏熙春」，述粵地十二月節日慶典。「東西南朔」，載嶺南風俗，如廣東好詩辭，此亦嶺南運會之一大變。「充綺羅於笥」，述嶺南服飾、飲食。「書引治任之語」，載粵省方言、古語、諧語，亦粵俗好文、食古能化之意，如「打書煲」、集經句之類。「詩歌相鼠」，述官民、賓主、師生、尊卑、長幼相見之禮節，並云「近來禮皆從簡」，禮順人情之意。「石蘊玉而山輝」，以記粵地名勝為主莫如羊城八景、鼎湖十景、嶺南四市等。「跟掛腹旋之法」，疇人之事，如拋木球、鼓琴、品簫、繪畫、弈棋、書法諸技。「魚頭參政」，載民間綽號、戲語、俗語及其軼事。「嬰兒姹女」，修道之事。「珠躔彩耀」，星曆之事。「惠迪吉」，災祥史事。「往者屈」，志怪也。「壤叟優游」，載廣東民歌如《採茶歌》（附錄《採茶曲譜》）、竹枝詞如《珠江竹枝詞》《南海竹枝詞》《潮州竹枝詞》等，真情發乎天籟、以文言道俗情之意。「名流逸士」，謎語也，如打物、打字、打歷代人名、打詩經句等。此書文風清麗，有小品風致。所述除粵地掌故外，亦載他地故事，非囿於一隅之言。

《陶齋誌果》八卷　鄭觀應撰、鄭炳勳評

鄭觀應（1842～1921），字正翔，號陶齋，廣東香山（今中山市）人，清末思想家、實業家，有《救時揭要》《易言》《盛世危言》等。未見著錄。《廣州大典》影印光緒二十六年皖江容忍居刻本。前有光緒二十六年鄭觀應自序、目錄，後有光緒二十六年鄭炳勳跋。是書志怪軼事，主於因果報應，大旨在懲惡勸善，如《雷擊先插小旗》《鬼畏節婦》《湯氏陰德》《楊氏陰德》《纂書獲報》《試卷毀名》《貧女報恩》《妄念》《戒戲言》《遷葬宜慎》《不孝極惡》《高僧投胎》《淫報》《忍辱解冤》《虐婢報》《污辱佛門》《節婦請旌》《天賜孝子米》《雷殛不孝》《陳尚書軼事》《上海陳烈婦》《說鬼》《烈狐》《記余蓮村先生軼事》《殺妻冤報》《窖藏奇聞》《負心武弁》《孝子復仇》《烈妓》《口孽橫死》《筆下超生》《不義自斃》《幼童殉母》《貓知慈孝》《川中冥報述聞》等，文風質樸，鄭觀應為清末革新派代表，不知何以力推果報之說？其自序云「比歲以來，群以高談洋務為通才，機械變詐為能事，幾不知因果為何物。嗚呼，人謂中國之弱在無人才，餘則謂中國未嘗無才，特誤用其才於自私自利而不顧大局，上下

相蒙，此中國所以日弱也。」果報迷信與自強興國，不知何以結合？鄭炳勳跋云此書「上自忠孝節義諸大端，下至村僻閭閻日用猥瑣，凡有關世教人心者，事無不備，發聾振聵，其在斯乎！」蓋維繫人心之意乎？鄭炳勳於每則文後多有評論敘事之舉，言簡意賅，亦主於勸誡之語，如卷三《孟封翁》條評云：「骨肉分離，人生最慘之境，孟封翁一時權變，遂得全其名節，是何嘗生死人而肉白骨？其子遂領解通籍食報昭然，封翁所費不過十金，然則陰德之事不在多財，在乎一念之慈祥耳。」

《桔茫瑣言》二卷　饒敦秩撰

　　饒敦秩字季音，湖北東湖縣（今宜昌市）人，附生，曾任渠縣縣令，有《植棉纂要》等，曾同楊守敬編《歷代輿地沿革險要圖》。《中國古籍總目》小說類文言之屬著錄。南京圖書館藏光緒壬寅東湖饒氏古歡齋刻本。前有光緒二十六年饒敦秩自序。饒敦秩自序云：「小品瑣談，無關宏綱，勝流鄙之，謂猥雜也，然清言妙緒中，往往具閱世觀物之理，小道可觀，此子部雜家之書自古不廢也。庚子夏，予蒞冕寧三載，山城小邑，民和政簡，退食多暇，藉瑣錄以消永日，偶有所得，隨筆記之，兩閱月得二萬餘言，或為興之偶寄，或為理所獨得，莊矜之讜論與雋永之清談，錯雜出之，無擬裁擇別。其間肆欲輕言，或者不免，幸無詭譎怪誕、越理破道之說，關文室云：『大言金玉，小言桔梗茫苴。用之當，桔梗茫苴生之；不當，金玉斃之。』斯言也，非敢云當，識小言小，直桔梗茫苴視焉爾。」全書二百餘條（則），無標題，卷上談性理人倫處世，如其談「意圖倫理」（如王元化先生所談）時云：「有門戶之分別，而後有蕭牆之禍患。有廟堂之彼此，而後有閨閣之離合。」如卷下談性情、文藝（書畫音樂詩文史事）、世情，如道閑適心境時云：「澄潭碧凝而愈靜，青山鳥絕而更幽，名花晚照而益紅，美人半老而尤致。」可謂議論、小品之書。雜家筆記也。

《泰西寓言》一卷　佚名譯

　　此譯者蓋黃慶瀾。黃慶瀾（1875～1961），字涵之，上海人，晚清貢生，一生經清朝、民國、共和國三個時期，早年留學日本，曾任湖北德安宜昌知府、上海火藥局局長、上海高級審判廳廳長、上海佛教淨業社社長、上海市政協委員等，有《阿彌陀佛白話解釋》。未見著錄。文聽閣《晚清四部叢刊》影印光緒二十七年刻本。前有光緒二十七年張學海序：「讀書不求甚解，久則豁然貫通，成材之士憂為之。若童子知識未開，而亦欲效是之為，其不至圇

圖吞棗者幾希，是講解為不可少也。雖然，講解豈易言哉。文理深奧，講之難明，則教者勞而無功；書無意趣，不能助興，則聽著生厭欲睡，蓋師弟兩苦之。辛丑春，友人黃涵之廣文，以所得《泰西寓言》稿本見示，余受而讀之，蓋由西而譯中者也，計事二十三條，凡二千七百餘言。學者童而習之，足以知警戒、資考鏡、拓心胸、廣見聞，且其文簡而有味，淺而易曉，洵為學塾中講解善本。迴環洛誦，不忍釋手，爰借錄一通，付之剞劂，以公同好。不過冀童蒙心領神會、觸類旁通，稍立講解之始基，若等而上之，則有經史在。當代通人，幸勿笑余所見之淺也。」是書為《伊索寓言》翻譯之本，共23則（此本缺第五頁，今見19則），即《鼠防貓》《鄉人救蛇》《二鼠》《謊言》《金蛋》《推車者》《狐鶴》《豺負恩》《獅熊爭食》《風日爭烈》《鴉喜媚》《二友》《童戲鏡》《金匠》《羅馬國君》《猶太國君》《妄言宜戒》《蟋蟀歎》《富豪有智》等，譯文簡潔，意味悠長，並附中國古寓言之式，可稱佳作，如《鴉喜媚》條云：「鴉之為物，本不善鳴，一日口銜食物，安棲樹上，適有餓狐見之，欲奪其食，乃曰：『聞先生善唱，特來一聆妙音。』鴉聞之，喜以為譽己也，張口而鳴，食物已落，狐乃拾而啖之，仰謂鴉曰：『凡譽人不以其實者，心有所求也，先生其知之。』」

《一夕話》《半耕錄》　王之藩撰

民國《臨汾縣志》卷三載：「王之藩，字价人，號蘭泉，一號雨翁，喬李鎮人，由廩貢生任介休訓導。性敦篤，多聞識，工書善畫，著述累數萬言，各成卷帙，皆手自抄錄。今其存者有《蘭泉吟稿》《綿山筆記》《寫真真譜略》《一夕話》《半耕錄》《石泉集》《養正編》《四禮幹》等書，皆未梓。」光緒《山西通志》小說類雜事之屬著錄。未見。

《梓里述聞》二卷　劉長華撰

劉長華字椒泉，江蘇南通（今南通市）人，其他事蹟不詳，有《槐雲閣詩抄》等。廣陵書社《中國風土志叢刊》本。無序跋。此書為地志小說者，述乾隆至光緒年間南通軼聞，每則（篇）有標題，雜事為委巷之談，如《西園唱酬集》《珠媚園》《東庫盜藪》《現銀現貨》《哀鴻謠》《州試罷考》《雷震塔頂》《州試案首停考》《曹令》等，其中所述南通兵亂如《壬癸避亂》《薛遊戎》《泊元戎》《後天教主二則》《盛光大》等，載鴉片戰爭、洪楊之役、民間邪教等，可備通州史乘。志怪異聞如《秦氏火毬》《買宅得銀》《狗異》《地滅》《火厄》《謾

語侮神》《射死壓死斬決一案》《犬索命》《土地神》《行水大將》《療血症》等，以亂世鬼蹤之意。全書文風質樸，間有述南通地理者如《三教寺》，耳聞身經之外，亦輯錄他書如《澠水燕談錄》之類。

《天花亂墜》三集二十四卷　鍾駿文輯

鍾駿文（1865～？），字八銘，筆名寅半生，浙江蕭山（今屬杭州市）人，曾主編《遊戲世界》，著有《小說閒評》等。《中國古籍總目》小說類文言之屬（筆記·異聞）著錄。南京圖書館藏光緒崇寔齋刻本。《初集》八卷，刻於光緒癸卯，前有光緒二十九年來鴻增序、《凡例》6條、總目。《凡例》中云：「是編仿繆蓮仙（艮）先生《文章遊戲》體例，搜集古人撰著及報章傳佈之作，分類編纂，真覺嬉笑怒罵皆成文章，可驅睡魔，可破積悶。」「是編集稿不下千數百首，悉心抉擇，凡意義陳腐、詞句晦澀者，概從割愛。」「是編雖係遊戲之作，而崇論宏議，頗合主文譎諫之意，視蓮仙先生所輯，有過之無不及也。」「歷來編纂家往往以賦為首，蓋遵《昭明文選》例也，今功令重策論而輕詞章，故是編首列論說，以下各門按次排列，讀者幸勿以無序為嫌。」卷一論說、解、辨，卷二議、策、文、序，卷三傳、贊、記、誌、銘，卷四制、示、劄、檄、疏、稟、控詞、書、啟、契，卷五時文、賦，卷六詩、詞、歌、謠、試貼，卷七曲、傳奇、楹聯，卷八章程。《二集》八卷，前有乙巳浙東晴仙氏序、凡例4條、目錄。卷一論、說、傳、序，卷二記、誌、銘，卷三表、折、彈文、檄、示、判、稟、啟、書，卷四卦、經、時文、賦、試貼，卷五詩、詞、歌，卷六曲、楹聯、俗語對，卷七、卷八燈謎。《三集》鑴於光緒丁未，前有柔兆敦牂王公癡序、目錄。卷一論、說、解，卷二辨、考、說文、傳、贊、銘，卷三記、序，卷四發刊詞、題詞、書後、題跋、哀詞，卷五卦、文、表、檄、示、判、狀、啟。卷六書、雜文，卷七賦、連珠、詩，卷八詩、詞、歌、曲樂府。是書收錄才子醒心娛目之文，晚清遊戲諧語之書，以此為大觀。然此書文章遊戲之外，不乏鞭撻世情、激揚民族志氣之意。

《三五夢因記》一卷　東亞無情子著、江左笑笑生評

《中國古籍總目》小說類文言之屬（筆記·異聞）著錄。南京圖書館藏光緒二十九年上海文明書局鉛印本，與《狐狸夢》（題「日本藤田豐山著、江左笑笑生譯述」）合為一冊，題「（寫情小說）三五夢因記」。《三五夢因記》敘事類於《李娃傳》，為北里兒女因緣事。「三五」，取《詩》「嘒彼小星，三五在東」

及元稹《明月三五夜》、「且符三月十五日之辰也」，述光緒丁丑無情子游滬上仙窟，遇寶琴而相戀，情事旖旎。頁眉有江左笑笑生批語，文後有《護花吟十五首》。江左笑笑生批語以古文評法而注意於文情，入「冶遊造因引子。四語反領通篇。提出夢字，一篇主腦。」「伏筆。」「接得緊。紅絲漸引妙人。此處乃正點，益見上文含蓄之秒。」「曲折能達，簡淨不支。」「中流一束，情節天然。」「漸漸引起後段文字。」「漸漸收合。」「天然音節，古文化境。」「深情以白話出之。」「以此二事作餘波，有深意，非閒文也。」「題後收束，括盡通篇。」志豔小說也。《狐狸夢》述愛濃恨恨生（藤田豐山）好狹邪遊而有茂陵之疾，幡然悔悟後讀書狐兔疑懼之樓。藤田氏一日夢與老者遊廣寒宮，雜坐仙姝，歡謔無極，復與嫦娥繾綣，亦瑣譚情事而已。

《八述奇》十卷　*張德彝撰*

張德彝（1847～1918），本名德明，字在初，祖籍福建，漢軍鑲黃旗人，1865 年同文館畢業，晚清外交官，有《航海述奇》等。《書髓樓藏書目》小說家類著錄。今有鍾叔河、張英宇校點《走向世界叢書》本（嶽麓書社，2016 年）。前有宣統元年王垿序、光緒三十二年丙午張德彝自序、凡例十條。萊陽王垿敘述同光以來清人出使外洋事蹟云：「同光以來，出使絕域者海上相望。橐筆萬里外，言海外奇事，犖犖可數。然翔實資考鏡，有名於時，匪所易得。郭、曾、薛、洪尚矣，其他爬梳皮毛，盛推外國，所郭、曾、薛、洪有無關宏旨者，恒目炫而耳聾也。張在初都護往年銜命，歷聘歐西。時國際交涉未甚繁密，都護以導揚德意餘暇，采風問俗，著之於篇，名曰『述奇』，都如干冊，是篇其終卷也。都護品端正，有學問，故所揭載，得彼國要領。昔張騫使西域還，具為天子言其地形，所有烏孫、昆莫之屬，狼乳烏銜肉之異，言醇醇其有味。其後騫封博望侯，顏師古曰『取其廣博瞻望』。今都護奉使所歷，過博望萬萬，而『廣博瞻望』後先一轍，若傳為家乘者然，豈不異哉！雖然，班孟堅有言：「盛德在我，無取於彼」。自騫開外國道以尊貴，吏士爭上書言外國奇怪利害，妄言無行之徒，絡繹求通使不絕，浸至中國疲敝，輪臺哀痛，貽仁聖之悔。古今內外得失之故，不重可思歟！抑吾聞外國使人之在吾國也，吾國政事洪纖鉅細，偵之殊悉。苟有得，則風馳電掣，朝聞而夕歸之。往往吾國人所未知，而彼已騰播。若吾國使者，則韜斂客館，碌碌靡所短長，有故則奉朝旨惟謹。其甚者，巴俞都盧，海中碭極，漫衍魚龍角抵之戲，發揚唱導，騰笑於人國。報滿，則異言異服，揚揚然以歸。嗟夫！戊戌、庚子以後，外交多故，憂患迭生。

外國駐使，視往日有加。若奧，若義，若比，若和，前此未有也。重以鼓吹立憲，王公貴人持節考察，不絕於梯航。使都護丁此時尚，翻翔其間，至是邦必聞其政，其必有異乎人之求之者歟，又豈第如斯篇所謂述奇已也。」張德彝自序撰述過程云：「瀛寰五洲，邦國數百，欲盡知其國政民風，僉云難矣。小國之村鎮，風氣尚有此疆爾界之異同，矧大國乎？矧環球各國乎？偶入一國之一鄉一邑，即謂其人情風俗，舉國皆然也，語云『百里不同風』，獨未之前聞乎？余此次奉命使英，順途專使日斯巴尼亞，共歷三年七月餘，時與彼國之搢紳先生往來，周旋之間之有所見聞，輒為劄記。若雲居一國專記一國事，則宜以英為綱。然僅以歐羅巴諸國論，其分居一洲，如我國之各省，風氣即殊，政教每多相類。蓋政教如水著鹽，漸而得味，得味則翕異為同。哥倫比亞創造美南，厥後美人多歐洲流裔，美亦歐矣。乃於逐日公餘，搜羅採掇，苟有所聞，考察之信，不厭繁難，不辭瑣屑，匯成是編，由前七記之志也。前記謂如彼，今又謂如此者，非詞之矛盾，抑事有變遷耳。是編不敢云盡得其國政民風，然信而有徵，語非鑿空。扣槃捫燭之譏，吾其免矣夫。」此書一名《使英日記》，二十卷，所載為張德彝於光緒二十七年十月初四日至光緒三十二年三月十八日間第八次以外交大臣出使英國前後見聞（前有《述奇》《再述》《三述》《四述》《五述》《六述》《七述》），書髓樓名為小說，實為日記也。晚清出使域外日記，以此《述奇》系列為大宗，所記往還曆程、在英氣候、交遊、建築、禮節、風俗、服飾、餐飲、文藝、科技、語言、經濟、宗教等，日記中所錄詩文、國書、條約、英國公文、商會章程、軼聞等，還原現場，足資歷史考證。敘述中雖多用中國古制與西俗比對，然敘述生動，描繪細緻，情感中立、客觀，如光緒二十八年十一月日記云：「初九日乙丑，陰冷，申初細雨陣陣。泰西各國，街市無口角；茶園酒舍，敘談無高聲。男女無論何等相見，罔弗禮貌溫恭，雖當忿懥，彼此仍謙遜無惡言。君諭臣，官示民，主人囑僕婢，廠主交作工人，鋪夥語同事，街市雇貧人，均用『請』字，及『蒙喜願』等字，喜怒不形於色。待外人不阿諛，而言語和睦，聞不厭耳。」光緒三十年正月日記云：「十二日辛卯，陰。中國以伶人為賤役，西國列之各工役之上，非上流人不能與之往來。即以女伶論，其技優名著者，既以富姬、夫人、小姐自居，而國君亦有時賞以寶星及爵名，如亞子亞男各號，以故男女有色爾（見前）、蕾的（夫人也）之稱。聞有柯來格擬設一伶人學堂，幼童雛女往學者，各量其才，分類教之，學有門徑，則梨園易入選云。入夜，雪。」類是書者，有張蔭桓《三洲日記》、

曾紀澤《出使英法日記》《使西日記》《出使英法俄國日記》、郭嵩燾《使西紀程》等。

《恨家銘》一卷　陸伯周撰

　　陸伯周，號文沖舊侶，廣東番禺（今廣州市）人，曾於 1901 年在香港《中國日報》與黃魯逸共同主編副刊《鼓吹錄》。《清史稿藝文志拾遺》小說家類雜錄之屬著錄。蟲天子編《香豔叢書》（上海書店，2014 年）本。此為「青樓志」之類，以駢文體述光緒間廣州某女文武雙絕、才色俱佳，而遇人不淑、流落風塵、貧賤而亡事。該女生長富貴而入於狹邪，求食輾轉於廣州、香港、南洋（檳城）三地，「韋娘一度，毫子三枚，以尹邢避路之嬌姿，為儀父同牢之醜態。可惜名門小姐，流落如斯；直如下乘私娼，無廉若此。日則躬操井臼，夜則面對煙燈。新愁只管堆眉，誰為開解；舊事何堪回首，我見猶憐。」卒於光緒辛丑（1901），無何生聞聽此事，悲之，云：「花開自落，誰題沒字之碑；曇現旋消，鬼附無名之墓。亦可悲矣，尚何言哉！」此可視作晚清狹邪小說之一種。

《珠江奇遇記》一卷　劉瀛撰

　　劉瀛事蹟不詳。《清史稿藝文志拾遺》小說家類雜錄之屬著錄。蟲天子編《香豔叢書》（上海書店，2014 年）本。此述光緒戊寅（1878）劉氏與諸友遊於珠江娼家，得聞南海鍾阿叔始亂終棄之柳燕事。柳燕本為鍾阿叔家婢，為阿叔所棄而流落風塵，文中所謂「東風飄白絮，春雨濕紅襟」，不過「棄置今何道，當時且自親」之意。

《十八娘傳》一卷　趙吉農撰

　　趙吉農事蹟不詳。《清史稿藝文志拾遺》小說家類諧謔之屬著錄。蟲天子編《香豔叢書》（上海書店，2014 年）本。「十八娘」者，荔枝也。此為遊戲文，集漢唐間歷代有關荔枝掌故者，而以一女子化出，嘉其品行高潔而不同於流俗，蓋作者自況之作，故文末贊曰：「十八娘，豈真離朱子苗裔耶？不然，何生長於南者，猶以火德著也。彼離者，麗也。豔麗之至，而爭妍於顏色間，且再索而得女，離之謂乎？宜其取悅於人也！夫為尤物，足以移人，信哉！」

《楊娥傳》一卷　劉鈞撰

劉鈞事蹟不詳。《清史稿藝文志拾遺》小說家類諧謔之屬著錄。蟲天子編《香豔叢書》（上海書店，2014 年）本。此述南明永曆帝麾下張小將妻楊娥事蹟。楊娥為雲南奇女子，永曆帝被吳三桂弑後，楊娥忍辱當壚，欲效紅線女之所為，伺機刺殺吳三桂而因病未果，「不幸疾死，此天不欲我為國家報仇也。」

《老狐談歷代麗人記》一卷　鵝湖逸士撰

鵝湖逸士事蹟不詳。《清史稿藝文志拾遺》小說家類雜錄之屬著錄。蟲天子編《香豔叢書》（上海書店，2014 年）本。此述某生讀書蘇州雲岩山下蕭寺中，夜有狐仙（胡氏，生於吳王壽夢之世）來談吳孟子、西施、楊妃、張嫣、班昭、蔡文姬等歷代麗人德帽，其中「超軼一時之麗」三十五人，「跨越一代之麗」十人，「橫絕千古之麗」五人。每類分莊重、妍秀、窈窕、俊俏四格。此為遊戲之文，假託蘇州生之筆而出之，蓋集豔之文，文末云：「余與生至友也，側窺其篋，見此記，大異之。乃默識而錄之，旋為生覺，窘甚。力懇余勿誌其姓名云。」

《冶遊自懺文》一卷　佚名

《中國古籍總目》小說類文言之屬著錄。蟲天子編《香豔叢書》（上海書店，2014 年）本。此為冶遊自省之駢文，「往事已隨流水逝，此心惟有落花知。君不見真娘墓側，煙鎖荒臺；蘇小墳邊，風淒古樹。一覺揚州之夢，雲散風流；千年杜宇之魂，香銷粉歇。花真解語，難招潘岳之魂；命也何如，悟徹莊周之旨。情禪勘破，管他臨去秋波；色界參空，幸我已醒春夢。理宜自省，言盡於斯。」此非為同情女性文，直為情破之色空語。

《黃竹子傳》一卷　吳蘭修撰

吳蘭修（1789～1839），原名詩捷，字荔村，號石華，又號古輪，廣東嘉應州（今梅州市）人，嘉慶十三年恩科舉人，任信宜縣訓導，曾協助阮元纂《廣東通志》，有《南漢記》《南漢金石志》等。《清史稿藝文志拾遺》小說家類諧謔之屬著錄。蟲天子編《香豔叢書》（上海書店，2014 年）本。此述雲中女伶黃筠香與琅琊生彼此愛戀而終仳離事，黃筠香年十九而自經殉情，「嗟夫！竹子薄命人也。生語予曰：『竹子有菊癖。所居種滿隙地。常曰：「愛其清瘦如儂耳。」又喜聽蟋蟀，謂：「渠能道儂心事也。」』吁！亦可憐已。」寓悲悼之意。

《香蓮品藻》一卷　　方絢撰

　　方絢字陶采，號荔裳、丹谷、評花御史等，事蹟不詳。《清史稿藝文志拾遺》小說家類諧謔之屬著錄。蟲天子編《香豔叢書》（上海書店，2014 年）本。此仿宋代張功甫《梅品》而作女性足彎（即所謂「香蓮」）之評品，格調殊下，前有小序云：「宋張功父著《梅品》一帙，疏花之宜稱，憎疾、榮寵、屈辱凡五十八事。閒思蓮足纖妍，花堪解語，更無凡卉得與追蹤。至有歷百折而不回，貫四時而不改，則唯寒梅、翠竹、蒼松差堪接武。乃或遇人不淑，有女仳離，空谷幽蘭，不知凡幾。在女子以纏足為容，譬之君子修身俟命，詎有怨尤？然讀『采葑采菲，無遺下體』之詩，能無三歎！因仿其意，纂香蓮宜稱憎疾、榮寵、屈辱，亦得五十八條。別疏香閨韻事，及步蓮三昧所未及者，凡二十餘類，總匯一卷，簽曰《品藻》。願因風寄語金屋主人，倘阿嬌步步生蓮，幸加意護持，萬勿敝屣視之，庶幾享香蓮清福於無既也。」內容有《香蓮宜稱二十六事》《香蓮憎疾十四事》《香蓮榮寵六事》《香蓮屈辱十一事》《香蓮五式》《香蓮三貴》《香蓮十八名》《香蓮十友》《香蓮五容》《香蓮九品》《香蓮三十六格》《香蓮九錫》《香蓮十六景》以及《夏閨六景》《纏足濯足十二宜》等，袁枚《纏足談》云纏足本為纖步設，後世墮入惡趣，至品足而談，即龔自珍所謂「病梅」、西人所謂「畸形審美觀」也。

《金園雜纂》一卷　　方絢撰

　　《清史稿藝文志拾遺》小說家類諧謔之屬著錄。蟲天子編《香豔叢書》（上海書店，2014 年）本。前有小序云：「唐李義山創《雜纂》一卷，續之者，宋有王君玉、蘇子瞻，明有黃允交。雖曰遊戲筆墨，善讀者，未始不謂是東方諷諫也。旅處無聊，偶思香閨蓮足，與諸君所輯，觸類都有，因各拈一二語誌之。殊愧唐突香蓮，不僅畫足，可堪拊掌也。金屋中人，恕其善謔。幸甚感甚。端蒙陽月女日識。」此仿李義山《雜纂》體而續作《香蓮品藻》也，「計九十三目，得一百三十言。書竟，不覺大笑。」遊戲文之類。

《夏閨晚景瑣說》一卷　　湯春生撰

　　湯春生事蹟不詳。《清史稿藝文志拾遺》小說家類雜錄之屬著錄。蟲天子編《香豔叢書》（上海書店，2014 年）本。此可稱麗人小品，述夏夜麗人浴罷，「鬢雲欲度香腮雪」「垂手明如玉」「皓腕凝霜雪」，直一花間晚景圖。

《醋說》一卷　了緣子撰

了緣子事蹟不詳。《中國古籍總目》小說類文言之屬著錄。蟲天子編《香豔叢書》（上海書店，2014 年）本。此為遊戲文，男女爭風競寵而以駢文出之，其意不過云「將睹柳絮之沾泥，何用葫蘆之倒醋」。

《記栗主殺賊事》一卷　潮生撰

潮生事蹟不詳。《清史稿藝文志拾遺》小說家類諧謔之屬著錄。蟲天子編《香豔叢書》（上海書店，2014 年）本。此為笑談，本意嘲婦女不守節自持者。某氏婦嫁六夫而守寡（披麻星連克六夫），因望祝而怖死偷兒一名，確合乎日者「言其有七夫之相」語。

《新增最好聽》十二卷　佚名輯

《清防閣·蝸居廬·樵齋藏書目錄》小說類著錄。文聽閣圖書有限公司《晚清四部叢刊》影印光緒間刻本，不分卷。此書類於《現果隨錄》，勸善戒惡，其意與《陰騭文》同。全書共 120 餘篇，語同話本小說，如《忠孝節義》《烈婦還魂》《無名帖》《假無常》《捨子養母》《雷神碑》《審財神》《慈孝堂》《遵諭明白》《孝逆異報》《咬娘奶》《輪供爭養》《友愛化逆》《聽刁刻弟》《判家貲》《戒煙獲報》《見利忘義》《故不點》《認弟息訟》《傷生悔過》《忍口獲福》《雙跪廟》《風吹穀飛》《乞人去擦》《五世輪迴》《假善訴苦》《紅蛇化逆》《龜仙記》等，非筆記小說也，聊記此以備遺忘。

《癡人說夢》十卷　張丙嘉撰

張丙嘉字龍西，山東萊陽（今屬煙臺市）人，光緒元年乙亥副貢，官清源知縣，有《易卦象》六卷附《占易秘解》一卷等。《山東通志藝文志訂補》子部小說類著錄。煙臺市蓬萊區慕湘藏書館，9 冊，缺一卷（三），未見。今有文聽閣圖書有限公司《晚清四部叢刊》影印光緒十二年藝海書屋石印本：《繪圖癡人說夢》四卷，題「荊溪夢莊生輯」。前有光緒十九年蒲淹序、目錄。全書44 則（篇），以志怪為主，如《屍變》《活佛》《頃刻花》《雷擊三世（附秦檜）》《宅妖》《人獲》等，中有插圖數幅，文後有夢莊評。篇幅漫長者多有《聊齋》之風，如《綺琴》《慧娘》《霍紅玉》《荷花公主》等，惜才子之筆而藻飾不足，間有遊戲文《討蚊檄》、說考據之《憨先生》，亦消閒遣日之作也。夢莊生未得全本，編輯成書，附加插圖，亦書賈常法。

《繪圖上海冶遊雜記》八卷　　藜床臥讀生輯

據郭長海先生《蠡勺居士和藜床臥讀生——〈昕夕閒談〉的兩位譯者》一文可知，藜床臥讀生即管斯駿。管斯駿名秋初，字士毅，江蘇吳縣（今蘇州市）人，別署平江藜床舊主、藜床臥讀生，大約生於 1840 年前後，與王韜、鄒弢、黃協塤交遊，有短篇小說集《釵光劍影》等。《中國古籍總目》小說類文言之屬著錄。南京圖書館藏光緒三十一年上海文寶書局石印本。前有光緒三十一年裴錫彬序、《上海圖景》21 幅（極精美）、每卷目錄。此書又名《上海雜志》《繪圖上海雜記》，卷一述上海地理沿革、租界各國、上海工部局章程、巡捕等，租界尤為詳盡，如《英法租界會審署》《駐滬各國領事翻譯銜名》《各國租界》《租界須知十條》《外國訟師》等。卷二載客店、銀行、商鋪、酒店及執事買辦姓名，如《客棧》《各銀行住址》《各業董事名姓及各公司總買辦》《各銀行買辦姓名》《各拍賣洋行買辦名姓》《錢業南北市各莊執事名姓》《各保險行住址》等。卷三述上海各界企事業單位及執事名錄，如《華人醫院》《上海印委同官錄》《南洋製造局同官錄》《上海商電鐵路局同官錄》《二馬路鐵路公司洋員》等。卷四上海各國度量風俗曆法航運宗教，如《寰球戶籍》《中國通商開埠年份表》《泰西大小國政》《仙令算法》《環球各教人數》《西人總會》《著名女書場角色》《上海至各海口船價表》《英德法公司輪船價目表》等。卷五述曲藝界、警局、工程局等，如《各戲院著名角色》《上海各路信局》《各業著名老店》《各外埠航船在滬碼頭》《上海警察》《薦人館》《照相館》《看香頭》等。卷六、卷七為雜談之類，如《今年名妓花選》《青樓各事詞十二則》《聚珍板》《石印書》《剪絽掉包》《張家花園》《各報館》《各省郡縣會館》《香煙》《諸神誕日》《西人奇巧》《也是園》《四馬路新竹枝詞》《廣方言館》等。卷八為遊戲文、燈謎等，如《討阿芙蓉檄》《自來水文（仿四書文）》《女閻判》《討鴇母檄》等。此書與葛元熙《滬遊雜記》，同為「滬遊指南」之書。

《純常子枝語》四十卷　　文廷式撰

文廷式（1856～1904），字道希，號芸閣，又號純常子，江西萍鄉（今萍鄉市）人，光緒十六年進士，官至翰林院侍讀學士，支持康梁變法，變法失敗後短暫流亡日本，歸國隱居滬上，著述多種，今有《文廷式全集》。《中國古籍總目》子部雜家類雜考之屬著錄。上海古籍出版社《續修四庫全書》本。無序跋目。此書大致可分為語言學（域外語言文字如日、朝、梵、英、阿拉伯文等），

文獻學（輯佚、目錄、校勘、版本、辨偽、注釋等）、小學（傳統之文字、音韻、訓詁），史學（中國古代史實辯證，地理學、方志學等，域外史如歐美日朝諸國等，多借用西人、日人之譯著），宗教學（儒釋道耶回及古代宗教如祆教等），人類學（人種、民族等），內容廣博，可視為學術著作，方法為古今、中外比較之法，考證之法。考證古典學及西學，亦存經世之心。間有晚清軼事，為文廷式經歷之事。上述記錄，以輯存《永樂大典》中佚書、記載西學為突出現象。記載西學，並能引古代材料條其源流，結論較為可信。敘事之外，抄錄他書資料不少，可視為考證之書也。此書為晚清國人開眼看世界後，經世思潮下「以漢學為宋學」（光緒二十二年應德閎《愚慮錄跋》），可謂雜說筆記中中外融通之作。後之徐珂《可言》不可及。

《聞塵偶記》不分卷　　文廷式撰

《文廷式集（增訂本）三》中華書局 2018 年版。此書前有丙申正月文廷式序。該書記述晚清軼事較多，他如考訂文獻、評論世風，多有關心時局者。筆記與日記摻雜，仍以筆記為主體。

《芸閣偶記》不分卷　　文廷式撰

《文廷式集（增訂本）三》中華書局 2018 年版。該書前有光緒辛丑自序，多記晚清危局之事，他亦記錄《道藏》板片數目、吳士鑒《宮詞》二十四首等。

《琴風餘譚》《羅霄山人醉語》《芸閣叢譚》《知過軒隨筆》，皆不分卷　　文廷式撰

皆記載晚清軼事，談論詩文、世風之變，內容多與《純常子枝語》重合者。

《壺中志初集》二卷　　壺廬主人撰、高古愚編

壺廬主人即盛光偉。盛光偉（1870～1950），字樹人，號壺道人、壺廬主人、壺叟、老壺，室名心香室、待歸草堂，四川成都（今成都市）人，祖籍浙江秀水，光緒末年曾官四川灌縣知縣，書法家，有《篆文聯稿》。《中國古籍總目》小說類文言之屬著錄。南京圖書館藏丙午（光緒三十二年）浙江青雲學社石印本，題「（社會小說）壺中志」。前有高古愚序、每卷目錄。此書意在「規諷時事，針砭愚頑」（高古愚序），共 50 則，如《鬼箴》《白衣翰林》《狐譴》《俠妓》《貓言》《周仙》《來再生》《怪太太》《鬼民》《木龍血》《銀杏神》《狐

友》《女劍俠》《毒報》《海怪》《奸僧》《題壁》《術者言》等，因果報應居多，質樸有餘，典雅不足。間有若《十先生》《本色詩社》者，則小令可喜。文後有高古愚評，不乏陳腐氣，如卷上《陳女史》評陳氏女賢淑而有奇門術云：「學堂女子，講野蠻自由，廢棄名節，敗壞風化，皆由胸中無物、理路不明所致，安得如陳女史為教習以維持名教，庶無忝皋皮之職耳。」

《改良新聊齋》二卷　省非子撰

省非子事蹟不詳。《中國古籍總目》子部小說類文言之屬著錄。文聽閣《晚清四部叢刊》影印宣統元年亞東書局石印本。前有光緒三十四年省非子《茶餘酒後著新聊齋之緣起》、每卷目錄。全書50則（篇），每則（篇）附圖一幅，所述皆有關晚清世風，「運東方淳于之口，撰玩世諷語之文」（《緣起》），如《半截新學》《三十年後無通人》《糊塗蟲》《製革補牙織毛剃頭修腳宰牛放馬打狗釣龜捉鱉之進士》《華人僅剩屁股》《要錢面目之管太守》《狐亦陪坐議官制》《北京之夢與上海之夢與》《董狐出洋》《宋江盧俊義當征兵》《頑固尾之大狐講科學》《亞洲之黑氣》《財神運神寄文昌書》《新學界上人勸嫖世界上人》《色中餓鬼傳》，不過借狐鬼以罵世，以遊戲之筆以嘲俗，文風淺薄，頗有寓言之體。文後有「評者曰」，亦省非子點題之語也。

《無競廬叢談》不分卷　無競廬主人撰

無競廬主人事蹟不詳。《中國古籍總目》小說類文言之屬著錄。南京圖書館藏光緒三十四年鉛印本。前有光緒三十四年無競廬主人自序、目錄。無競廬主人自序云：「小說之體裁有四：曰說部，曰傳奇，曰彈詞，曰筆記。四者之中，惟筆記為最古。遠者不可見，自漢以來，如班固《藝文志》所載，劉向《列仙傳》之類是已。至於唐代，其體獨盛，說者謂《紅線》《虬髯》數篇，為范曄、李延壽所莫及。近代作者，如觀弈之《閱微草堂》、隨園之《新齊諧》、留仙之《聊齋誌異》，最為膾炙人口，其餘《諧鐸》《說鈴》《夜談筆記》，亦復美不勝收。迨至西學東漸，述作炳然，即小說一門，或譯或著，已汗牛充棟矣。惟筆記之體，則如鳳毛麟角，不過《吟邊燕語》《嘯天廬拾遺》落落一二編而已。余喜讀小說，尤喜讀筆記小說，以為非有史才者不能作，生平欲融會新理，貫串舊說，以成一家言，以力弱未能。數年以來，讀書申江，時或風雨晦明，與同學諸子搜羅逸事，互述見聞，抑或事李虛，意存諷勸，暇則筆而錄之，都無體例，積久盈篋。去冬家居多暇，乃復校閱一過，刪其蕪雜，輯而存之，庶

幾牛鬼蛇神，不落前賢之窠臼；蔡蘭贈藥，何至豔說之紛陳。小說稗官，雖無當於著述，街談巷議，或有益於勸懲云耳。」全書 42 則（篇），每則（篇）有標題，內容有寓言如《黃宗》《黃淑》《立憲夢》《陸選人》《新聞》，意在強國救世；婚戀如《吳國棟》《伍月芳》《題壁女子》《費生》、異聞如《花妖》《扶乩》《白猿神》《女鬼》等，不過沿襲舊題風情、鬼怪之類。晚清官場逸事如《某巡撫》《某公二則》《某大吏》以及里巷傳聞如《近視眼》《某公子》《醫術》《某甲二則》《茶肆》，意在有所揭露。域外軼事如《安得臣》《伊珊格》《卜綺霞》《茂西歐》《博覽會》等，則示歐美優長，露師法之意。文後多有無競廬評，言國家富強之意、人物取捨之異等。此書可見域外小說滲入之跡，《伊珊格》《卜綺霞》《茂西歐》之外，如《金星》一篇述紹興馮某到訪金星與外星人問答，則為科幻小說矣，蓋作者嘗讀翻譯小說《約界旅行》《地心旅行》歟？

《最新繪圖遊戲奇觀》二卷　　逍遙子撰

逍遙子事蹟不詳，揚州人。《中國古籍總目》小說類文言之屬著錄。臺北經學文化《稀見清代四部輯刊》影印光緒三十四年上海書局石印本。前有戊申超然序、光緒三十四年逍遙子序。此書兩卷，每卷前均有插圖、目錄。卷上插圖 18 幅，92 則；卷下插圖 16 幅，126 則。謔語之類，稗販他書居多，笑話、遊戲詩文皆錄焉，如《近視現形》《醫生妙對》《鄉人吃麵》《大饅頭》《猴子見官》《紅白二硠》《白白教書》《登坑詩》《集杭州俗語絃索樂府》《候補曲》《體豔一半兒曲十六首》《殷高宗伐鬼方》等，不過「曼倩遊戲，莊周隱語」（逍遙子自序）之作，卷一插圖一廣告語云：「書名遊戲本非庸，宇宙希奇一笑中。斯世英雄憐風月，香閨兒女喜春風。半生意想篇中露，大地浮生句內融。只願同胞齊叫絕，休言哩語欠明工。」滬上笑譚售賣之書也。

《槐窗雜錄》二卷　　王榮商撰

王榮商（1852～1921），字友萊，號容膝軒主人，浙江鎮海（今寧波市）人，光緒十二年進士，歷官翰林院侍讀、應天府同考官、四川鄉試正考官，有《容膝軒文稿》《容膝軒詩草》等。《中國古籍總目》小說類文言之屬著錄。文聽閣圖書館有限公司《晚清四部叢刊》影印光緒間刻本。前有目錄，無序跋。全書 57 則左右，敘事得諸親朋，不過志怪信徵之類，如《孫某遇鬼》《劉宅狐》《顧廣文夢驗》《魂理家事》《張婦入冥》《走無常二則）《紙人》《〈感應篇〉愈疾》《張雪崖詩兆》《乾魚胡同凶宅》《小姑為祟》《亡妹入室》《大蛇繞床》《天

童靈簽》《紅臉神》《溺鬼》《朱宅羊妖》《誤抱縊鬼》等，偶有軼事如卷上《張文祥》，不過述「刺馬案」始末，事出眾口，亦無新意。

《畏廬漫錄》不分卷　林紓撰

林紓（1852～1924），字琴南，號畏廬，又號冷紅生，晚年自稱蠡叟、踐卓翁、春覺齋主人、畏廬老人等，福建閩縣（今福州市）人，光緒八年舉人，近代著名翻譯小說家，今有《林紓集》。未見著錄。上海文藝出版社《近代筆記大觀》影印民國鉛印本。前有民國二年林紓自序、目錄。林紓自序云：「余年六十以外，萬事皆視若傳舍，幸自少至老，不曾為官，自謂無益民國，而亦未嘗有害，屏居窮巷，日以賣文為生，然不喜論政，故著意為小說。計小說一道，自唐迄宋，百家輩出，而余特重唐之段柯古。柯古為文昌子，文筆奇古，乃過其父，淺學者幾不能句讀其書，斯誠小說之翹楚矣。宋人如江鄰幾為歐公所賞識者，其書乃似古而非古，膠沓綿覆，不審何以有名於時？宛陵梅叟，詩筆為余服膺，而《碧雲騢》一書，至毀詆名輩，大不類聖俞之為人。吾恒與《鄰幾雜志》疑為偽作。蓋小說一道，雖別於史傳，然間有紀實之作，轉可備史家之採撫，如段氏之《玉格》《天尺》，《唐書》多有取者。余伏匿窮巷，即有聞見，或且出諸傳訛，然皆筆而藏之。能否中於史官，則不敢知，然暢所欲言，亦足為敝帚之饗。書成，吾友藏硯秋先生趣余為序，乃草此數語歸之。至於流傳與否，不惟不之計，且欲急急拉雜摧燒之也。」全書95則（篇），軼事志怪之類，軼事如《黃建人》《糊塗案》《煤黑子》《韓孝子》《破產知縣》等，述匪徒秀士、革命黨人、中法戰爭、昏瞶官吏、倫理道德等，多為晚清時事；異聞則狐鬼方技之類，如《偽觀音》《釧聲》《文震》《江天格》《柯紅豆》《符籙》《宣城生》《情夢》等，狐鬼談文論藝，皆有寄託，其中《銀紅》《盈盈》《葛秋娥》《何鑿娘》《裘稚蘭》《春雯》《柳枝》《謝蘭言》《竇綠波》等，敘事婉轉，文後多有畏廬評語，雖間有反《聊齋》之作如《偽觀音》，然林紓結撰古文旨在求奇，並抒情言志於脞語長篇中，故可備「聊齋體」小說之一種云。

《技擊餘聞》一卷　林紓撰

《中國古籍總目》小說類文言之屬著錄。南京圖書館藏光緒三十四年上海商務印書館鉛印本。今有《林紓集》本（福建人民出版社2020年版）。前有高鳳岐序，插圖8幅。全書47則（篇），所述為武術（《方先生》《郭聯元》《林植齋》《周伯》《陳孝廉》等）、雜技（《巴黎技師》）之類，武藝絕倫之輩、俠

客劇盜之倫，皆一一描摹，錢基博先生《武俠叢談》之《竇榮光》前小序云此書「敍事簡勁，有似承祚《三國》」，流觀之下，而續作《技擊餘聞補》。高鳳岐序中引高夢旦語云此書「頗肖《史記》」，蓋源出《遊俠列傳》。此可稱作近代武俠小說者。

《畏廬瑣記》不分卷 　林紓撰

未見著錄。上海文藝出版社《近代筆記大觀》影印民國鉛印本。前後無序跋。全書共 237 則，以軼事為主，如《某侍御送別詩》《前清重科第》《俄人跳舞會》《妓女議員拜靶》《閩革命軍除天齊廟》《翰林無恥》《左文襄》《李福泰》《醋誤》《恭邸去位》《仰光氣候》《陶齋見客》等，述華洋之異、洪楊之亂、文士謔語、官場諧語、世風衰替之類；間有異聞如《占夢》《凶宅》《磷火》《辰州道士》《為鬼拍照》等，不過方技鬼怪之事，無造作之筆。敍事之外，議論如《陶詩題甲子》《俗語有出處》《〈封神傳〉用事亦頗有來歷》《東人讀唐詩》《聞鐘辨晴雨》《髻史》《閩音與〈說文〉通》《說部顛倒》、考證如《李元霸李存孝》《小說雜考》《握兩手汗》《飛龍傳》《關勝關太》等，皆讀書得間之筆。其中小說考證，可備「小說話」之輯，如考《飛龍傳》趙太祖所持鐵桿棒與孫悟空之淵源，與吾意正同。林紓上述二書，一文一筆，《畏廬漫錄》可視作古文傳記之流，《畏廬瑣記》語在徵實，直筆實錄，雜家筆記之類。

《醒睡錄》 　邱瞻恒撰

邱瞻恒，浙江黃岩（今屬台州市）人，光緒間在世，其他事蹟不詳。項元勳《台州經籍志》子部十三說家類著錄。此書未見。按毛祥麟有《快心醒睡錄》（即《墨餘錄》）十六卷首一卷、鄧文濱有《醒睡錄初集》十卷，皆晚清小說也。

《內自省齋隨筆》一卷 　陳寶衡撰

陳寶衡事蹟不詳，曾入曾國藩幕。《中國古籍總目》小說類文言之屬著錄。南京圖書館藏陳寶衡稿本。此為雜錄奏摺公文信札手稿，如《奏為恭謝天恩》《歷任兩江總督姓名籍貫》《今古奇觀四時迴文詩》等，非筆記、非小說也。《古籍總目》誤。

《損齋雜錄》 　惲彥琦撰

惲彥琦（1828～1893），字亦韓，號莘農、靜園，別號損齋，江蘇陽湖（今

常州市）人，咸豐九年進士，官至湖北督糧道，署按察使。（據陳玉堂編《中國近現代人物名號大辭典》）。《清代毗陵書目》小說家類著錄。未見。

《索東聞見紀實錄》四卷　馬鑒撰

據郭人民、史蘇苑主編《中州歷史人物辭》載：「馬鑒字心鏡，一字秋塘，號竹齋，晚年號索東逸士，滎陽人。貢生。」民國《河南通志》小說類雜事之屬著錄。未見。

《瓜談》　王克恭撰

王克恭，浙江臨海（今屬台州市）人，有《鯗經》（光緒十二年手稿，已佚。此據周巍峙主編《中國節日誌 漁民開洋謝洋節》）。項元勳《台州經籍志》子部十三說家類著錄。未見。

《蝸居說夢》二卷　劉鵬翥撰

劉鵬翥字翼南，自號了然翁，山東濰縣（今濰坊市）人。宣統《山東通志》小說家類瑣語之屬著錄。未見。

《荊山偶話》　韓謹修撰

韓謹修字敬亭，增生，山東淄川（今屬淄博市）人，有《桐軒詩草》等。宣統《三續淄川縣志》有傳。宣統《山東通志》小說家類瑣語之屬著錄。

《經餘碎筆》　周遠炳撰

周遠炳事蹟不詳。光緒《黃州府志》子部十一卷三十四小說家類著錄。未見。

《古榆閣談薈》八卷　洪良品撰

洪良品（1825～1896），字右臣，湖北黃岡（今黃岡市）人，同治七年進士，官給事中，有《龍岡山人詩集》等。宣統《湖北通志》小說家類雜事之屬著錄。未見。

《瑣瑣錄》一卷　宋永年撰

宋永年，山東膠州（今屬青島市）人，事蹟不詳。宣統《山東通志》小說家類瑣語之屬著錄。未見。

《世事雜錄》　房甲山撰

房甲山字一峰，山東東阿（今屬聊城市）人，歲貢，有《天文析疑》等。民國《續修東阿縣志》卷十一有傳。宣統《山東通志》小說家類雜事之屬著錄。未見。

《南沙新識》一卷　黃報廷撰

黃報廷字祉安，江蘇南匯（今屬上海市）人，光緒乙巳府學歲貢。《書髓樓藏書目》小說家類著錄。未見。

《談略》八卷　杜延閭撰

杜延閭事蹟不詳，著有《閒窗隨筆史略》一卷。《山東通志藝文志訂補》子部小說類著錄。

《中興聞見錄》八卷　熊煜奎撰

光緒《武昌縣志》卷二十載：「熊煜奎字吉臣，諸生，靈一里人，父昌秀，增廣生。煜奎自少即潛心正學，期於有用，著《訓典彙要》八卷、《續編》五卷，皆古人格言，督學孫家鼐為序以行。生逢多難，鬱鬱無所表見，著《經世新書》二卷、《壽世文約》二卷、《中興聞見錄》八卷。家傳醫學，煜奎益鉤稽靈素，宗法長沙，諸《寒熱條辨合纂》八卷，巡撫潘霨亟稱之。又有《儒門醫宗》二卷、《方藥類編》二卷、《救急良方》一卷，里鄰有求醫者，無寒暑早夜必至，或給以藥餌，有善舉必佽成之，生平寡交遊，惟與處士鄒聯甲善，晚年益貧，而好學之志乃益篤焉。」按潘霨於光緒三至四年為湖北巡撫，則熊煜奎卒於光緒間。宣統《湖北通志》小說家類雜事之屬著錄。未見。

《續筆談》四卷、《典談》一卷　沈文露撰

沈文露字雲函，浙江太平（今屬台州市）人，光緒間歲貢生。項元勳《台州經籍志》子部十三說家類著錄。二書未見。

《小正韻言》　范世瑛撰

范世瑛，湖北蘄水（今屬黃州市）人，有《三傳合編》《五經講義》等。光緒《黃州府志》子部十一小說家類著錄。未見。

《雜俎總核》《搜神誌異》　耿翔儀撰

耿翔儀字文帆，山東沾化（濱州市）人，光緒壬午京闈舉人，曾與張會一同纂《沾化縣志》十六卷，未成。《山東通志藝文志訂補》子部小說類著錄。二書未見。

《青燈錄》　陳揚撰

陳揚事蹟不詳。《山東通志藝文志訂補》子部小說類著錄。未見。

《蝴蝶夢》　王凌霄撰

王凌霄字丹伯，光緒間歲貢。《山東通志藝文志訂補》子部小說類著錄。未見。民國《萊陽縣志・人事志》載此書與王慶霄《梅花夢》、趙鈞彤《燕子箋彈詞》同列，蓋彈詞之屬。晚清民國方志中小說家類如民國《新纂雲南通志》卷七十三主著錄方玉潤《評點聊齋誌異》《評點紅樓夢》等，已多載通俗文藝作品，此與明代方志載記不同，故吳承恩所著《西遊記》，蓋遊記也。

《思古齋叢鈔》八卷　佚名

《清史稿藝文志拾遺》小說家類雜錄之屬著錄。未見。

《風月談餘錄》六卷　徐兆豐撰

徐兆豐（1836～1908），字乃秋，號膡道人，江蘇江都（今揚州市）人，同治甲戌進士，歷官浙江溫州、福建邵武知府等，有《雪巢詩集》等。民國《續修江都縣志》卷十四雜家類、《清史稿藝文志補編》子部小說家類著錄。未見。

《玩石齋筆記》二卷　路采五撰

路采五字成章，號玩石山人、四檠主人，江蘇宜興（今屬無錫市）任，諸生，光緒間在世，有《路氏五種》《詩外餘言》等。《清史稿藝文志拾遺》小說家類雜錄之屬著錄。未見。

《勞山逸筆》一卷　馬志泮撰

馬志泮號龍坡老人，山東即墨（今屬青島市）人，擅繪事，清末人。《青島歷代著述考》小說家類著錄。民國《山東通志》卷一百四十云：「《採訪冊》

載是書及志泮題語云：『不信仙而好聽人說仙，不信鬼狐而好聽人說鬼狐，語雖涉於幻，情實即於真，燕居多暇，因於耳之所聞、目之所睹，草此一編，名之曰《勞山逸筆》云。」未見。

《梅花夢》　趙慶霄撰

趙慶霄字幼雲，山東萊陽（今屬煙臺市）人，光緒間諸生，性孤介，工詩善畫。《山東通志藝文志訂補》子部小說類、《青島歷代著述考》小說家類著錄。未見。

《煙雨樓續聊齋誌異》十六卷　解鑒撰

解鑒（1880～？），字子鏡，號虛白道人，山東歷城（今濟南市）人，《清史稿藝文志拾遺》小說家類志怪之屬著錄。一名《益智錄》。民國《山東通志》卷一百四十中云：「《石泉書屋類稿》載是編序，略云遠紹《搜神》《述異》《齊諧》志怪之編，近仿《聊齋誌異》之作，筆墨雖近遊戲，而一以勸懲為主，殆主文譎諫之流歟。」石昌渝《中國小說發展史》云有十一卷本，共一百三十餘篇。未見。

《見聞紀略》　范正銘撰

民國《山東通志》卷一百四十云：「正銘字西箴，即墨人，《採訪冊》載是書及新建夏廷楫序，略云：『煙雲閒話，斥憑虛公子之談；山海奇聞，存公是先生之見。極悲歡之殊致，寓世味之酸醎，若西箴此編，其情至生文、意來造境者乎。」《青島歷代著述考》小說家類著錄。未見。

《小檀欒室筆談》　胡培系撰

胡培系（1813～1888），字子繼，安徽績溪（今屬宣城市）人，胡培翬族弟，廩貢生，官寧國府學訓導。民國《安徽通志稿》小說家類敍述雜事之屬著錄，云：「培係有《教士邇言》，已著錄。是編自序略云：『培系生罹多難，淪落異鄉，身世茫茫，百感交集，每當窮愁無聊之際，與家人一燈相對，各舉二十年來所見所聞之事，或喜而歌，或悲而泣，蓋自時事之變遷，家世之淵源，經史之考證，詩文之品藻，遊歷之蹤跡，以及師承友誼、逸事異聞，無乎不談，或有時授徒於外，並一談而不可得，則以筆代舌，久之遂也卷帙，題曰《小檀欒室筆談》。非敢云著述，聊以誌半生之閱歷云。」未見。

《七竹居雜記》　陳三立撰

　　陳三立（1852～1937），字伯嚴，室名散原精舍，故又號散原，江西修水（今屬九江市）人，光緒十二年進士，官至吏部主事，曾參加戊戌變法，辛亥革命後，以清室遺老自居，有《散原精舍文集》《詩集》等。《書髓樓藏書目》小說家類著錄。未見。

《二峰草堂筆記》八卷　陳絛撰

　　陳絛，逸其字，別號冷髯翁，安徽懷遠（今屬蚌埠市）人，光緒間署宿松縣訓導。民國《安徽通志稿》小說家類紀錄異聞之屬著錄，云：「絛有《馬家河尋兄傳奇》，已著錄。是書多神怪之說，似仿紀昀氏《閱微草堂筆記》而作，雖語多荒誕，而意近勸懲，亦茶前酒後之一助也。」

《栩緣隨筆》一卷　王同愈撰

　　王同愈（1856～1941），字文若，號勝之，別號栩緣，江蘇吳縣（今蘇州市）人，光緒十五年進士，歷官湖北學政、江西提學使等，外孫顧廷龍編其著作為《王同愈集》。《清史稿藝文志拾遺》小說家類雜錄之屬著錄。未見。

《燕臺花表》一卷　坦熙寓翁撰

　　坦熙寓翁事蹟不詳。《清史稿藝文志拾遺》小說家類雜錄之屬著錄。未見。

《憨叟新志》十卷　程鏵撰

　　程鏵，山東平陰（今屬濟南市）人，事蹟不詳。宣統《山東通志》小說家類雜事之屬著錄。未見。

《侯鯖新錄》五卷　沈定年撰

　　沈定年，浙江山陰（今紹興市）人，曾為八旗教諭及某地縣令、《申報》主筆，光緒年間尚在世。《八千卷樓書目》子部小說家類雜事之屬著錄。未見。

《鑄鼎覺迷錄》三卷　俞泰琛撰

　　俞泰琛事蹟不詳。《八千卷樓書目》子部小說家類異聞之屬著錄。未見。

《集蘇百八喜籤序目》一卷　　徐琪撰

徐琪（1850～1918），字玉可，一字涵哉，號花農，浙江仁和（今屬杭州市）人，光緒六年進士，曾任國史館協修、廣東督學等，為俞樾弟子，有《日邊酬唱集》等。《八千卷樓書目》子部小說家類瑣語之屬著錄。王穎云國家圖書館藏光緒二十年仁和徐氏刻本。

《金臺品花詞》一卷　　佚名撰

《八千卷樓書目》子部小說家類瑣語之屬著錄。未見。

《巾幗鬚眉記》一卷　　董恂撰

董恂（1807～1892），初名醇，後避諱改名恂，字忱甫，號韞卿，江蘇甘泉（今屬揚州市）人，道光二十年進士，累官至戶部尚書及總理事務大臣，有《甘棠小志》《隨紹載筆七種》《獲芬書屋文稿》等。《清續文獻通考》子部小說家類瑣語之屬著錄。未見。

《適情要語》《耕餘隨筆》　　楊登籌撰

楊登籌字葆大，號岩東，浙江太平（今屬台州市）人，諸生，事蹟不詳。項元勳《台州經籍志》子部十三說家類著錄。未見。

《茅簷幻語》八卷　　友琴生撰

友琴生事蹟不詳。《清史稿藝文志拾遺》小說家類雜錄之屬著錄。著者手稿本，8冊，藏臺北中央圖書館，該館善本書目入「子部小說家類·演義之屬」。當為章回小說。未見。

《續新亭叢語》　　何玉琴撰

何玉琴，湖北黃梅（今屬黃岡市）人，光緒《黃梅縣志》卷二十九《隱逸》中云：「何玉琴字鳴豫，文學，性磊落，好古深思，出語必驚人，不肯一蹈常徑，當時稱為『小謝』，著有《三高新亭叢語》。其孫佑之抱殘守缺，絕意功名，絃歌獨樂，好善喜施，著《續新亭叢語》，今存者家訓一則。」光緒《黃州府志》子部十一小說家類著錄。未見。

《修身教子篇》二卷　王德純撰

王德純，湖北蘄水（今屬黃岡市）人，有《字學考略》《經制原委》等。光緒《黃州府志》子部十一小說家類著錄。未見。

《拙齋瑣記》　薛華國撰

薛華國，山西永寧（今屬呂梁市）人，諸生，光緒《永寧州志》卷十七有傳。光緒《山西通志》小說類瑣語之屬著錄。未見。

《聞見錄》四卷　李榛撰

同治《鍾祥縣志》卷十二載：「李榛字西苓，郡學生，雲門侍郎從子也，性誠樸，敦孝友，不言人短，家居非公事不謁有司，有《聞見錄》四卷、《詠詩史》二卷。」宣統《湖北通志》小說家類雜事之屬著錄。未見。

《隨意錄》二卷　王鉥撰

王鉥字子堅，安徽當塗（今屬馬鞍山市）人，庠生，有《寄愁草》等。光緒《重修安徽通志》小說類著錄。未見。

《所見筆存》七卷　牛耀麟撰

牛耀麟，山西長治（今長治市）人，諸生，事蹟不詳。光緒《山西通志》小說類雜事之屬著錄。未見。

《松窗閒筆》　董嗣存撰

董嗣存，浙江臨海（今屬台州市）人，事蹟不詳。項元勳《台州經籍志》子部十三說家類著錄。未見。

《扁舟雜憶》一卷　佚名

《清史稿藝文志拾遺》小說家類雜錄之屬著錄。未見。

《藏山小品》　張一驄撰

張一驄字襄午，號二湅，浙江黃岩（今屬台州市）人，諸生。項元勳《台州經籍志》子部十三說家類著錄。未見。

《代談錄》《識小錄》　王桂撰

王桂，山西臨晉（今屬運城市）人，事蹟不詳。光緒《山西通志》小說類雜事之屬著錄。未見。

《道聽錄》二卷，《敬遠錄》　陳詩撰

陳詩，湖北蘄州（今屬黃岡市）人，事蹟不詳。光緒《黃州府志》小說家類著錄。未見。

《地西草堂瑣語》二卷　徐世棟撰

徐世棟，浙江溫州（溫州市）人。孫詒讓《溫州經籍志》卷十八小說家類瑣語之屬著錄。未見。

《汾山偶談》　張枚撰

張枚字卜公，號瞻麓、問政子，山西太平（今屬臨汾市）人，有《汾山偶掇》《卜公遺稿》等。光緒《山西通志》小說類雜事之屬著錄。未見。

《甘蔗編》一卷　以庵氏撰

以庵氏不詳。《清史稿藝文志拾遺》小說家類雜錄之屬著錄。未見。

《黑田囈語》　王三綱撰

王三綱事蹟不詳。民國《河南通志》小說類瑣記之屬著錄。未見。

《棘園小語》　葉光鍊撰

葉光鍊字世治，號易亭，浙江黃岩（今屬台州市）人，郡廩生。項元勳《台州經籍志》子部十三說家類著錄。未見。

《剪燈閒話》　趙匯撰

趙匯事蹟不詳。江蘇《清代毗陵書目》小說家類著錄。未見。

《見聞隨筆》　張廷鈺撰

張廷鈺，山西榆社（晉中市）人，事蹟不詳。光緒《山西通志》小說類雜事之屬著錄。未見。

《見聞瑣錄》　宋在時撰

宋在時事蹟不詳。光緒《山西通志》小說類瑣語之屬著錄。未見。

《江湖異人傳》四卷　靜庵撰

靜庵事蹟不詳。《清史稿藝文志拾遺》小說家類諧謔之屬著錄。未見。

《今齊諧》一卷　蹇蹇輯

蹇蹇事蹟不詳。《清史稿藝文志拾遺》小說家類雜錄之屬著錄。未見。

《敬俗編》　夏之時撰

夏之時字杏儒，浙江海寧（今海寧市）人，其他事蹟不詳。光緒《杭州府志・藝文志》小說家類著錄。未見。

《客窗隨筆》五卷　馮瑄撰

馮瑄字鶴渠，湖北雲夢（今屬孝感市）人，諸生，有《鎮石齋古文詩集》五卷、《通鑒正統》二百二十卷。宣統《湖北通志》小說家類雜事之屬著錄。未見。

《類說》　陶金鉅撰

陶金鉅事蹟不詳。光緒《黃州府志》小說家類著錄。未見。

《孟氏聞見錄》一卷　孟昭慶撰

孟昭慶事蹟不詳。民國《河南通志》小說類雜事之屬著錄。未見。

《奇報編》　李檀撰

李檀，山東鄆城（今屬菏澤市）人，有《益言編》等。宣統《山東通志》小說家類異聞之屬著錄。未見。

《情天恨史》一卷、《雷殛案》一卷、《少年鞭》一卷　柯則撰

柯則事蹟不詳。項元勳《台州經籍志》子部十三說家類著錄。皆未見。

《山城拾遺》一卷　朱震撰

朱震，山東膠州（今屬青島市）人，事蹟不詳。宣統《山東通志》小說家類雜事之屬著錄。未見。

《商原孤嘯》《橘中囈語》　周文份撰

周文份字五來，河南商城（今屬信陽市）人，有《靜觀自得》等。（據《元明清中州藝文簡目》）。民國《河南通志》小說類著錄。

《吟花榭隨夢紀筆》　傅家驥撰

傅家驥，浙江臨海（今屬台州市）人，其他事蹟不詳。項元勳《台州經籍志》子部十三說家類著錄。未見。

《疑年雜記》　李昌榮撰

李昌榮事蹟不詳。孫詒讓《溫州經籍志》卷十八小說家類瑣語之屬著錄。未見。

《芸窗閒遣編》　萬籛齡撰

萬籛齡，浙江仁和（今屬杭州市）人，其他事蹟不詳。光緒《杭州府志·藝文志》小說家類著錄。未見。

《瓶隱偶鈔》　佚名

王韜《弢園藏書目》子部小說家類著錄。未見。

《筆花閣說薈》　佚名撰

王韜《弢園藏書目》子部小說家類著錄。未見。《娛語》，佚名。王韜《弢園藏書目》子部小說家類著錄。未見。

《平旦鐘聲》二卷　好德書齋撰

王韜《弢園藏書目》子部小說家類、《中國古籍總目》小說類文言之屬著錄。未見。

《粵遊日記》一卷　佚名

王韜《弢園藏書目》子部小說家類著錄。吳嵩梁、王鉽、鈕蕙卜等皆有《粵遊日記》一卷，未知孰是。

《隨筆漫記》　佚名

王韜《弢園藏書目》子部小說家類著錄。未見。

《可憐儂》一卷　　佚名撰

　　《中國古籍總目》小說類文言之屬著錄。南京圖書館藏志驤抄本，題「哀情小說之光」。此稿敘述天驤與湘碧相戀、詩文傳情事蹟，存《嚴訓　病懷》《論詩　情敵》《宴敘　醉臥》三章，才子佳人式傳奇之文也。

宣　統

《負暄閒語》十二卷　周馥撰

周馥（1837～1921），初名福，字玉山，安徽建德（今池州市東至縣）人，諸生，曾入李鴻章幕府，洋務派主要人物之一，歷任四川布政使、山東巡撫、兩江總督、兩廣總督、南洋大臣等職，卒後溥儀諡之為「愨慎」，有《周愨慎公全集》。《清史稿藝文志拾遺》子部雜家類雜論之屬著錄。文聽閣圖書有限公司《晚清四部叢刊》本。前有宣統元年周馥自序、目錄。此書每卷一類，分別為《讀書》《體道》《崇儒》《處事》《待人》《治家》《葆生》《延師》《婚娶》《卜葬》《祖訓》《鬼神》，敘事而兼議論，理學不卻俗學，自序云「此篇為誡諸幼孫而作也。諸孫年稚，讀書無多，復愛流覽西籍，恐將遊騎無歸，難以成立」，與梁章矩《退庵隨筆》，同為用世之作也，唯西學日盛，故此老憂患於心，「俾資悟證」（自序），不得不諄諄教導也。

《海上梨園新歷史》不分卷　苕水狂生撰

苕水狂生事蹟不詳。《中國古籍總目》小說類文言之屬著錄。廣陵書社《近代戲劇史研究資料彙編》本（據上海小說進步社宣統二年鉛印本影音）。前有宣統元年己酉苕水狂生自序、宣統二年傖楚序、目錄。晚清民國，京滬為南北戲劇中心，傖楚序云清末滬上戲曲表演之興盛云：「上海除舊有戲園外，近有大舞臺也，有新舞臺也，有新劇場也，層樓高起，傑構翻新。電火通明，不夜之城差擬；笙歌競奏，極樂之國如何。又復藝員有拿手之戲文，客串有擅場之佳作。嬉笑怒罵，皆成文章；離合悲歡，許多關目。以改良為宗旨，新劇頻編；

以勸善為關鍵，苦心煞費。一洗舊劇誨淫之習，足厭周郎顧曲之心也。」卷一《名伶列傳》、卷二《遺珠補錄》，為譚鑫培（小叫天）、孫菊仙、崔靈芝、吳彩霞、汪笑依、王鴻壽等 86 名京劇伶人小傳，於傳主風度、劇目一一介紹。卷三《歌舞叢談》談舞臺表演，如燈光、布景、角色、戲曲改良、劇場風氣等。卷四《劇名錄》為京劇中在滬常演劇目，包括「武劇」「旦劇（青衫附）」「鬚生劇（老旦附）」「正旦劇」「淨角劇（二花面附）」「紅生劇」「小丑劇」「新劇」，而崑劇不與焉。《各名伶拿手戲表》為小桃紅、小孟七、李春利等 71 名演員的拿手戲目。書後附《遊戲文》一篇，以劉鴻昇隱居為題，置伶人藝名於其中，才子之筆也。

《繪圖談笑奇觀》二卷　佚名撰

　　據書中所述，知作者為浙江湖州人。《中國古籍總目》小說類文言之屬著錄。南京圖書館藏宣統元年上海文元書莊石印本。前有宣統元年古鹽處春氏序，書後附《花榜題詞》。每卷前皆有目錄、插圖 12 幅。全書 490 則左右，所述為作者生平聞見晚清江南之事，諧語趣事居多，如《衣帽不周》《官場笑話》《諧聲音點名發笑》等，其他志怪如《泥馬》《上下倒置》、寓言如《蚤虱結拜》、「反聊齋」之《假多情書呆玩月》等，亦雜廁其中。敘事多寓諷世意，如《擺架子》《雕扇出場》《爛污妓夢喚美伶名》《雉言》《元之又元》《煙館客談》《妓院公務》《英人》《日本人》《沖洋》《幕友批詞》等，嫖客妓女、宦官幕客、東西洋人、賭徒煙鬼、舉子方外皆在嘲謔之列，有吳沃堯筆記之風而豪宕不及。作者蓋為生動計，方言俗語如《賣棺材》《說官話》《委員遇鬼》《與哥哥往來》《儒醫》等故事中多引用之，故文風清淺，不乏猥褻之語，處春氏言是書「其事新而奇，其文雅而潔」，過譽之語也。書後《花榜題詞》為浪跡花叢品鑒之文，以張四寶為狀元、金小寶為榜眼、祝如春為探花，三者皆姑蘇人。二甲 30人，三甲 90 餘人。每人皆有品題。遊戲文之類。

《物妖志》一卷　葆光子輯

　　葆光子事蹟不詳。《中國古籍總目》小說類文言之屬著錄。蟲天子編《香豔叢書》（上海書店，2014 年）本。前有宣統二年葆光子序，云：「天地之大，無所不有。意想所至，即成實境。飲食男女，大欲存焉。人既有之，物亦宜然。一孔之士，眼簾淺隘。腦界拘牽，偶而眩異。咄咄呼怪，其實事之至奇，無非理之至常。尋求厥故，要非玄隱。我之一生，所見幾何，所聞幾何？不得謂目

所未及，耳所未聞，遂可任臆妄斷，謂天下必無此事，古今必無此理也。瀏覽陳簡，撮錄成編，顏曰『物妖』。妖之者云，猶從人之見云爾。」是書輯錄唐宋元明傳奇、筆記之書如《廣古今五行記》《夷堅志》《志怪錄》《獪園》等怪異之事，類分為《獸類》《禽類》《介類》《蟲類》《木類》《花類》《音樂類》《石類》《雜類》九目，每則有題目，惜多不注出處。

《真真豈有此理》二卷　　蔣□輯

蔣□事蹟不詳。《中國古籍總目》小說類文言之屬著錄。南京圖書館藏宣統二年上海簡青齋書局石印本。前後無序跋。此書雖名曰「真真」，實則為《豈有此理》《更豈有此理》節錄之本，共 103 篇，自《江南鄉試制藝》《討船妓檄（仿討武則天檄）》《書房公賦（仿阿房宮賦）》至《戲名詠》《俗語詩》《俗題詩》《俗語對》，不過晚清書賈為駭人醒目技而改換題目之故技也。

《太一叢話》（一名《碧血痕》）五卷附《南幽雜志》二卷　　寧調元撰

寧調元（1883～1913），字仙霞，號太一，湖南醴陵（今屬株洲市）人，早年肄業長沙明德學堂，革命黨人，參與創辦中國公學，曾主編《洞庭波》《帝國日報》，後為黎元洪所殺，今有《寧調元集》。未見著錄。《太一叢話》前三卷載明清之際抗清事蹟，類乎小傳，間有宋元之際忠貞抗節之士，蓋激勵民族精神也；卷四則為雜說筆記，軼事之外，多載詩文詞錄，不乏與友朋唱和之作；卷五所載以日本吞併朝鮮事蹟為主，間有明清軼事、文人聯語。書後有《後記》一篇，述此書大旨也。《南幽雜志》卷上述詩話、孔學、公案、怪異等，卷下述日美俄舊事及名人題詠等，多有關民族氣節者。激越之氣，類乎劉越石《重贈盧諶》文文山《正氣歌》《指南錄序》。

《愧生叢錄》四卷　　李詳撰

李詳（1859～1931），字審言、慎言等，江蘇興化（泰州市）人，曾任江蘇通志局協纂、東南大學國文系教授、中央研究院特約著述員等，為揚州學派後期代表，學殖豐厚，今有《李審言文集》等。《江蘇藝文志》子部雜學類著錄。江蘇古籍出版社 2000 年版。前有宣統元年李詳自序。是書為李詳讀書劄記，每則無標題，有經史子集及文獻之學，所引筆記，按語較多，亦辨章學術之意。

《藥裏慵談》六卷　　李詳撰

　　《清史稿藝文志拾遺》子部雜家類雜說之屬著錄。《江蘇藝文志》子部雜學類著錄。江蘇古籍出版社 2000 年版。前有自序。是書軼事故聞、詩文評騭、文獻保存為主，間有金石遊記之文，每則有標題，如《謝先生軼事》《全唐文版》《黃仲則詩》《曾國藩言論不合》《掃葉樓聯語》《張文襄軼事》《龔定庵趙飛燕印》《段懋堂先生避橫逆》《記東臺之遊》《王句生詩文集》《談藝瑣錄》《俞曲園獲譴始末》《晚翠軒詩》《曾國藩古文派別》《李蓴客》《跋吳野人詩》《裕靖節死事狀》等，李詳熟於清末掌故，文筆亦佳，雜說之書也。

《泖東草堂筆記》二十卷　　沈宗祉撰

　　沈宗祉（？～1905）事蹟不詳，據書中序言，知其為松江人，字鏡賢，舉人，好言經世之學。《清史稿藝文志拾遺》子部雜家類雜說之屬著錄。學苑出版社《清代學術筆記叢刊》本。前有己酉（宣統元年）李維翰序、宣統庚戌王毅存《例言》、目錄，書後有庚戌沈宗泰跋。己酉李維翰序：「當詞章、考據餘風未熄之日，研究經世之學者，吾國固少其人，是蓋有風氣焉；多士爭集而一二人背馳焉，笑為不倫也，是抑有運會焉，朝廷康樂而一二人扼腕焉，眾以為不經也，是以明知詞章考據之無用，而當是時捨此之外無學學者學此而已，獨有識之士默攬家國盛衰之故，知時事之日亟，引天下為己任，方是時固不知其言之可用、道之可行也，至其言已驗、方期以平時蘊蓄見諸實行而其人已往，只零褚斷墨保存於家、流落於諸相知之故篋者出以問世，以見其平生精究有用之學，而為吾國新舊學派交代時之山斗，抑亦可悲也已。維吾亡友沈君鏡賢先生自少即研究經世之學，經史子集靡不流覽，旁及天文算術格致醫學外國語，而尤精輿地，至西北地理考之尤審，披卷而誦之，按圖而索之，溝通路徑，旁加注釋訂前人之誤，祛後學之疑，疏通證明如指諸掌，惜其書散佚，尚未付梓，而其說時見於日記。」該書為清末傳統學術與西學兩重影響下之產物，每見西學之因素，本據日記原稿編纂而成 20 類，每類一卷，即《倫理》《理學》《經學》《小學》《文學》《地理》《歷史》《格致》《算術》《政治》《教育》《心理》《武備》《禮俗》《實業》《宗教》《掌故》《時事》《醫學》《雜錄（遺囑附）》，為日記之體變為筆記體者。

《改良繪圖四續今古奇觀》四卷　　佚名

　　《中國古籍總目》子部小說類白話之屬著錄。文聽閣《晚清四部叢刊》影

印宣統二年上洋海左書局石印本。前有前有目錄、插圖 10 幅，無序跋。此書一名《繪圖拍案驚異記》，共 510 則左右，所述軼事、異聞如《吳畹雲孺人節操紀略》《神繡》《鍾馗》《治疝疾》《僵屍抱樹》《冤鬼闈中索命》《鬥蛙奇談》《優伶代鬼鳴冤》《冤冤相報》《生魂索命》《惡僕殺主慘報》《匪搶米案》《福建巨案》《活死和尚》《妓女小財寶》《癡和尚》《丁卯科場記異》等，文筆淺顯，然非為「白話小說」如《古籍總目》所著錄者。

《板橋雜記補》三卷　金嗣芬輯

　　金嗣芬字楚青，江蘇江寧（今南京市）人，有《東湖銷夏錄》《眷靈修館詩》等。《中國古籍總目》小說類文言之屬著錄。南京圖書館藏民國二十三年眷靈修館鉛印本。前有宣統辛亥吳鳴麒序、壬子程先甲序、辛亥孫濬源序、丙辰盧諤生序、孫毅威序、丙寅潘陞序、辛亥眷靈修館主人自序、惲鐵樵跋、潘宗鼎等題詞。是書卷上《記人》（名妓小傳）、卷中《記事》（名妓軼事）、卷下《記言》（題贈詩文），搜羅晚明清初文獻，仿《板橋雜記》輯錄他書如《列朝詩集小傳》《靜志居詩話》《青樓小名錄》《無聲詩史》《諧鐸》《續金陵瑣事》《明詩綜》《珊瑚網》等而成，意在補《板橋雜記》之所未備，「喟古傷今，別有懷抱」（程先甲序），惲鐵樵跋云：「此書為江寧金楚青先生近輯，書成於宣統三年二月。是年八月武昌起義，清祚告終，自序中『事有傷心不嫌異代』云云，若有先見，可為文家佳話。全書取材於盛清諸大家文集筆記，視余澹心原書，原無多讓，弁首駢序題詞，亦卓然大雅，是能以平正通達之筆，寫芳馨悱惻之思。豔體之上乘，風騷之遺音也。」體性同於繆荃孫《秦淮廣紀》，而感愴過之。

《藝苑叢話》十六卷　陳琰輯

　　陳琰號俠君，浙江海昌（今屬海寧市）人，李伯元友。《中國古籍總目》小說類文言之屬著錄。南京圖書館藏宣統三年上海六藝書局石印本。前有目錄，陳琰小序。序云：「是書採集國朝名人故實六七百則，詩詞千餘篇，都十萬言。莊論諧語，頗可供茶前酒後之談劇。其稿半屬亡友南亭所貽，僕頻年作客，原稿零落散亂，遺失過半，近年有所見聞，東鱗西爪，隨筆錄之，不分次序，先成十六卷，名曰《藝苑叢話》，倩符君秉鐸一手楷繕，付之石印。尚有續集並《滑稽叢話》若干卷、《聯話》若干卷、《熙朝嘉話》《塵海妙品》《鄂渚叢載》隨後續印。」全書 623 則，輯錄成書，詩文居多，間有軼事瑣語，可稱詩話文獻輯存之書。惜每條皆不注出處，索解為難也。

《繪圖騙術奇談》四卷　雷瑨編

雷瑨（1871～1941），字君曜，筆名雲間顛公、縮庵老人等，江蘇松江（今屬上海市）人，光緒十四年舉人，曾任掃葉山房及《申報》編輯，詩文兼擅，編輯圖書多種如《史事論》《古今詩論大觀》等，有《我生七十年》和《五十年之回顧》等。未見著錄。新興書局《筆記小說大觀》本（華東師大館藏宣統三年掃葉山房石印本）。此書前有《說騙》《騙卦》《題行騙圖》《騙術奇談目錄》，為言說騙術之專書。因晚清出版技術便捷及俗文學作品銷路大開，故小說插圖本大增（如光緒乙未《繪圖古今眼前報》封面有廣告云：「上海四馬路文宜書局代售各種石印書籍：《繪圖萬年青》《繪圖加批西遊記》《繪圖東西晉》《繪圖東周列國志》《繪圖金批三國志》《繪圖青樓夢》），繪圖風潮下，此為其一也。每則（篇）皆有標題，如《某太守被騙》《某觀察被騙》《訟師被騙》《冒宰相子行騙》《招婿被騙》《騙梁山舟書》《購洋銀被騙》《貸金被騙》《掘藏被騙》《騙子被騙》《錢店受騙》《幕友受騙》等，涉及清代社會各個行業，敍述簡潔，文風質樸，題材除輯錄他書外（不注出處），耳聞目擊亦復不少。每則（篇）前皆有插圖一幀，共 100 幅。插圖中除標題外，間有題字如「宣統紀元己酉春三月白下王友梅作」。晚清西學東傳，印刷技術為之一變，小說插圖增多，如《詳注聊齋誌異圖詠》（呂湛恩注）附圖像 444 幅，亦此類風會之產物。

《文苑滑稽譚》十四卷　雷瑨輯

未見著錄。江蘇廣陵古籍刻印社 1994 年影印本。前有民國三年雷瑨自序。雷瑨自序中言此書作意云：「笑林諧林，非不足資譚謔，然文墨之士，或未盡歡迎也。詩話詞話，非不有益藝文，然普通之人，或嫌少趣味也。欲求以名流之韻語，寫社會之俗情，習南董之微詞，比東方之諧乘。謔而非瘧，經生之解頤，樂而不淫，詩人之言志。語其體則近乎詼諧玩世，察其意，則無非軺鐸警民。若此者，其惟《文苑滑稽譚》或庶幾乎！僕少好文詞，長譜世故，一杯濁酒，昆明劫火之譚；廿載緇衣，京洛風塵之感。小園庾信，飛滿屋之狂花；三徑淵明，蒔半畦之瘦菊。偶以暇日，間覽遺編每遇良朋，喜譚逸事。不涉閨閣之狎褻，盡袪狐鬼之荒唐。掇拾舊聞，悉是詞林掌故；獨標新義，不同老生常譚。有時苦雨淒風，閱之可破寂寥之況；或遇良辰美景，讀者益增愉樂之懷。斯亦藝苑之閒情，幽居之勝概也。」此書分為 12 目，每則無標題，卷一卷二《滑稽聯語》，卷三卷四《滑稽詩話》，卷五《滑稽經說》，卷六《滑稽字說》，

卷七《滑稽賦說》，卷八《滑稽詞話（曲話附）》，卷九《滑稽文話》，卷十《滑稽詩鐘話》，卷十一《滑稽謎語》，卷十二《滑稽制義話》，卷十三《滑稽公牘話》，卷十四《滑稽譯話》，除《滑稽譯話》為中西語言、風俗不同而出諧語外，其他皆文場官場笑話之相關文體或經典者如對聯、詩、賦、詞、文、謎語、制義等，風雅為主，諷諭之意，多晚清事蹟，如卷一：「道光初，朝廷詔舉孝廉方正，雜流並進，賢者咸羞與為伍，有題某君門云：『曾是以為孝，惡能廉？可欺以其方，奚其正？』」卷九：「駐日公使署中附屬留學生監督之會計課，最工舞弊，侵吞亦最巨。某年課長夏循坦，以公款買空賣空，致虧去二萬元之多，經公使查出，欲追贓重懲，嗣由都中某巨公電函緩頰，得賠償了事。某省學生戲擬一祭文，備極詼諧，中有云：『併科中舉，是真孤子兼祧。』（夏為庚子辛丑舉人）。」清末民初，文網鬆懈，報刊小說興起，笑話之書流行，其抨擊官場、諷刺世風、揶揄士林、諧謔西事，取材廣泛、雅俗並陳，新舊並蓄、輯創兼行，可謂中國笑話史中一高峰。

《清人說薈》（初集二十種二集二十種）　雷瑨輯

未見著錄。華東師大館藏民國十七年掃葉山房石印本。初集、二集前皆有總目。此書仿乾隆間《唐人說薈》之體，所錄有詩詞、野史、筆記小說、考證文、遊戲文乃至目錄禮單等，類於《筆記小說大觀》之屬。初集收錄有《說夢》《吳逆取亡錄》《㙂坤志略》《守撫紀略》《儒林瑣記》《關隴輿中偶憶編》《日貫齋途說》《乾嘉詩壇點將錄》《圓明園詞序》《金陵紀事雜詠》《都門紀變百詠》《長安宮詞》《清宮詞》《秦淮感舊集》《蘭芷零香錄》《潮嘉風月》《張文襄幕府紀聞》《提牢瑣記》《八旗著述考》《光緒帝大婚妝奩單》，二集收錄有《國初品級考》《圓明園恭紀》《陳氏安瀾園記》《牧翁先生年譜》《墨花吟館感舊懷人集》《十二硯齋隨錄》《避暑山莊紀事詩》《八旗詩媛小傳》《華嚴色相錄》《拳匪聞見錄》《吳中判牘》《海漚小譜》《金臺殘淚記》《長安看花記》《辛壬癸甲錄》《丁年玉筍志》《夢華瑣簿》《藝蘭四說》《說鈴》《初月樓聞見錄》。

《滿清官場百怪錄》二卷　雷瑨撰

《中國古籍總目》小說類文言之屬著錄。江蘇廣陵古籍刻印社影印民國二年掃葉山房石印本。此書100則（題目之間奇偶對仗，類於章回體），每則前繪圖一幀，以嬉謔之筆摹官場生態，描繪滿清官場習氣、世態炎涼、人情冷暖，除改編自清代前中期筆記野史外，目擊耳聞晚清軼事較多，如《赤條條輿中歌

一曲》《數屋瓦伊通判無聊》《米店主捐館一誤再誤》《小夫人別有會心》《工傾
軋含意未申》《竊黃金老僕暗藏奸》等，文風清淺，如卷上《裝來體面認假為真》：
「有某都統者，因案被劾歸里，然在官時積習不能改也。每日晨起盥漱畢，輒
衣冠做胡床，徐出鼻煙吸之。當是時，則有僕人，帶大帽，著元青套，穿快靴，
持官銜手本數十枚，入立其旁，而展手板如雁翅狀，次第呼其名曰：『某大人拜
會，某老爺秉見。』躬身待命良久，都統吸煙畢，始一顧之，揮令出。僕出中
門，則大聲呼曰：『道乏。』日日行之，若演戲然。如是則某覺心神舒泰，否則
朝食不飽，夜眠不熟，鬱鬱若有心疾云。」亦晚清吳趼人、李伯元筆記之風也，
其中《示淫威殺人如草》《按察使竟為黑夜賊》《太守公原是綠林豪》《狼狽為奸
忽怒忽主》等所敘事體，可與《老殘遊記》《二十年目睹之怪現狀》所記相出入。

《天風閣薈譚》四卷　　風生輯

　　風聲事蹟不詳。《中國古籍總目》子部小說類文言之屬著錄。文聽閣《晚
清四部叢刊》影印民國振華書局石印本。前有甲寅（民國三年）陳治安序、目
錄。全書 190 餘則（篇），軼事異聞之類，本為速成售賣之書，所輯唐宋以來
筆記、傳奇如《開河記》《迷樓記》《中山狼》《清尊錄》《諧史》《板橋三娘子》
等，文中附晚清域外見聞如《擺倫詩》《英宮古豔詩》《埃及古物》《斯梯文孫
之愛物》《墨西哥變色花》，新舊雜糅之體也。

《哭庵碎語》一卷　　易順鼎撰

　　易順鼎（1858～1920），字實甫（父）、中實、仲碩，號懺綺齋、眉伽、哭
庵，湖南龍陽（今屬常德市）人，光緒元年舉人，甲午間兩赴臺灣輔劉永福抗
日，歷官廣東欽、廉道，有《琴志樓編年詩集》《丁戊之間行卷》等。事蹟詳
見其自傳《嗚呼》。《清史稿藝文志拾遺》小說家類雜錄之屬著錄。《琴志樓叢
書》本。內容有理學、經濟、聯語、經說之語，文風清淺，如「天下名山」條
云：「天下名山僧占多，一變而為天下名山鬼占多，又一變而為天下名山匪占
多矣。近來天下佳山水，將被天公殺盡，奈何。」「治盜」條云：「治盜有二源：
戶口、團保、家族，第一源也。農桑、工藝、教化，第二源也。源不清而欲治
其流，安可得耶。」「輓榮祿聯」條：「輓榮文忠聯云：『謀國矢公忠，一代完
人，何用羊曇傷太傅；愛才期遠大，平生知己，不同牛相賞司勳。』余頗自賞。」
此書卷端有「己酉秋之庚戌春在肇慶道任」字一行，則作於宣統元年至宣統二
年間。雜家筆記之類。

《都門識小錄》　蔣芷儕撰

　　蔣芷儕事蹟不詳。《中國古籍總目》史部雜史類瑣記之屬著錄。《中國古籍總目》史部雜史類瑣記之屬著錄。巴蜀書社《中國野史集成》本（《滿清野史》第十三種摘錄本，編者按云此書作於宣統三年）。全書 120 則左右，所述以軼事為主，有都中權貴軼事、京員瑣聞、都門風俗、民間弊病、優伶奸詐、京中名勝、域外奇物、商情貨貿、中西交涉等，如「軍機大臣那相營造花園」「外國銀行常例」「塾師剪辮被逐」「錫蝦義舉」「愁防鼠疫費沒用完」「入政府十二字訣」「十可恨」「中俄交涉」「巡警無故拘平民」「西便門弄虛裝鬼」「崇禮軼事」「張百熙軼事」「旅京西人賽馬」「淫伶李春來」「瑞洵軼事」「穆宗及孝哲后軼聞」「外城電話不甚靈捷」「太監李義春行竊」「雙喜班姜寶玉」「某錄事偽造公文」「都中騙術」等，其次綴輯瑣語，如「衛生巡警之笑柄」「北京清吟小班竹枝詞」「日本娼僚」「學務鑒定博物教科書」「勸業場對聯」「京師佛學研究會」「都中名人所書市招匾對」「八大胡同」「都門花事」「京師地名集對」等，其他述都中名蹟如「京西三山」「前門外五道廟」「玉泉山」「積石潭」，側重名蹟軼事。是書所述間有口語化痕跡，並見以日繫月記載之法，類乎日記之體，如「初九日午後二時，正陽門外東珠市口，有一老道士，身著花衣，足踏草履，口操南音，手持黃紙條，上書紅字符咒，自言『普救萬萬生靈』等語，為巡警拘住。老道士大罵：『爾係漢奸，爾歸外國矣。』觀者如堵，後拘入警廳，不知如何發落。」蔣氏聞見之外，輯錄報紙（《鏡報》《帝京新聞》《北京日報》等）、叢書（《顧氏四十家小說》）以及朋輩客談為談資，晚清小說已採擷報章為小說話矣。此書可稱京都地志小說，大旨在於批評世風，尤注目於政府，敘事平淡，無炫博之習，如「十可恨」條云：「近有一士人狀類癡顛，嘗在後門大街一帶，演說《十可恨》，其言曰：『外務部外交失敗，一可恨。法部各級審判不清，二可恨。軍機大臣不負責任，三可恨。資政院議員乞憐，四可恨。陸軍部兵士腿快，五可恨。大臣賣國，外人強硬，七可恨。錢鋪坑人，八可恨。國民不知自強，九可恨。巡警管洋車不管馬車，十可恨。』」

《張文襄幕府軼聞》二卷　辜鴻銘撰

　　辜鴻銘（1857～1928），名湯生，以字行，別號漢濱讀易者，祖籍福建同安，生於馬來西亞檳榔嶼。早歲留學英國，獲愛丁堡大學文學碩士，復遍遊德、法、意、奧等國。1885 年入張之洞幕府，充英文翻澤。後任外務部左丞。辛亥

革命後任北京大學教授，精歐洲語文，尊崇孔子學說，著有《讀易草堂文集》，譯有《中庸》《論語》《春秋大義》等。《中國古籍總目》史部雜史類事實之屬著錄。山西古籍出版社《筆記小說大觀》本。前有宣統庚戌辜鴻銘自序，云：「余為張文襄屬吏，粵鄂相隨二十餘年，雖未敢云以國士相待，然始終禮遇不少衰。去年文襄作古，不無今昔之慨。今夏多閒，摭拾舊聞，隨事紀錄，便爾成帙，亦以見雪泥鴻爪之遺云爾。其間繫慨當世之務，僭妄之罪固不敢辭。昔人謂漆園《南華》書為憤世之言。余賦性疏野，動觸時諱，處茲時局，猶得苟全，亦自以為萬幸，又何憤焉？唯歷觀近十年來，時事滄桑，人道牛馬，其變遷又不知伊於何極，是不能不摧愴於懷。」是書72則，所述為辜鴻銘在張之洞處作幕賓時目擊耳聞之事，敘事兼議論，而議論中灌注奇崛之氣。每則有標題，如《南京衙門》《新算學》《清流黨》《翩翩佳公子》《真御史》《西洋議院考略》《看畫》《女子改良》《政體》等，品評人物多中其要害，言及時政、與西人論辯，高談闊論，每令人神旺。狂狷之氣，盈餘紙上。故此書以敘事點綴，以義理為旨歸，類乎縱橫家之文。

《冷官餘談》二卷　袁嘉謨撰

袁嘉謨（1857～1912），字銘泉，晚號叟泉，雲南石屏（今屬紅河州）人，曾官嵩明縣訓導。《清史稿藝文志補編》子部雜家類著錄。上海書店《叢書集成續編》本。民國五年秦光玉序，《石屏袁廣文先生墓誌銘》。此書敘述雲南山水、人物、文獻、史事、異聞及袁氏交遊、詩話、家事，文筆清雅，有六朝地記之風。每則無標題。秦光玉序云：「昔永昌張南園先生致仕家居，著有《南園漫錄》十卷，蓋仿宋洪邁《容齋隨筆》、羅大經《鶴林玉露》而為之者也，《明史藝文志》編入小說家，至前清乾隆時纂《四庫書目提要》，乃列之子部雜家類，允矣。自南園後，鄉先正著述如《南園漫錄》之屬者蓋不少概見。……玉讀之歎曰：此《南園漫錄》之屬也。雖其間不無識大識小之殊，然亦視所遇之境何如？南園宦京朝久，故《漫錄》所記多追述朱明掌故及當時公卿大夫遺事，足以為正史參考者甚夥；銘泉里居時久，故《餘談》所述，多雜記古坪山川水利人物古蹟名勝軼事遺文異聞等項，足以為邑志資料者亦復不尟，所遇之境不同，故所拘之思不同，而筆之於書發為文章者，亦遂因之不同耳，況民生莫重於粒食，德莫大於忠節，《餘談》中如豐備倉許名臣諸條，皆有厚民生正民德之關係，又安得概以為瑣細而忽之？他日《雲南叢書》告成，分別部居，以銘泉之《冷官餘談》置諸《南園漫錄》之後，不亦可乎！」評價甚高。

《舊京瑣記》十卷　夏仁虎撰

夏仁虎（1874～1963），字蔚如，號嘯庵、枝巢、枝翁、枝巢子、枝巢盲
叟等，江蘇南京（今南京市）人，光緒二十四年以拔貢身份進京參加朝考，
定居北京三十年，政、教之餘，著述多種，有《嘯庵詩存》《枝巢四述》等。
《中國古籍總目》史部地理類雜志之屬著錄。北京古籍出版社1986年版。前
有枝巢子《舊京瑣記引》、《發凡》6條、目錄。是書雖為民國筆記，然所記
皆為清代物象，如政事、曲藝、風俗、典制、方言等，作者「特刺取瑣聞逸
事、里巷俳談，為茶餘酒後遣悶之助，間及時政潮流，亦取其無關宏旨者」
（《發凡》）。每卷一門，即《俗尚》《語言》《朝流》《宮闈》《儀制》《考試》
《時變》《城廂》《市肆》《坊曲》，夏仁華自序中述此書作意云：「余以戊戌，
通籍京朝。日月不居，忽逾一世。滄桑數變，逢此百憂。鬢髮已摧，名業未
立。華燈照夕，明鏡窺晨。謂可以已，復何言哉！回憶年時，如隔夢寐。鷦
巢既營，菟裘將老。端居鮮事，何以送日。不為無益，奚遣有涯。檢書懼勞，
耽吟嫌苦。出畏風日，臥損骨骼。小人閒居，君子所惜。越吟未忘，北籍將
注。空桑三宿，尚復有情。夢華一篇，況乃異代。初為卑官，多習鄙事。不
棄長老，時獲逸聞。歲月滋多，胸臆遂積。重以改革，凡百變更。公羊三世，
隍鹿一夢。及今所述，已為陳跡。告諸後生，或疑誑汝。暇則趁錄，著之簡
篇。鍾簴已往，懷哉舊京。薦紳羞言，是曰瑣記。若其大者，有史官在。都
為一集，類分十門。陳詩觀風，入國問俗。輦轂所臨，政教斯出。末習虛偽，
初乃淳樸。非曰勸懲，美惡並錄，記《俗尚》第一。南北殊音，非蠻則侯。
車書既一，言亦宜之。往往合古，是曰可師。其尤雅者，或入於詩，記《語
言》第二。名士談兵，終以兒戲。清流植黨，末乃市肆。一蟹不如，彼貊亦
是。孰為老成，寧不殄瘁，記《朝流》第三。宮禁事秘，孰明真際。世俗所
傳，多出懸臆。紂之不善，或不如是。書其可徵，以告後世，記《宮闈》第
四。五帝弗沿，三王不襲。叔通修儀，始自綿蕝。華夷雜糅，論者所惜。然
亦燦然，賢於廢棄，記《儀制》第五。英雄入彀，雄主所樂。乃其流弊，才
智並錮。與謂求賢，寧云付縛。絙絕紐解，亦遂不國，記《考試》第六。舉
史十七，泰半女戎。不在顓臾，蕭座自封。宵小構之，禍亂是叢。國本再絕，
天祿永終，記《時變》第七。銅狄坐移，金仙淚枯。腹痛西州，感逝黃壚。
泱泱大邦，自遼建都。阿房蕪城，覽者鑒諸，記《城廂》第八。爭名於朝，
爭利於市。不龜手藥，千金可致。歌管沸天，闤闠撲地。君子於此，可以覘

世，記《市肆》第九。北地胭脂，南都黛螺。燕蘭史散，板橋記訛。今我不樂，對酒當歌。張魁簫聲，聞之奈何，記《坊曲》第十。」觀此書可見晚清時代變遷、世風升降、宮闈秘聞、商貿遷轉以及梨園曲藝、曲院規矩等，如卷一言京中禮節云：「都人習見官儀，多講禮貌，周旋應對，往往中程，然其弊也偽。風氣剛勁，不屈不撓，勇於赴義，重名知恥，然其弊也狠。顧本性多近質實，常見故家老輩，其接子弟後進，禮倨而詞直，貌嚴而情親，尚不失先民矩範，迨末季漸澆漓耳。」卷三述選人制度云：「前清雖帝制，然用人行政尚取廷議，循舊章，清議所不容，成憲所不許者，未敢漫然行之也。」卷十言戲曲變遷云：「都中戲曲向惟崑、弋，弋腔音調雖與崑異，而排場詞句大半相同，尚近於雅。自崑、弋變為皮黃，雖鄭雅有別，尚不失雍容揄揚之概。其時各園於中軸前必有崑劇一齣，而聽曲者每厭聞之，於時相率起而解溲，至譏之為車前子，言其利小水也。迨於清末，秦腔盛行，促節繁絃，哀思噍殺，真亡國之音矣。」「說燕京」筆記中蘊小說體性者，至此書為一收結。

《春冰室野乘》一卷　李岳瑞撰

李岳瑞（1862～1927），字孟符，陝西咸陽（咸陽市）人，光緒九年進士，改庶吉士，授工部主事，遷屯田員外郎兼充曾任總理衙門譯署章京，入民國後參與編纂《清史稿》，有《郢雲詞集》《國史讀本》等。《中國古籍總目》史部雜史類瑣記之屬、子部小說類文言之屬著錄。山西古籍出版社《民國筆記小說大觀》本。此書為清代野史筆記，敘述雍乾以來朝野軼事，首以雍乾軼事，如《揀魔辨異錄》《乾隆宮禁遺事》《乾隆朝萬壽慶典之盛》等，其次述晚清亂世朝臣軼事如《道光朝兩儒將》《左文襄軼事》《前輩愛才之篤》《穆相權勢之重》、詩人俠客如《林鄧唱和詩詞》《左文襄聯語》《都門詞事匯錄》等，於帝王嗜好、中外交涉、死難諸臣、文字獄、洪楊之亂、域外事物等，敘述詳盡，雖輯錄他書為多，然亦可謂雜史筆記佳作。書後有民國二十五年宋聯奎、王健、馮光裕跋，云：「（李夢符）習聞國故朝典，故論事尤深識體要。此編特著述之一斑而已。其述一朝軼事，似溫國《涑水紀聞》、釋文瑩《玉壺野史》；隨事標題，不分時代，略如葉紹翁《四朝聞見錄》；多記諸名公逸聞，又類禮親王《嘯亭雜錄》。惟嘯亭天潢近冑，語多頌揚；此則據事直述，論劑於平。後半多錄同時人詩詞，更近陳世崇《隨隱漫錄》。間及諧趣，益人神智，不涉因果，不談鬼神。」

《悔逸齋筆乘》一卷　　李岳瑞撰

《中國古籍總目》史部雜史類瑣記之屬著錄。巴蜀書社《中國野史集成》本。此書主於敘事如《李文忠軼事》《縣令捕盜異聞》《清宮秘事瑣紀》《劉武慎外交軼事》《獨行謠詩事》《孫淵如洪北江嗜秦音》等，軼事、諧謔，較之《春冰室野乘》而輯錄詩文較少。

《國聞備乘》四卷　　胡思敬撰

胡思敬（？～1922），字漱唐，號退廬居士，江西新昌（今屬宜春市）人，光緒二十年選翰林院庶吉士，歷官吏部考功司主事、廣東道監察御史等，著有雜史多種，今有《退廬全書》。《碑傳集補》有傳。《中國古籍總目》史部雜史類瑣記之屬著錄。四川人民出版社《近代稗海》本。前有目錄、宣統辛亥自序、例言七條。所述為晚清軼事，每則有標題，如《同城督撫不和》《廣東十姊妹》《言路報館網利之術》《張之洞抑鬱而死》《三菱公司》《榮相譎諫》《孫文正惡楊杏城》《榮祿權略》《教案》《本朝三大政》《盛杏蓀辦洋務》《兵權不輕假漢人》《太后七旬萬壽》等。其自序云：「國朝自莊廷鑨、呂留良、戴名世，連興大獄，文字之禁極嚴，內外士夫罔敢談國故者。予來京師，七年之間，經甲午、戊戌、庚子三大變，私歎史官失職，起居注徒戴空名。歷朝纂修實錄館閣諸臣罕載筆能言之士，但據軍機檔冊草率成書。凡一切內廷機密要聞，當時無人紀述，後世傳聞異辭，家自為說，遂失是非褒貶之公。俯仰三百年廟堂擘畫之勤，將相經營之苦，慨然於弓髯喬木之感，未嘗不戚戚於懷也。同時在京好談掌故者有汪舍人穰卿、冒中郎鶴亭，詢其著述，秘不肯示人。其出而問世者，多不脫小說餘習，外此更無聞焉。甚矣，史才之不易也！予趨職之暇，時有所紀，久之遂成卷鐵，大約見而知之者十之七八。士非憂患不能著書，不經亂世亦不能盡人情之變，予忝負言責，便短吸深，自愧無絲毫補濟，安敢自託於古人憂患著書之旨？聊存此篇，備異時史官採擇，庶為惡者知所戒而好善者交勉，人情變極思遷，亦轉移風氣之一道也。自辛亥三月，予攜此稿辭職出都，不半載而武昌亂作，欲再行廉續，而東西蜜走，交遊斷絕，四方音問不通，遂長為山中人矣。」此似可見官方修史之匱乏，方導致野史之泛濫。此書可繼《嘯亭雜錄》後，為雜史小說之傑出者，其他如陳夔龍《夢蕉亭雜記》、許指嚴《十葉野聞》、王樹楠《德宗遺事事》、金梁《光宣小記》、汪康年《汪穰卿筆記》、梁廷枏《夷氛聞記》、文廷式《知過軒隨筆》及清社既屋後劉體智《異辭錄》、劉

禺生《世載堂雜憶》、李肖聃《星廬筆記》、朱克敬《瞑庵雜識・二識》《雨窗消意錄》、朱彭壽《安樂康平室隨筆》、德齡《瀛臺泣血記》《清末政局回憶錄》《縹緲御香錄》、裕容齡《清宮瑣記》、卡爾《清宮見聞雜記》、李岳瑞《悔逸齋筆乘》、張祖翼《清代野記》、王無生《述庵秘錄》以及佚名《陽秋賸筆》《啁啾漫記》《秦鬟樓談錄》《小奢摩館脞錄》《清稗瑣綴》《清代之竹頭木屑》《清宮瑣聞》等，皆屬此類雜史小說作品。

《九朝新語》十六卷附《十朝新語外編》　胡思敬編

《中國古籍總目》史部雜史類瑣記之屬著錄。巴蜀書社《中國野史集成》本。前有《例言》4 條、目錄、宣統辛酉胡思敬自序。《例言》中分述纂輯緣起、門目設置、撰次大旨、材料取捨云：「自劉義慶創《世說新語》，繼之者在唐有劉肅《大唐新語》，在宋有孔平仲《續世說》、王讜《唐語林》，在明有何良俊《何氏語林》。或櫽栝全史，或斷代成書，《四庫》皆收入小說家，蓋薄其以玄旨遞相推衍，非聖人著書垂訓意也。肅書雖近小說，然所紀皆並時人物，大曆以前多見採於正史，今仿其例，略為變通，舉大清二百六十餘年軼事，自順治迄光緒，凡九朝，分類悉著於編，即名曰《九朝新語》，女流別為一目，附入《外編》，略示崇陽抑陰之意。」「肅書分類太隘，何氏以《德行》《言語》《政事》《文學》分列四門，又覺其乏，今定為八十一品，雖臧否不能盡當，而取捨自信無偏，其兩目易相混淆如《苦讀》之與《好學》、《謇諤》之與《讜直》、《愛才》之與《禮賢》、《文譽》之與《著作》、《風趣》之與《諧謔》、《高蹈》之與《耿介》、《嚴切》之與《諍言》，所辨只在幾微，知言者自能喻之。」「撰次大旨，一在闡幽，故略廟堂而詳草野；一在勵品，故八卷以前，於修齊之功、出處之道，廣搜博引，不憚其煩；一在備亡，故名人秘笈，極力搜討無遺，而於坊市通行之書，朝野習見習聞之事，或付缺如。」「本朝掌故如散錢委地，收拾為難。此編多從各家文集雜說筆記中採出，凡掌故專書業已貫串、自成一體者，如《說鈴》《今世說》《金壺十墨》《郎潛紀聞》《嘯亭雜錄》及近人所著《春冰室野乘》《國聞備乘》，皆所不錄，所採書凡二百三十餘種，於原文但有剪裁，並無增改。」全書 81 目，有似於《宋稗類鈔》《清稗類鈔》之類，卷一《尚志》《安貧》《苦讀》《儒行》，卷二《孝友》《鍾情》《篤交》《奇遇》《寵眷》，卷三《公忠》《方正》《謇諤》《清儉》，卷四《藻鑒》《愛才》《禮賢》《循良》《明斷》《將略》，卷五《風稜》《義烈》《恬退》，卷六《文譽》《風雅》

《著作》《師資》，卷七《藝能》《材武》《耆宿》《混跡》《艱貞》，卷八《高蹈》《韜晦》，卷九《孤憤》《放誕》《奇詭》《孤僻》《狂傲》，卷十《褊隘》《通脫》《爭名》《標榜》《蹇陋》《病病》，卷十一《早慧》《好學》《先見》《明達》《機敏》《智謀》《博通》《諳練》《曠達》，卷十二《悔悟》《風趣》《諧謔》《癖好》《虛心》，卷十三《長德》《慈惠》《感化》《寬容》《謹畏》《坦率》，卷十四《嚴切》《讜直》《豪邁》《嫉惡》，卷十五《氣節》《耿介》《高誼》《任俠》《揚善》《好客》《異秉》《神怪》，卷十六《鄙陋》《巧黠》《驕縱》《繆妄》《姦邪》。胡思敬自序其編排用意云：「余撰集大清《九朝新語》，體例雖本《世說》，旨趣實不相同：首《尚志》《安貧》《苦讀》，蓋初學入德之門。繼以《儒行》途轍，既正他歧，不能惑矣。又繼以《孝友》《鍾情》《篤交》，父子兄弟夫婦朋友之間，了無慚德，由是出而致君，幸備位於朝，為《奇遇》《寵眷》，可謂榮矣，然不可苟食也。當其治，則為《公忠》、為《方正》、為《謇諤》、為《清儉》、為《藻鑒》、為《愛才》、為《禮賢》、為《循良》、為《明斷》、為《將略》；及其訓，則為《風稜》、為《義烈》、為《恬退》，此雖修於己者有素，舉措可以裕如，是亦有命存焉，非可強也。不幸而沈屈在下，常則竭其聰明才力，為《文譽》、為《風雅》、為《著作》、為《師資》、為《藝能》、為《材武》、為《耆宿》。變則苦其心志，為《混跡》、為《艱貞》。其超然出乎是非榮辱之外者，為《高蹈》、為《韜晦》，或激而為《孤憤》、為《放誕》、為《奇詭》、為《孤僻》、為《狂傲》、為《褊隘》、為《通脫》、為《爭名》、為《標榜》、為《蹇陋》、為《病困》，傷其遇者，莫不悲之。雖然，人具五常之性，因物而見，隨所感而生，不盡關乎窮達也。性之近於知者，為《早慧》、為《好學》、為《先見》、為《明達》、為《機敏》、為《智謀》、為《博通》、為《諳練》、為《曠達》、為《悔悟》、為《風趣》、為《詼諧》、為《癖好》、為《虛心》。近於仁者，為《長德》、為《慈惠》、為《感化》、為《寬容》、為《謹畏》、為《坦率》。近於剛者為《嚴切》、為《讜直》、為《豪邁》、為《嫉惡》。近於義者，為《氣節》、為《耿介》、為《高誼》、為《任俠》、為《揚善》、為《好客》。品匯雖有不齊，要皆性情之正，人性皆善，不誠信歟。史遷好談異秉，左氏間涉神怪，存而不削，藉廣見聞。」每目下列數則，無文獻出處，與易宗夔《新世說》同為晚清民國「世說體」之書也，惜抄撮成書，可嘉者在乎分目而已。《十朝新語外編》分 11 目，即《貞》《節》《烈》《義》《潔》《智》《俠》《勇》《才》《孝》《福》《悍》，每目下列數則，法同前書。

《蕪城懷舊錄》三卷補錄一卷　董玉書撰

董玉書（1869～1952），字逸滄，號蛻廠、蒙園，晚號拙修老人，江蘇江都（今揚州市）人，光緒年間拔貢，歷任天長、霍丘縣令、安慶軍械所總辦等，有《寒松盦詩集》等。未見著錄。廣陵書社《中國風土志叢刊》本。前有辛亥張惟驤序、杜召棠序、丙戌董玉書自序，書後有丁亥閔爾昌跋。董玉書自序云此書同於鮑照見揚州故稱荒蕪之意，「自戊寅迄乙酉，避居海上八年，凡記憶所及，筆之於書，偶有聞見不詳，或借書參證，或函友徵詢，陸續搜集，手編成帙，略仿《畫舫錄》城郊之例，區為三卷，補錄一卷。是錄重在人物事蹟，以便展覽，抒懷舊之念，地方風景，則從略焉。」杜召棠云此書「一以敘物，一以記人……中敘道、咸、同、光及民國初年揚州人士其有道德文章，及一技一藝之足以堪傳者，無不備載，字斟句酌，不僅供士人賞玩，且足為鄉土歷史上之參考。」張惟驤序中云此書「於江都先達寓公，及畸人逸士，立身制行，居址遷徙，進退出處，載之頗詳，雖近稗官說部，而有合於治史者之要旨。觀其書，蓋有感於中，而錄以寄慨焉。」觀本文及前序所云，此書注意於人物（文苑循吏疇人）、文獻（詩文金石書畫著作）、地理（名蹟宅第博物）三項，而人物類於傳記，凡有關揚州者本籍流寓皆載焉，如阮元、焦循、諸元炳、蔡源清、左孝子、沈錫晉、徐若洲、焦振鵬、卞士雲、江藩、包世臣、震鈞、方濬頤、繼昌、魏源、郭堅忍等，敘事間有玄幻之談。所述地理名蹟有安定書院、古玄帝觀、文選樓、旌忠寺、個園、影園、小玲瓏山館、瓊花觀、蟄園、康山草堂、谷林堂、唐順之祠、五烈祠等，文風簡潔，如卷一中云：「雙井有大井欄二，附近村民晨夕汲之不竭，井水味甘，煮茗最佳。井西吉祥庵，女道士修真之地。庵有牡丹數本，高出簷際，花開最盛。」除目擊耳聞外，徵文考獻如《廣陵近事》《揚州畫苑》《分甘餘話》等以成書，「有功於鄉邦文獻不淺」（閔爾昌跋語）。

《夢蕉亭雜記》二卷　陳夔龍撰

陳夔龍（1856～1948），又名夔鱗，曾用名斌，字筱石，一作小石、韶石，號庸庵、庸叟、花近樓主，貴州貴陽（今貴陽市）人，祖籍江西撫州，光緒十二年進士，曾任順天府尹、河南布政使、河南巡撫等，入民國後退隱上海，今有《陳夔龍詩文集》。未見著錄。山西古籍出版社《民國筆記小說大觀》本。前有乙丑馮煦序、宣統三年陳夔龍自序。馮煦序云：「庸庵尚書同年著《夢蕉

亭雜記》成，出以示予，且屬為之序。授而讀之，其體與歐陽公《歸田錄》、
蘇潁濱《龍川略志》、邵伯溫《聞見前錄》為近。於光、宣兩朝朝章國故與其
治亂興衰之數，言之綦詳……觀於是編，宅心和厚，持論平恕，不溪刻以刺時，
不阿諛以徇物。其事變所經，紀載翔實，足備論世者之參稽，謂為公之政書可，
謂為國之史稿亦可。而以甲子之變，潛龍在野為終篇。其拳拳忠藎之忱，天日
可鑒，尤有不忍卒讀者。予垂盡逋臣，泚翰簡首，益不禁孤憤填膺，悄焉欲絕
已。」陳夔龍自序云：「蟲聲四壁，皓月在天。庸庵居士與兒輩納涼於夢蕉亭
花陰深處。默數年華，忽忽已六十八甲子矣。後此之歲月如何，天公主之，誠
不敢自料。而前此一生之經歷，暨耳所聞、目所見，雖無可述，亦有足資記憶
者，爰成隨筆若干條，命兒子昌豫錄之，名曰《夢蕉亭雜記》。」是書所記皆
為目見耳聞，多有關軍國大事者，如標題所云《辭調北洋任職之周摺》《國體
改革前紀聞》《張蔭桓戊戌獲譴》《載漪與拳民交結》《「辛丑條約」簽訂過程》
《榮文忠精相術》《軍機處由盛而衰》《榮澤口回憶》《袁世凱二三事》《整飭淮
安關監督署》《兩月遇三險》《辛亥以後事不忍記載》等，比諸包天笑《釧影樓
回憶錄》、詹鳴鐸《我之小史》所述個人身世者，此書關乎國計民生較多，於
歷史多有歎息反思處，遺老心態也。

《喟庵叢錄》一卷　　戴坤撰

　　戴坤字太素，號喟庵，安徽休寧（今屬黃山市）人，有《喟庵詩話》《泉
刀記》等。《清史稿藝文志拾遺》子部小說家類雜錄之屬著錄。新興書局《筆
記小說大觀》本。此書僅有三則，即《家妓官妓之分》（言妓女事）、《嘌說》
（考宋代嘌唱）、《守宮狐記》（記狐仙言北齊事）。

《燕臺花事錄》三卷　　王增祺撰

　　龐驚濤《錢鍾書與天府學人》中云：「王增祺，字師曾，一字也樵，以號
『蜀西樵也』行世，四川華陽人。約生於 1845 年，曾官陝西韓城、石泉、洋
縣等縣知縣，晚歲還蜀，遜清後在成都做報人。」《清史稿藝文志拾遺》史部
傳記類總傳之屬、《八千卷樓書目》子部小說家類瑣語之屬著錄。新興書局《筆
記小說大觀》本。前有蜀西樵也序。所記皆京師優伶事，卷上《品花》，優伶
才藝品鑒，如朱愛雲、孟金喜、寶香等 21 人，類乎小傳；卷中《詠花》，為有
關優伶之聯帖、題句、詩詞等，多交遊之作。卷下《嘲花》，與優伶有關之戲
謔語，聯語、詩詞等，如伶人問狀元事：「小郎問予曰：『狀元幾年一個？』告

以故。則遲疑曰：『設無其人奈何？』因言方今人才極盛，歲取之不盡，不似若輩花榜狀頭之每艱其選也。郎甫首肯，一醉漢大笑曰：『你莫信他，哄小孩子話。』」優伶小說，乾嘉間尚稀，不過《燕蘭小譜》《日下看花記》寥寥數部而已；晚清則夥，咸豐乙卯雙影庵生《〈法嬰秘笈〉序》中云：「向之為《燕臺花譜》者，憑臆妍媸，任情增減。壬癸之年以後，甲乙之籍更多。」（按：壬癸之年，即道光初年）若《金臺殘淚記》《燕臺鴻爪集》《京塵雜錄》《明僮合錄》《曇波》《擷華小錄》《情天外史》《懷芳記》《瑤臺小錄》等，以詩詞為媒介溝通士伶，狎伶與志豔合流，此亦清代筆記小說一新現象也。此優伶劇話衍及民國，尚有《梨園舊話》《梨園軼聞》《觀劇叢談》《聞歌述憶》之類，惜乎此時士伶詩詞際會，已風流雲散矣。

《汪穰卿筆記》八卷　汪康年撰

汪康年（1860~1911），字穰卿，晚號恢伯、醉醉生，浙江錢塘（今杭州市）人，光緒十八年進士，晚清著名報刊活動家，有《汪穰卿遺著》等。《中國古籍總目》小說類文言之屬著錄。上海書店出版社《民國史料筆記叢刊》本。前有目錄、丙寅汪詒年序，後有徐珂撰《汪君穰卿家傳》。汪詒年序云：「先兄穰卿生長廣東，弱冠後遊歷大江南北各省，又嘗出關至宣化，而以居北京及武昌為最久。素性好客，每至一地，咸與其賢士大夫相往還酬酢，聞見至為淵博。又勤於紀述，朝有所聞，夕即記諸小冊。上自朝政國故，下至閭巷瑣聞，無不備載。身後掇拾遺編，尚得數巨冊，欲考之清末之政治及其社會之情狀，此殆其淵藪矣。茲特將最後數年所記之二冊先行排印，其中大半已見《芻言報》，小半則為《芻言報》所未刊，並略加詮次。以篇幅較長者為《紀事》，列卷一；其餘則為《雜記》，列卷二至卷六，仍以國內事實列前，域外見聞次之，諷諭、諧談等又次之；卷七為《雅言錄》，紀載新舊書籍之存失並源流，兼及書面碑版等。卷八為《附錄》，雖出他人手筆，然先兄既為刊諸《芻言報》中，知尚有傳播之價值，故特列諸編末，亦過而存之之意云爾。尚有三巨冊，容續行校印，作為二集。」卷一《紀事》，所記有《蘇杭甬路始末記》《即賠款鎊虧之爭執》《記美國退款興學始末》《記道勝銀行之存款》《記股票投機之害》《記銀行倒帳事》《記上海信昌珠號被騙鉅款事》《記英法聯軍焚劫圓明園事》《記總兵謝寶勝治盜事》，皆晚清時事。卷二至卷六《雜記》，約550則（篇），所述為作者聞見之軼事、異聞、瑣語，而以軼事為主，瑣語中諧語較多而寓言次之，異聞中不過狐怪之類。《雜記》於晚清政局、權臣軼事、中外交涉、洪楊之亂、

留學利弊、沿海商貿、歐美政情民情文藝科技等甚有留意，並對《泰晤士報》
《公論實報》《帝國日報》《北京日報》《神州報》等報載時事進行評論辯駁。
筆法老練，敘事而兼議論。卷七為《雅言錄》，90 餘則，述所見聞書畫古籍、
金石碑帖及其軼事。卷八《附錄》，為輯錄他書而成，《紀陳大帥軼事》《紀鮑
子爵軼事》《紀胡提督軼事》《紀左恪靖侯軼事》《紀曾文正彭剛軼事》《紀胡文
忠左文襄軼事》《紀襄陽藤牌兵》《紀綠營兵張鵬飛》《紀合肥孫知縣》《紀范訓
導沮遊侍郎開九河故道》輯自吳光耀《華陽文鈔》；《無有是處旅人稿》輯錄 32
則、《琴瑟寄廬類稿》輯錄 20 則，皆有關晚清世風。

《莊諧選錄》十二卷　　*醒醉生纂*

　　醒醉生即汪康年。《中國古籍總目》小說類文言之屬著錄。南京圖書館藏
光緒三十一年上海中外日報社鉛印本，今見新文豐出版公司影印本。前有癸卯
（光緒二十九年）夏曾佑序、每卷目錄，書後有識語 5 條，實則《凡例》也。
夏曾佑序云：「人有恆言曰：『支那無史。所謂史者，一家之譜記耳，社會遷化，
因原繁頤，無記載也。』不佞以為神州亦有詳說社會之書，特不名之為史。史
則專屬乎一家之譜記。《漢書·藝文志》、司馬遷百三十篇著於春秋家，史無專
科，而小說則獨立成一家，是所謂『二十四史』者，乃朝報之支流，無關大道，
而生民之朔、人事之變，煩冤紆鬱不可說。不可說之故皆備於小說。故小說者，
我之民族史也。然專制之世，言語多故，書或不載，傳或不信，數千年於此矣。
近二百年，其體幾絕。直至近日，始又萌蘗，而隱喻託諷者為多，隨事紀錄者
為少。余友醒醉生，雅號國聞，圍爐促坐，晨書冥寫，積以歲年，記將盈尺，
乃去其不足觀者與其妨於事者，存錄若干，謂之《莊諧選錄》，凡一十二卷。
夫以此錄之事而較之今古社會之繁，其掛漏不可以算數譬喻也，然嘗海一滴便
知全潮，其何不可以為民族史耶？錄中之事，為不佞所見聞者幾半，故於此出
版也言其書之關係如此。」卷首醒醉生小序云：「是書無體例，無次序，成非
一手，撰非一時，或莊辭或諧語，或實事或寓言，所載之事，有古有今，有中
有外，惟意所適，閱者見之。」全書約 1115 則，如《文襄舊事》《貴州某知縣》
《日本博物院》《西人持論》《女子屬對》《穆彰阿》《李太監》《西人稱美華人》
《冒官行騙》《剛毅》《茶花女真本》《柔軟外交》《記日報》《革命》《俄照會》
《道勝銀行》《商務雜記》《怪物》《祈夢》《輪迴》《夢應二則》《秘方二則》《白
拉斯登》《小學堂教習》《摘錄〈燕山楚水紀遊〉七則》《保險》《公家花園》《意
大利皇》《俄史輯譯》《紅樓夢》《桐廬教案》《雜錄聯語》《野叟曝言》《挽曾文

正聯》《廢時文》《嚴鐵橋》《男女平權》《論訂約及合同》《南巡雜記》《合州案》
《變法二則》《古磚》《古鼎》《書辛甲在武昌所聞見事》《史學笑柄》《〈玩寇新
書〉回目》《西國小說》《海山仙館》《船政局西人》《海外華人》《玉蘭花詩》
《祝由科》等，軼事為主，而博物、異聞、諧語、遊記、詩話史論、時事評議，
在在有之，故書後凡例中言此書題旨云：「是書託體小說，本無義例可言，又
隨手寫錄，未經選汰，不足供識者指謫，然所載諸事，或抉剔微隱，或摹寫情
狀，足以諷勸當世，且可為考察之資。至於市井奸慝，記載尤多，使入世者知
所趨避，或不至為大雅所呵。」「今日當新舊接續之交，自上之政治，及下之
風俗錯雜糾紛，莫可名狀。是書或譏政治之違失，或指土俗之乖陋，或非笑守
舊者之頑鄙，或指斥新黨之浮囂，咸據所聞記之。或因所觸記之皆率臆直書無
所容心，或取藥焉，或取鴆焉，是在閱者之自擇矣。」書寫簡易有報刊之風，
如《紅樓夢》云：「胡文忠曰：本朝官場中全以《紅樓夢》一書為秘本，故一
入仕途，即鑽營擠軋，無所不至。至草野中又全以《水滸傳》為師資，故滿口
英雄好漢，而所謂奇謀秘策，無不粗鹵可笑。」見聞之外，亦有改編、輯錄他
書如《素隱漫錄》《俟徵錄》及報刊之文以廣見聞者。

《某中丞夫人》一卷，《女俠荆兒記》一卷，《記某生為人唆訟事》一卷，《某中丞》一卷，《黑美人別傳》一卷，《梵門綺語錄》三卷，《俞三姑傳》一卷，《玫瑰花女魅》一卷，《記某生為人雪冤事》一卷，《貞烈婢黃翠花傳》一卷，《花仙傳》一卷　佚名撰

《清史稿藝文志拾遺》小說家類雜錄之屬著錄。蟲天子編《香豔叢書》（上
海書店，2014 年）本。此皆佚名所撰，所述為乾隆至宣統間故事。除《梵門綺
語錄》為傳奇文外，他皆短篇胠語之筆記文。《某中丞夫人》述皖撫某中丞性
漁色，後為常州某貢生女播弄成真、女終得正室事，「然女父當時設計之工密，
雖智者亦未易窺破。顧頇如某中丞，宜乎墮其術中而無如何也。」天道循環，
報應不爽，故非局騙之類。《女俠荆兒記》述廣西百色俞荆兒斬蛇事，與《搜
神記》李寄斬蛇事同。《記某生為人唆訟事》述某生巧解夫妻反目成訟而己身
免禍事，「夫為人謀事，而反累及其身者，皆未得某生之術者也。」《某中丞》
述旗人某中丞與其兄將軍某愛妾私通、事發被譴責，而兄弟二人卒歡好如初。
《黑美人別傳》述美人花鶯粟與貴公子日就沉綿事，實指鴉片流毒，危害國體，
寓言體小說。《梵門綺語錄》記光、宣間所遇、所聞尼僧四十人事蹟者，如杭
州慈渡庵某氏女、蘇州鳳池庵小馥、洞庭山湘公庵阿巧、洞庭山湘公庵妙雲愛

寶、震澤新庵連生、震澤新庵五寶、震澤老太廟阿文阿禎、嘉興南庵淨芳、嘉
興南庵小芸、嘉興桂林庵月輪、平望雨珠庵蓮因、盛澤白廟喜貞、盛澤淨明庵
小金、盛澤淨明庵天錦、蘇州染香庵松月、海州百子庵守先、徐州延壽庵善雲、
梨里女貞庵愛金、梨里萬壽庵雙喜、上海淨修庵蘭英、蘇州如意庵阿玉、蘇州
吉祥庵三小姐等，或述空門堅貞，或講尼僧公案，或評梵界繾綣，其中不乏士
女唱和之作，皆以寺廟為歡喜地。晚清志豔，約分三派：一為北里青樓，一為
變童狎優，一為梵門綺語。此即第三類之代表作，蓋《紅樓》妙玉，不作空空
想。文風綺麗，可視為唐傳奇之變體。《俞三姑傳》言粵麗人俞三姑未適人遇
鬼而隕事，悲悼之情，溢於文外。《玫瑰花女魅》述樂平明溪寧居院行者夜與
趙通判女（卒為鬼）幽會事。《記某生為人雪冤事》述李氏族人覬覦李氏子家
產而誣以強蒸公案事，某生片言折獄，有齊人仲連之智。《貞烈婢黃翠花傳》
述家婢黃翠花美而貞（家主欲納為簉室）、不堪謠諑自沉以明志事。《花仙傳》
述旗人郎王娟本為觀音大士座下紅蘭仙子，干夫人一念之想，致其落塵網二十
三年，慧美花仙，隕落如秋菊，「花仙既歿，凡郎及姻婭及閨秀之識花仙者，
聞其異無不涕零，或祭拜於花祠殯室云。」傷悼之意。

《聞筆記異》　佚名纂

　　《中國古籍總目》小說類文言之屬著錄。南京圖書館藏鈔本，23 冊。前
後無序跋、無目錄。行文中有改動處，實則為未定之稿本也。是書雜鈔經史諸
子筆記別集而成，蓋讀書中見新人耳目之文輒輯錄之。每則多擬有標題，如《木
蘭戍邊詩》《河套》《種子方》《李賢》《商輅》《徐溥等傳》《南朝四君子》《李
翰臣傳》《王守仁傳》《東陽知言》《刺血驗父》《母子守義》《掬水月在手》，其
中尤以輯錄史部（《史》《漢》《後漢》《明史》之文居多。間有考證發明，如《黎
杖考》《舊雨考》《茭白考》《緯書考》等，亦稽考諸書而得之。雜鈔之書也。

《味退居隨筆》五卷《補遺》一卷　黃世榮撰

　　黃世榮（1848～1911），字闇伯，一字去華，號慰慈，晚號蝦叟，江蘇嘉
定（今屬上海市）人，廩生，歷任聖約翰大學、松江府中學堂、清華女學堂、
浙江嘉興師範學堂教員。光緒間於家鄉創辦中英學社、普通學社，積極提倡女
學。光緒二十八年《嘉定旬報》，鄉諡「文惠」，有《味退居文集》《書牘詩存》
《緩叟詩存》等（據吳成平主編《上海名人辭典》及唐文治《嘉定黃闇伯先生
家傳》）。《中國古籍總目》小說類文言之屬著錄。南京圖書館藏民國五年鉛印

本，為《文惠全書八種》之一。書後有民國五年黃守恆跋。此書為黃世榮同光宣期間讀書劄記，其子黃守恆整理而成，黃守恆跋云：「先文惠先生隱居著述，修業不息……《味退居隨筆》五卷，編次大略屬於經義者為第一卷，屬於治事者為第二三卷，雜俎為第四卷……先子隨筆之作，蓋積累月日而後成之，故思想有變遷，論調有同異，讀者可以時局之潮流意會得之。」卷一說經義，考辨《書》《詩》《周禮》《禮記》《春秋左氏傳》《國語》《爾雅》《論語》《孟子》以及字考、《〈列女傳〉偶劄》。卷二、卷三談教育、經濟、治道，即「時務」之類，如《治經》《學問》《造士之法》《取士之法》《藝術》《著述》《小學試士》《專經》《取士》《學校教育》《女教》《家族》《孔子祀典》《水利》《治河》《鴉片》《理財》《製造》《刑法》《官妓》等。卷四即「雜俎」之類，若倫理、世風、外敵、醫藥、文獻、飲饌、物產、礦物、怪異，如《家族倫理》《舅姑之服》《正朔服色》《八股及裹足之復》《日人破鐵網》《日人長技在木槍》《邑志記載之誤》《驗方雜記》《煮鴨法》《製豆漿法》《楊九娘事異聞》《產異》《蝦蟹異》等。卷五評俞樾、張之洞之文，如《群經平議》《古書疑義舉例》《勸學篇》等。《補遺》涉及經學、訓詁、史學、教育、醫學等，如《說大戴禮記五則》》女部》《說十三經字數》《阻止妓女立學》《普通學科目》《藝學科》《三國演義與水滸傳》《男女同等》《纏足之厄》等，黃氏文之外，輯錄他家之論較多，意在融通古今中西。雜家筆記之書也。

《新天花亂墜》四卷　硯雲居士編

　　硯雲居士，據序文知即慶祺，事蹟不詳。《中國古籍總目》小說類文言之屬著錄。南京圖書館藏宣統三年辛亥上海廣益書局石印本。前有徐遠父序、目錄、各類目錄。徐遠父序云此書仿繆蓮仙《文章遊戲》而來，因歐化東漸，民族危機加重，「吾以為十年以後，士當不知有韻之文……分十七門，都為一編，東鱗西爪，錄其雋永治辭，單詞張語，擇其穠豔之章。」卷一《論著類》《序跋類》《贈序類》，卷二《書牘類》《奏議類》《詔令類》《讚頌類》，卷三《箴銘類》《哀祭類》《傳狀類》《碑誌類》《雜記類》，卷四《詩歌類》《詞賦類》。附錄《夏日遣興》《天擇堂閒話》《情場懺悔小言》《魯亥令》《辯卦》《新聯語》《四時雅趣》。是書體同文集，輯錄晚清才子之文、遊戲文章，多無名氏有韻之文也。

附民國時期部分作品

《秦淮廣紀》三卷　繆荃孫輯

繆荃孫（1844～1919），字炎之，一字筱珊，晚號藝風，江蘇江陰（今江陰市）人，光緒二年進士，曾任國史館總纂、京師圖書館正監督、清史館總纂等，今有《繆荃孫全集》。《清史稿藝文志補編》子部小說家類著錄。南京出版社《南京稀見文獻叢刊》本。前有壬子（民國元年）繆荃孫自序，云自「明太祖造十六樓於京城以招賢」以來，秦淮文學寫作即相沿不衰，如《十六樓詩》《板橋雜記》《海天餘話》《石城詠花錄》《板橋續記》《秦淮畫舫錄》《三十六春小譜》《清溪風雨錄》《笛步秋花譜》《秦淮聞見錄》《八仙圖》《白門新柳記》《秦淮豔品》《秦淮感舊錄》等，並云此類文學與政治、文運之關係：「嗟乎！前後五百餘年，滄桑三度，盛衰國變，國家之富強貧弱，士大夫之文采僬荒，無不寓乎其中。秦淮一隅，風流藪澤，自明弘正迄今同光，無不倚文人為主持，藉題詠為標榜，而數十年來，罷軍之驕將，得志之熱官，廣肇巨賈，號稱豪舉，坊曲風氣，為之一變。近則改畫舫為重樓，更吳歈為急響，士皆原伯魯之子，女效歐羅巴之裝。伊川被髮，辛有歎其即戎；教坊新聲，元寶知其不返；變有至不知所云者。廣明亂離之後，《教坊》之記乃成；靖康傾覆之餘，《夢華》之錄斯出。則此編也，酒闌燈炧，有心人讀之，能不鉛淚如瀉也哉！」此為纂輯成書，亦可謂明清秦淮文學一收結也。所輯書目 127 種（據程章燦《導讀》），除「板橋」系列外，會典、詩話、別集、總集、野史等也在搜輯之列，其體例仿《板橋雜記》為三類，《紀盛》《紀麗》《紀瑣》，每類前有小序說明。《紀盛》（卷第一之一、之二）言秦淮歌舞興盛時期士妓唱和、曲藝品鑒、風景之美及

當時詩文序跋之輯錄。《紀麗》（卷第二之二至之八）為秦淮歌妓傳記及其相關詩文、小說之輯錄，所述與此書中最為龐大，繆荃孫小序云：「籍著教坊，名喧舊院。邂逅昌期，往來時彥。賈酒徵歌，弦詩捧硯。濡染翰墨，旗亭傳遍。滄桑屢更，世風遞變。女也棘心，士也牆面。罕見才鳴，聊以色選。」《紀瑣》（卷第三）輯院中規矩、服飾、門戶、稱謂、飲饌、曲藝即士女往還、江湖藝人事蹟。此書可謂「板橋體」小說之一種。

《紹聞雜述》　李寶章撰

李寶章（1849～1928），字轂宜，一字谷伊，江蘇武進（今常州市）人，同治十二年科舉人，官刑部廣西司行走，參與山東河工事，經李鴻章保舉任杭州監司，工詩詞善書畫，人稱「詩書畫三絕」，清亡後隱居蘇州，詩畫自娛，與俞樾、曹允源等酬唱往還，有《待盦題畫詩存》《谷遺詩存》《斐園詩存》《斐園詩餘》《谷遺詩餘》《待盦詩存》《谷遺詩草》等。《中國古籍總目》子部雜家類雜記之屬、周子美《嘉業堂鈔校本目錄》子部小說家著錄。今國內藏本有上海圖書館藏稿本（七卷）、上海圖書館藏抄本（不分卷）、國家圖書館藏稿本（八卷）、南京圖書館藏稿本（二冊）。據拙稿《〈紹聞雜述〉版本考述》一文可知國家圖書館藏稿本晚出且較為全備，故可作為本敘錄德研究對象。國稿本八卷，無版框，無邊界格欄。前有牌記云：「嘉業堂藏書，子部小說家類，紹聞雜述九卷，武進李寶章撰。」又有「蕘公」、「嘉業堂」藏印兩顆，並有朱筆書寫《甲午蕘公記》一篇，是為藏書題記，蕘公即謝興蕘（謝興堯），中有改動、評點之朱筆文字，皆為謝氏所書。國圖稿本即周子美先生所見之本，不過已遺失一卷，不足九卷之目。有《凡例》三條，兩者相較內容多異。前有《凡例》3 條，云：「一、昔先皇父吉甫公為塘城教諭，高年八十四歲，昔著《見聞紀異》一卷，兵燹後或無或存，余撰此筆記，故顏之《紹聞雜述》。一、凡事耳聞者虛，眼見者實，是書隨筆登載，竊為眼見者為多，即耳聞者亦非憑虛偽造。一、因果之說、輪迴之說，儒者不道，然惠迪從逆，千古不磨，故記中所書，錄其必信而有徵者。」書中所述，主要為晚清宮廷軼事及社會怪異荒誕之事，亦有經史、小學考證與博物、詩話、醫方之類，共 510 則左右，每則有標題，如《保護東南》《科場錄舊》《科場報應》《浙闈狐仙》《鼠異》《蛇化鱉》《夢徵》《樟樹神》《高僧》《盛封翁》《內閣》《乩句》《裝鬼》《馬鈴薯》《芋婆》《烏拉草》《高麗》《籍沒和珅家產》《戒煙方》《薛氏昆仲》《盛封翁自述》《衛靜瀾中

丞》《文榜眼》《悔過》《服飾》《銅鼓考》《畫論》《對句》《詩句》等。文字簡潔，敘述中不乏稗販之跡，可稱雜說筆記之書。

《梵天廬叢錄》三十七卷　柴萼纂

柴萼（1893～1936），又名紫芳，字小梵，浙江慈谿（今慈谿市）人，1917年春東渡日本，在神戶吳錦堂創辦之中華學校任職，1931～1936 年任河南省政府秘書。未見著錄。山西古籍出版社《民國筆記小說大觀》本。前有乙丑鄒律序、旃蒙赤奮若張天錫序、乙丑王揖唐序、民國十四年乙丑胡文瑒序、丙寅裘毓麐序、民國十四年王樹榛序、胡炯等題詞、民國十四年柴萼自序、目錄。王揖唐序中評此書云：「凡夫朝野掌故、秘聞佚事以及詩文評騭、名物考據，莫不兼收，博取鉅細靡遺，衡其體例，蓋與潘永因之《宋稗類鈔》、郎瑛之《七修類稿》等書相近。君固抑然如不知足，此書乃其平日搜討所得、隨時掇述者，要自與今之蕪雜剽竊，苟以欺世者不同。」據柴萼自序，此書凡 37 卷 56 萬字 1998 條，卷一《朱氏世德碑》《明太祖軼事九十二則》，述明史。卷二述清高宗至清憲宗及清代宗室軼事，卷三《庚辛紀事六十七則》，卷四至卷十四述明清朝臣軼事、忠臣孝子、亂臣賊子，卷十五卷十六述節烈名媛，卷十七述明清典制、風俗，卷十八為文獻、傳記、財經及洪楊軼事，卷十九卷二十文獻（書畫碑帖詔書田券），卷二十一判文，卷二十二卷二十三文獻（詩文集），卷二十四至卷二十六詩詞文獻，卷二十七姓名、稱謂考，卷二十八傳記、詩詞、疇人技藝，卷三十至卷三十二神祇、怪異、俠客，卷三十三疾病與醫術，卷三十四金石（尤其是歷代璽印），卷三十五樂器、文具、服飾，卷三十六隱士，卷三十七動植，間有物異之事。輯錄他書而成，可稱野史雜記之書。

《近五十年見聞錄》八卷　貢少琴、周運鏞、吳之之、徐九香著

貢少琴，江蘇江都人。周運鏞，福建連城人。吳之之，江蘇江陰人。徐九香，安徽桐城人。未見著錄。上海文藝出版社《近代筆記大觀》影印民國上海進步書局（1933 年）鉛印本。前有民國五年江陰之之氏自序、《例言》7 條、目次。吳之之序云丙辰夏避暑滬南草堂，朋輩道遜清掌故，雖軼事志怪之類，「莫謂為無益之事，大足遣有涯之生矣。」《例言》四云：「宗旨所在，要以與國事民俗世道人心煞有關係，異日可備史乘志資料者為合格。若瑣故常聞，無裨宏旨，概從屏棄。」卷一為貢少琴撰，卷二為吳之之，卷三至卷六為周運鏞，卷七、卷八為徐九香。全書約 360 則，述同治以來諸公見聞，卷一、卷二以軼

事為主,如《詩丐》《蘇報案遺聞》《蔣劍人軼事》《洋翰林》《易實甫之革命談》
《德宗習洋文》《甲午之際士大夫談洋務》《公羊學之價值》《端方與劉申叔》
《留東學生之荒淫》《賽金花軼事》《陳英士與霍元甲》《穆宗微行》《清宮聽戲
之價值》《宣統帝之趣談》等,「本編以五十年為限,事實接近,敍述真確,固
非好事矜奇、向壁虛造者可比。」(《例言》三)此兩卷可稱雜史小說者,「數
年前南海吳趼人君有《二十目睹怪狀》之作,彼以章回體出之,此以劄記體
行之,懲勸雖一,要有虛實莊諧之別。」(《例言》五)卷三至卷八則軼事之外,
異聞增多,如《扎卜》《牛鬼報恩》《投生索債》《縊鬼》《狐妖》《鬼娶》《還魂》
《行尸》《獨腳公》《黃黛玉》《鬼》等,亦在信疑之間。貢少琴、周運鏞所撰
小說,文後間有外史氏、沈闕瞻、謔噱生評語,人物、故事評判之類,如卷四
《西河使者》謔噱生評云:「鬼占人妻,已難逃陰譴,神淫民婦,反榮荷夫帝
褒,此理殊不可解,豈緣之所在,上帝所不深究者歟。」

《野記》二卷　張祖翼撰

　　張祖翼(1849～1917),字逖先,號磊庵,又號磊龕、濠廬,因寓居無錫,
又號梁溪坐觀老人,安徽桐城(今屬安慶市)人,擅金石碑版之學,與吳昌碩、
高邕、汪洵同稱海上四大書法家,有《磊庵金石跋尾》《倫敦風土記》等。民
國《安徽通志稿》小說家類敍述雜事之屬著錄,云:「是書分上下二卷,仿明
祝允明之《野記》而作,故名亦相同。所記為咸同光宣四朝之事居多,凡朝野
之事可作史資者,皆據所見所聞以錄之,不為鑿空之談,不作理想之語,蓋唐
代《朝野僉載》之類也。」是書一名《清代野記》,三卷,山西古籍出版社《民
國筆記小說大觀》本(王淑敏據民國三年野乘搜輯社鉛印本點校)。前有《例
言》6條、目錄。《例言》中云此書積三十年來聞見所及而錄之,「初名《四朝
野記》,茲以四朝未能並包,故易今名。」所述皆有根據,故「所聞之事必書
明聞於某人,或某人云」,且「不為鑿空之談,不作理想之語」。此書可謂雜史
小說者,主於軼事,其於皇室宮闈如《文宗密諭》《肅順重視漢人》《皇帝患淫
創》《文宗批答》《慈禧之濫賞》《皇室無骨肉情》《慶貴誘搶族姑》《載瀲之淫
惡》《毅皇后之被逼死》、政治變遷如《親王秉政之始》《滿漢輕重之關係》《文
字之獄》《戊戌政變小記》、將臣事蹟如《滿臣之懵懂》《彭玉麟有革命思想》
《詞臣嬌慢》《翁李之際》《強臣擅殺洋人》《李文忠被謗之由》《李元度喪師》
《權相預知死期》《湘淮軍之來歷》《端忠敏死事始末》《孔翰林出洋話柄》《刺

馬詳情》《勝保事類記》《裕庚出身始末》《雁門馮先生紀略》《肅順軼事》、滿族如《萬曆媽媽》《滿人吃肉大典》《旗主旗奴》、外交軼聞如《屬國絕貢之先後》《琉球貢使》《馬復賁越南使記》《哲孟雄之幸存》《新加坡之紀念詔書》以及委巷之談如《白雲觀道士之淫惡》《阿肌酥丸》《京師志盜》《賭棍姚四寶》《書楊乃武獄》《道學貪詐》等，皆歷歷言之，語淺意浮，語中不乏白話言情者，如卷上《彭玉麟有革命思想》條云：「安徽克復，彭玉麟權巡撫，遣人迎曾文正東下。舟未抵岸，忽一急足至，眾視之，彭之親信差弁也。登舟，探懷中出彭書，封口嚴密。文正攜至後艙。其時內巡捕官倪人塏侍側，文正親信者也。及啟函，僅寥寥數字，且無上下稱謂，確為彭親筆，云：『東南半壁無主，老師豈有意乎？』十二字而已。文正面色立變，急言曰：『不成話，不成話！雪琴還如此試我，可惡，可惡。』撕而團之，納入口而咽焉。雪琴，彭字也。人塏，字爽軒，皖之望江人，後為江蘇直隸州。言於歐陽潤生，潤生為予言如此。」其他則有藥方如《驗方》（治咽嗝奇方、龍眼核止血止痛、陳菱殼燒灰治小兒黃水瘡）、異聞如《前世冤鬼》《鬼捉酷吏》《妖狐為祟》《猴怪報怨》《方某遇狐仙事》、瑣語如《輓聯匯志》《巧對》《聯語無偶》等。所記下及宣統三年，已入民國矣。按王淑敏統計，全書124則（篇），諷世者多，間有激濁揚清之事如《琴工張春圃》《內監直言被誅》《優伶俠義》《吳可讀屍諫》等，蓋清亡遂乎民意也。

《棲霞閣野乘》二卷　　孫靜庵撰

孫靜庵，名寰鏡，字靜庵，一字靜安，別號寰鏡廬主人，江蘇無錫（今無錫市）人，曾主編《二十世紀大舞臺》《警鐘日報》，有戲劇《鬼磷寒》《安樂窩》、小說《新水滸》等。《中國古籍總目》史部雜史類瑣記之屬著錄。山西古籍出版社《民國筆記小說大觀》本。是書188則，所述為清代雜史、雜事，如《康熙六次南巡始末記》《旗人生計之窘迫》《金聖歎之死》《山東巡撫國泰之笑史》《潘雲閣之軼事》《朱竹垞詠史詩》《李給諫獄中》《毛西河拒奔女》《紀文達奉旨納妾》《士大夫之踵事增華》《劉石庵之軼事》《張映璣之雅謔》等，間有詩話如《題壁詩》、地理《宋故宮德壽基舊池》、書畫《高房山〈春雲曉靄圖〉》等，敘述晚清軼事饒有別趣，描寫生動，雖有關國事者多，視之雜史小說可也。民國筆記有關清史者，目聞之外，多據史乘、小說編排，文筆浮誇，頗有小說意味，故可稱之為民國雜史小說者。

《民權素筆記薈萃》　張海漚等撰

　　張海漚，安徽太湖（今屬安慶市）人，有《曼陀羅軒閒話》《姊妹花影》《海漚閒話》等。《民權素》本為《民權報》副刊，後獨立辦刊（1914～1916）。未見著錄。山西古籍出版社《民國筆記小說大觀》本。該書輯錄《民權素》雜誌中筆記 29 種及「雜談」數條，分別為《曼陀羅軒雜話》《薐園隨筆》《京華聞見錄》《都門消夏瑣記》《天仇叢話》《弈史》《蟲天閣摭談》《燕子龕隨筆》《無所不談》《夫須閣隨筆》《變色談》《裝愁庵隨筆》《揚州風俗記》《新安大好山水錄》《紀盜及技擊》《攄懷齋贅譚》《呵凍小記》《尋花日記》《雜談掇拾》《謦軒筆記》《隱生雜記》《風塵聞見錄》《豁庵叢話》《鬱鬱室隨筆》《欣齋雜記》《風塵餘情》《俠乘》《佚夫室叢錄》等，所述有關晚清軼事、域外風俗、邊疆地理、書畫詩話、雜技音樂、經史考論、俠客方外、女史花木等，此亦晚清文人書寫方式轉變下一產物也。

《清代軼聞》十卷　裘毓麐撰

　　裘毓麐（1890～？），又名毓麟，字匡廬，浙江慈谿人，曾留學美國加利福尼亞大學，有《思辯廣錄》等。未見著錄。新興書局《筆記小說大觀》本。前有《凡例》四條、民國三年黃符鼎序、陳漢章序、民國三年徐鐵傖序、民國三年楊敏曾序、民國三年夏變球序、甲寅周椒青序、目錄。是書分為 16 目，卷一卷二《名人軼事》，卷三《宮闈秘史》，卷四《外交小史》，卷五《文苑雜錄》，卷六《洪楊軼聞》，卷七《檮杌閒評》，卷八《小說》《詞曲》《書畫史》，卷九《遊俠記》《方外記》《良醫記》《貨值記》，卷十《弈史》《藝術史》《北里志》。輯錄他書而成，每則有標題，如《李秀成感事詩》《總戎佳論》《年羹堯軼事》《淄川小聖人》《徐靈胎先生傳》《記馬僧》《索額圖之義俠》《記前清富民》《寇白門》《樊樊山賈郎曲》《八大胡同之歷史》《小說家李伯元傳》《長生殿傳奇》《道光時河工之奢侈》等，歷史好奇，雜史小說也。此書纂於《清史稿》未成之先，裘氏感於清亡後野史叢出，疾夫淆亂，於研讀西學之餘，留意前朝軼事，其「引事之翔實，持論之和平，分別部居，精覈詳審，洵足為別史中獨開生面。」（夏變球序）清代野史，蓋以《清史稿》編纂告成前後為多，其中尤以晚清歷史為熱點。

《羅癭公筆記選》一冊　羅惇曧撰

　　羅惇曧（1872～1924），字孝通，號掞東，又號癭庵，廣東順德（今順德

市）人，清優貢生，官郵傳部郎中，入民國後在北洋政府秘書等職。羅氏與梁鼎芬、黃節、曾習經並稱「粵東四家」，有《癭庵詩集》等。未見著錄。山西古籍出版社《民國筆記小說大觀》本。是書包括《庚子國變記》《拳變餘聞》《京師大學堂成立記》《中俄伊犁交涉始末》《德宗繼統私紀》《教匪林清變紀》《太平天國戰紀》《中英滇案交涉本末》《割臺記》《威海衛師燼父記》《記張汶祥》《記楊銳》《記林旭》《賓退隨筆》14種，前13種皆為系統之文，《賓退隨筆》則為雜史筆記也，每則有標題，如《朝鮮紀恩碑》《郭嵩燾與劉坤一》《漁洋〈秋柳詩〉注》《蛙異》《太廟玉冊》等，軼事為主，間有詩話、志怪（異聞）、典制等。敘事簡要，不乏文士詩文之筆。

《女聊齋誌異》四卷　　古吳靚芬女史賈銘輯

賈銘事蹟不詳，蘇州人。《中國古籍總目》子部小說家類著錄。今有齊魯書社《清代筆記小說叢書》本。前有民國二年匪遑《敘》，中云：「是書羅輯數千年來之貞女、才女、俠女、情女之魂，而匯之一編。其間奇聞軼事，或以情愛見稱，或以節烈見著。或以俠義文藻見長，處常濟變，守經達權，雖七尺鬚眉，未易具此志略；皆非有真道德、真性情、真氣概、真學問者不辦。一言以蔽之，皆中華之奇女子也！皆吾崑崙、峨嵋、長江、大河數千萬年所磅礴鬱積之奇氣也！然則曷為而以《女聊齋》名其書？曰：靚芬賈女史者，素崇拜蒲留仙之著作者也，而尤傾倒於《聊齋誌異》一書。故其居恒讀書之處。嘗自顏其齋曰『女聊齋』，蓋所以誌慕也。既而輯是編既竟，以其筆致之雋穎，詞藻之古豔，敘事之簡曲，而能達結構之緊峭而得勢，情文兼至。其筆墨直足登「『聊齋』之堂，而入其室。而其事蹟又均繫之於女子，因亦以齋居之名名其書曰《女聊齋》。」此書輯錄先秦以來正史、小說中奇女子如西施、紅線女、步非煙、紅拂、崔鶯鶯、黃道婆、趙飛燕等事蹟，所輯以傳奇小說（對原文略有改動）為主。

《南皋筆記》四卷　　楊鳳輝撰、李緗、王允斌評點

楊鳳輝（一作楊鳳徽），字樹棠，號南皋居士，四川岷江（今屬四川松潘縣）人，生平事蹟不詳。未見著錄。廣陵書社《筆記小說大觀》本。前有民國甲寅李緗序、民國甲寅王允斌序、民國三年楊鳳徽自序、《凡例》8條。《凡例》中云：「是書所記，皆奇聞異見之事，仿晉唐諸家小說體例而為之，以為見聞之助，非敢創為異說也。」「是書所記事實，皆得之耳聞目見者，概從實

錄，中間參以末議，意在發明題意，非敢杜撰也。」此書為清代志怪小說之
餘流，以蜀地故事為主，仿《搜神記》之筆，而兼有唐傳奇之法，如傳奇如
《蓮卿》《小燕》《狐仙》《黃蕙馨》《胡麗姑》，篇幅並不為長，而狐鬼吟詩、
神人路殊，亦有《聊齋》之風。文風質實，與「聊齋體」不為一類，大類六
朝傳記小說。《筆記小說大觀》本無李紲、王允斌評點，與《凡例》中所云不
合，蓋新興書局已刪去之。今亦無他書以補之，惜哉。筆記小說評點之學，
眉批、夾批、文後評、書後總評，蓋與封面序跋題詞凡例，皆屬「副文本」
研究，然文後評作者初刻即已與敘事並行，後世相沿不改，故仍可視作「本
文」之一。

《古今筆記精華錄》二十四卷　佚名編

未見著錄。新興書局《筆記小說大觀》本。民國三年羅振鐸序、民國三年
樊楚才序、民國三年編者自序、《例言》七則、目錄。《例言》中云：「是編搜
集漢魏六朝及唐宋元明清以迄近人筆記，擷其精華，分類編纂，各以類從，從
不相屬越，可謂極筆記之精華，因題曰《筆記精華錄》。」是書分類 24 目，卷
一《史談》、卷二《事原》、卷三《古蹟（遊記附）》、卷四《風俗》、卷五《諺
語》、卷六《方言》、卷七《豪傑》、卷八《文士》、卷九《神童》、卷十《美人》、
卷十一《妓女》、卷十二《優伶》、卷十三《方技》、卷十四《文藝》、卷十五《武
術》、卷十六《音樂》、卷十七《美術》、卷十八《趣事》、卷十九《歌謠》、卷
二十《仙佛》、卷二十一《鬼怪》、卷二十二《草木》、卷二十三《禽獸（蟲魚
附）》、卷二十四《瑣聞》，每則有標題，如《罵賈似道之狂士》《嚴嵩拜帖》《子
貢軼事》《沈萬山》《甲申之異聞》《吳三桂家書》《元祐黨人姓氏》《元旦朝賀
之始》《折疊扇始於宋》《賣酒家豎旗始於晉》《沙糖始於唐》《清溪洞》《飛雲
岩》《喜泉》《薛濤井》《白河風俗之陋》《歲時節物》《古人早食粥》《男子亦稱
歸寧》《魯俗紀略》《這個那個》《廣西方言》《偽俠客》《韓退之喜睡》《白香山
生日》《解語花》《蘇小小》《江湖十二腳色》《狗皮道士》《吸煙技》《杜詩疵累》
《杜詩漫興之誤》《寫照法》《古畫衣裳顏色》《和尚出家》《小半斤謠》《呂洞
賓及第為縣令》《僵屍鬼》《孝犬》《古人酒量》《晉兩劉毅》等，所輯皆注明出
處，內容大致有雜事、異聞、瑣語、詩話、書畫、比事史實、燈謎言語、地理
風俗、博物曲藝、方言稱謂等。上海廣益書局《近人筆記大觀》、徐珂《清稗
類鈔》，體同此書。

《可言》十四卷　徐珂撰

徐珂（1869～1928），原名昌，字仲可，一字仲玉，浙江杭縣（今屬杭州市）人，光緒十五年恩科舉人，官內閣中書，曾為袁世凱幕僚，戊戌變法失敗後歸里，後任職於商務印書館，並加入南社，亦為《外交報》《東方雜誌》編輯，有《清代詞學概論》等，編有《清稗類鈔》《歷代白話詩》等。上海書店《叢書集成續編》本。書中卷二有「清社之屋，今十年矣，而辮髮猶所在皆有」語，則此書陸續成於 1921 年。該書所述清代雜史、江浙風俗之變、滬瀆新奇事物、民國後亂世現象、閒適生活以及哀民生之多艱、歐日歷史、中西地理、文藝（詩書畫戲劇等）淺談、經史考辨、先祖遺芬、飲饌器玩等，每則無標題，內容較之清筆記為龐雜，然經世之情、科學民主精神每每流於筆端，可稱民國雜說筆記之傑出者。書後有甲子（民國十三年）徐珂跋，云：「予非可人而作可言，以表字仲可且自明其為僅可，有異於昔人之《可談》也。積數十年之聞見及讀書所得，隨筆紀錄，無復詮次，稿庋二篋，客歲家居多暇，發其一理董之，排比先後，略以類從（注略），有立說者，有辯證者，有議論而兼敘述者，有旁究物理、臚陳纖瑣者，要以溝通中外、融合新舊為指歸，而下流社會情狀之紀載，較之言上流中流者為多（注略）。」

《康居筆記函十三種》　徐珂撰

《中國古籍總目》叢書類獨撰類民國以來之屬著錄。山西古籍出版社《民國筆記小說大觀》本。前有夏敬觀《杭縣徐仲可先生墓誌銘》、民國二十二年徐新六序、目錄。徐新六序云：「先君晚年勤於著述，嘗以平日之見聞，大之典章文物，小之閭巷瑣聞，凡有足記者輒筆之於書。心於政治風俗之變，靡所底止，乃以婉言刺諷之，刺諷之不足，則發為憤世嫉俗之言，先君蓋古之傷心人也。既成筆記若干種，先後刊行《天蘇閣叢刊》一集、二集，《心史叢刊》，以問世。易簀之後，檢其遺稿，又得《範園客話》、《呻餘放言》、《松陰暇筆》、《仲可筆記》、《天蘇閣筆談》、《云爾編》、《聞見日抄》、《夢湘囈語》、《知足語》、《梅西日錄》、《雪窗閒筆》、《雪窗零話》、《雪窗雜話》，共十三種，因敬匯輯而名之曰《康居筆記匯函》，以付諸梓人。民國二十一年之始裝釘。蕆事有期矣，而『一・二八』之亂作，裝釘作在閘北，毀於炮火，書亦燼焉。亂定後，整理副本，距『一・二八』之亂忽已逾歲。追思往事，痛何能已，而先君遺作之問世，亦因之而遲一年，此又新六之所引疚無窮者也。」除《松陰暇筆》《仲

可筆記》《天蘇閣筆談》《聞見日抄》《梅西日錄》《雪窗閒筆》《雪窗零話》《雪窗雜話》外，其他數種前皆有徐珂小序。是書有詩話詞話、軼事謔語、經史考證、風俗方言、人口地理、書畫器玩、典制方藥、域外奇談等，《宋代武功遠不及漢唐》《袁項城小站練兵》《家宴賞菊，分韻賦詩》《古人不諱再嫁》《鄙人敝人》《滬上屋租昂貴》《論居室言衣飾》《讀書有益身心》《徐志摩》《酒食之困》《江浙人避兵至滬》《習語體文者》《著書須窮愁》《嚴君之謂》《漢隋人口》《司徒之沿革》《前趙高祖劉淵》《盛京大內宮殿》《參用西法之畫》《次韻賀壽五首》《未授職舉人賞銜》《保檢之法》《古代女子出嫁年齡》《未授職舉人賞銜》《我國方言之異》《寒夜有作》《論盜》《晉俗與晉商》《「狎客」考》《「外遇」考》《「力」考》《民國幣》《三代名刺之別》《話鹽》《明人評文好用圈點》《「口占」考》《集龔定庵詩句為聯》《清代集唐人一家之詩》《清詞卓然可傳者》《王闓運生平》《談筆記》《戰國金幣》《宿命論》《西女之著衣》《非洲人較早用椅》等，輯錄他書較多，尤以《知足語》中輯女性題材詩詞為著，考古證今、吟詠詩詞中寓經世之談，治亂興衰以西方為參照，議論中允，敘事簡要，考證亦有據，非限於虛談也。

《清稗類鈔》十三冊　徐珂編

中華書局 2010 年版。前有民國六年諸宗元序、民國五年徐珂自序、《凡例》10 條、目錄。徐珂仿潘永因《宋稗類鈔》稗史之體、輯錄史書說部報章而成此書，其自序云「雖皆掇拾以成，而剪裁鎔鑄，要亦具有微恉，典制名物，亦略有考證。其中事以類分，類以年次，則以便臨文參考捃摭徵引之用也。」所述始順治，訖宣統，《凡例》中云：「本書九十二類，凡一萬三千餘條，綜計之約三百萬餘言。」第一冊《時令類》《氣候類》《地理類》《名勝類》《宮苑類》《第宅類》《園林類》《祠廟類》《帝德類》《恩遇類》《巡幸類》《宮闈類》《朝貢類》《外藩類》《閹寺類》《外交類》，第二冊《禮制類》《度支類》《屯漕類》《教育類》《考試類》《兵刑類》《戰事類》《武略類》，第三冊《獄訟類》《吏治類》《爵秩類》《幕僚類》《薦舉類》《知遇類》《隱逸類》，第四冊《諫諍類》《箴規類》《譏諷類》《詼諧類》《種族類》《宗教類》，第五冊《婚姻類》《門閥類》《姓名類》《稱謂類》《風俗類》《方言類》《農商類》《工藝類》《孝友類》，第六冊《忠藎類》《敬信類》《義俠類》《技勇類》，第七冊《正直類》《貞烈類》《謙謹類》《廉儉類》《狷介類》《豪侈類》《才辯類》《明智類》《雅量類》《異稟類》《容止類》《情感類》，第八冊《疾病類》《喪祭類》《師友類》《會黨類》

《著述類》《性理類》《經術類》《文學類》，第九冊《藝術類》《鑒賞類》，第十冊《方伎類》《迷信類》《方外類》《賭博類》《音樂類》，第十一冊《戲劇類》《優伶類》《娼妓類》《胥役類》《奴婢類》《盜賊類》《棍騙類》《乞丐類》，第十二冊《動物類》《植物類》《礦物類》《物品類》，第十三冊《舟車類》《服飾類》《飲食類》，附錄《清代歷朝干支年號表》。全書 92 類下，每則（篇）皆有標題，如《時令類》之《太宗用大統法以推時憲》《世祖頒新法時憲書》、《地理類》之《全國環遊紀程》《京師城門》《蒙古道路》、《宮闈類》之《宮女日課》《世祖有廢后》《孝欽后誅肅順之異聞》、《外交類》之《外人譏吾外交》《各國與上海之關係》《日人誘降丁日昌》等，惜皆不注原文出處，然不竄改原文而類別有序，可稱雜史名作。諸宗元序云此書價值，一如《萬曆野獲編》之於明史（「明代野史蔑以過之」），雖過譽之語，然言清代野史者，此書不可忽之。

《清朝野史大觀》十二卷　小橫香室主人纂

小橫香室主人或為徐珂。未見著錄。新興書局《筆記小說大觀》本（源出於中華書局 1916 年本）。前有《編輯凡例》。此書分《清宮遺聞》《清朝史料》《清人逸事》《清朝藝苑》《清代述異》五大類，《編輯凡例》中云：「清代二百數十年間遺聞軼事，上自宮闈，下逮閭里，或著於名人記載，或述於故老傳言，考清史者往往歎其散佚，未易徵稽，本編力為採輯，分類編纂，鉅細無遺，本末俱備，可為有清一代野史之總匯，因名曰《清朝野史大觀》。」「本編分為五類，各有意旨，請述其略：（一）清代文字屬禁綦嚴，宮內奇聞，曼珠風俗，偶有載紀，託於寓言。本編悉力鉤稽，考核實錄，是為《清宮軼聞》。（二）巨獄大案，層見迭出，忌諱既多，遂無直筆，本編旁徵博引，畢見真情，內政外交，並陳詳述，是為《清朝史料》。（三）名臣名將，大佞墨吏，一言一事，傳聞異詞，本編竟委窮源，兼收並蓄，彰彰公論，懲勸並昭，是為《清人逸事》。（四）名儒文苑，詩人墨客，風致韻事，流佈藝林，本編摭拾刺取，乃擷其華，詹詹小言，粲然頤解，是為《清朝藝苑》。（五）虞初之志，檮杌之言，怪誕離奇，更僕難數，本編擷採維嚴，寧闕無濫，既富興趣，益增閱歷，宗教外紀，並附著焉。是為《清代述異》。」「編輯是書時，取資參考之書，半多手抄秘籍，及各省府縣志乘，名家文集，為數不下百十餘種，其已刊行之筆記叢錄，本編資以採輯者，特列表於後，以示矜慎而便稽考。」每則有標題，亦民國間有關清代野史之書。

《滿清野史》二十種，《滿清野史續編》二十種，《滿清野史三編》二十種，《滿清野史四編》二十種　佚名編

《清史稿藝文志拾遺》史部雜史類著錄。新興書局《筆記小說大觀》影印（民國九年）成都昌福公司排印本。此為清代野史叢書，收錄有關清史者筆記、詩詞、野史如《殛珅志略》《乾嘉詩壇點將錄》《梅花嶺遺事》《清宮詞》《慈禧及光緒賓天記》《董小宛別傳》《庚子拳變始末記》《春冰室野乘》《清朝前紀》《清末實錄》《滿清興亡史》《滿清外史》《庚子國變記》《清華集》《割臺記》《桂藩事略》《指嚴筆記》《牧齋遺事》《庸庵文》《洪楊軼聞》《北京紀遊匯鈔》《清代名人趣史》《蕉窗雨話》《外交小史》《檮杌近志》《鐵路國有案》《辛亥四川路事紀略》《名人軼事》《都門紀變百詠》《儒林瑣記》《烏蒙秘聞》《胤禎外傳》《髮史》《故宮漫載》《慶親王外傳》《漢人不服滿人表》等八十種，搜集清代雜史可謂犖犖大觀。

《春明夢錄》二卷　何德剛撰

何德剛（1855～1934 後），福建閩縣（今屬福州市），光緒三年進士，曾任吏部主事。《中國古籍總目》史部雜史類瑣記之屬著錄。新興書局《筆記小說大觀》本（影《平齋家言》本，前有民國十一年壬戌《平齋家言序》）。是書為何氏回憶在吏部任職期間活動之記錄，遺民口氣，於晚清政局、對外交涉、清流洋務兩派之爭、晚清諸帝之處境、清代典制、內亂處置、科舉弊端、財經帳目、工程驗收、同官往還等，皆為目擊耳聞之事，敘述真切，於咸同光三朝危局，皆寓感歎焉，何氏《平齋家言序》中云：「余曩有課孫草之作，意雖不專屬課孫，而究限於範圍，舉凡世事之推遷，人情之變幻，語焉殊未及詳，回憶其實年來，身世所經歷，耳目所接觸，幾如雲煙過眼，渺然而無可捉筆拏，夜窗默坐，影事上心，偶得一鱗半爪，輒瑣瑣記之，留示家人，自丁巳迄去秋，哀然成帙，退居無事，略加編次，分為《春明夢錄》《郡齋影事》《西江贅語》《客座瑣談》《家園舊話》五種，錄而存之，只自成為一家言，本不足為外人道也。嗣友人以《春明》一錄，可以存掌故而補遺佚，慫惥付梓，因復加刊削，屬諸手民。非敢言問世也，亦藉以觀世變也。」

《客座偶談》四卷　何德剛撰

未見著錄。新興書局《筆記小說大觀》本。前有民國二十三年甲戌何德剛自序。此書述清代典制及晚清民國政事、科舉、財經、商貿、法律等，對於晚

清民國之際時局、世風之變、治亂循環、文化興衰，時發感慨與理學語，但已無遺老心態，憶念過往，敘述較為客觀，筆力減於《春明夢錄》，蓋如周亮工「老人讀書，只存影子」歟？

《新世說》八卷　易宗夔編

易宗夔（1874～1925），字蔚儒，湖南湘潭（今湘潭市）人，譚嗣同友，曾入南社、南學會，民國後任國民黨政事部幹事、眾議院議員、北京政府法制局局長，有《湖海樓詩文集》等。未見著錄。新興書局《筆記小說大觀》本。前有民國七年易宗夔自序、《新世說例言》15條、目錄。易宗夔序云：「宋臨川王劉義慶撰《世說新語》一書，託始漢魏，終止東晉，捃摭逸事，宏獎風流。雋旨名言，溢於楮墨。孝標作注，能收錄諸家小史，分釋意義。高似孫《緯略》極推其典贍，紀曉嵐則謂其糾正義慶之紕繆甚為精覈，所引諸書紀載特詳；裴松之《三國志注》、酈道元《水經注》、李善《文注》不是過也。故淹雅碩彥、裙屐少年皆喜讀而樂道之。後之作者，劉肅仿之為《唐世說》，何良俊廣之為《語林》，李紹文繼之為《皇明世說》，清初王丹麓則著《今世說》，李鄴嗣又著《續世說》，其書咸有可觀。然以視臨川王之書則有間，良以二劉去晉未遠，竹林餘韻、王謝遺風，不不嘗身親酬酢，攝其語言，而把其丰采也。予生也晚，幼承先君子耕莘府君庭訓，又從舅氏李少疏先生遊，涉獵於藝林，即酷嗜臨川王之書，以彼片語隻辭，別具爐錘，自甘吻頰，非凡響所能及耳。長遊東瀛，歸為議士，益廣交海內賢豪，習聞掌故，筆之於冊以備遺忘。因思前清入主中原，亦越二百六十有八年矣，其政俗之變、朝野之得失，軼事遺聞，更僕難數。顧鍾簴雖移，簡冊猶秘，私家著述充棟汗牛，無記載詳贍可供參考者。欲求一斟酌群言、足諧雅俗之作，戛戛乎難之。迨鼎革以後，當代執政、革命偉人，黨派紛挐，互相攻訐，民國記載亦鮮完書。國會散後，留燕京，端居多暇，爰不揆檮昧，仿臨川王《世說新語》體例，編輯一書，名曰《新世說》，內分《德行》《言語》《政事》《文學》等三十六門，上起前清初葉，下迄現今。本春秋三世之義，成野史一家之言。品必取其最高，語必取其最雋，行必取其最奇，重實事而屏虛譚，有臧貶而無恩怨。使閱者流連往躊，雅趣橫生。或疑名賢生平多嘉言懿行，詎籍此一言一事以傳？不知就此一言一事之微，政如頰上添毫、睛中點墨，但稽已往之陳跡，即可見近日名流逸韻之由來，更可為他日論世知人之一助。至後之人得者是書，或覆醬瓿，或亦如今人於臨川王之書皆喜讀而樂道之，則惟付諸不可知之數而已。」是書仿《世說》體例，述清代民國

軼事遺聞，按類分 36 門，卷一《德行》《言語》，卷二《政事》《文學》，卷三《方正》《雅量》《識鑒》《賞譽》《品藻》，卷四《規箴》《捷悟》《夙慧》《豪爽》《容止》《自新》，卷五《企羨》《傷逝》《棲逸》《賢媛》《術解》，卷六《巧藝》《寵禮》《任誕》《簡傲》，卷七《排調》《輕詆》《假譎》《黜免》《儉嗇》《汰侈》，卷八《忿狷》《讒險》《尤悔》《紕漏》《惑溺》《仇隙》，正文之外復有注文，亦仿《世說》《今世說》之例，惜無說明輯錄何書。書後有民國七年蔡元培序，序中云魏晉清談而有《世說新語》、晚明清初結社之風而有《今世說》，注意到世風與文學之關係而未明《新世說》何以作焉。

《新語林》八卷　　陳瀟一纂

　　陳瀟一，一作甘籹，字藻青，號潁川生，江西黎川（今屬撫州市）人，有《睇向齋秘錄》等。南京圖書館藏鉛印本。前有戊午（民國七年）楊士琦序、陳瀟一按語、庚申楊士晟序、民國九年黃鼎元序、於傳林序、辛酉陳瀟一自序、《新語林例言》8 條、《人物名字異稱一覽表》，書後有夏敬觀、袁思亮序。此書仿《世說新語》之例、效何良俊自注法，記錄晚清民初人物軼事，「以一二十年間見聞所及，排纂而表注之」（楊士琦序），陳瀟一自序中亦云：「凡所述，以不掩其真為主，非以恩怨為貶，非以好惡定是非……稿凡數易，僅成茲篇，事取其高潔，義取其公正，言取其雋永。」書分為 36 目，卷一《德行》，卷二《言語》《政事》，卷三《文學》《方正》《雅量》，卷四《識鑒》《賞譽》《品藻》《規箴》，卷五《捷悟》《夙慧》《豪爽》《容止》《自新》，卷六《企羨》《傷逝》《棲逸》《賢媛》《術解》，卷七《巧藝》《寵禮》《任誕》《簡傲》《排調》《輕詆》，卷八《假譎》《黜免》《儉嗇》《汰侈》《忿狷》《讒險》《尤悔》《黜陋》《惑溺》《仇隙》。楊士晟序稱此書「其精覈可方劉《世說》，其整潔不下《今世說》」，袁思亮亦云：「其所紀述盡當世人，言行美惡，務存其真。又其辭淵雅雋永，能使人消釋鄙吝，曠然有絕塵出世之思，與記瑣聞談神怪者異矣。」又南京圖書館藏陶菊隱《新語林》，收錄《從下棋講到做人》《院長失蹤之謎》《曹三爺大事不糊塗》《平劇兩伶人》《韓復渠蓋棺論定》等文章 21 篇，非世說體小說也。

《社會黑幕》不分卷　　定夷編著

　　李定夷（1889～1963），字健卿，筆名定夷，江蘇常州（今常州市）人，小說家，有《李著十種》《定夷叢刊·說集》等。廣文書局《中國近代小說史

料續編》本。前有民國九年南陽臣本布衣《社會小說社會黑幕序》、目錄。此書又名《惡社會》，「師《春秋》貶惡之微意也」，意在摘奸發覆、改良社會，「書之編次，凡分十卷，曰盜匪世界，曰拐騙世界，曰色慾世界，曰煙賭世界，曰迷信世界，曰惡官僚，曰惡家庭，曰惡僧道，曰惡巫醫，曰惡風俗，其包羅之豐富、事實之淵博，讀之尤足令人生觀止之歎。至於文筆之簡淨，銓次之審慎，則讀者自能明辨，無俟予之呶呶。」臣本布衣序中云十卷之本，此則有《盜匪世界》《拐騙世界》《色慾世界》《煙賭世界》四目，共 102 則（篇），所述有盜賊、邪教、陋習、奸騙、娼妓等，如《盜匪世界》之《甘肅之假皇帝》《中央教》《白晝之大劫案》《拉肉票》、《拐騙世界》之《路礦大騙案》《巡警拐賣婦女》《男新娘》《新念殃》、《色慾世界》之《斷袖餘臭》《風流七公司》《拐騙少女之結局》《小小風流罪過》《嫖客拐走妓女》、《煙賭世界》之《海軍俱樂部》《禁煙黑幕》《嬰粟捐》《花會害人》《煙案何多》等，文風淺易，目擊耳聞外，蓋不乏得諸新聞報紙者。

《清代世說新語》 夏敬觀纂

夏敬觀（1875～1953），字劍丞，號映庵，江西新建（今南昌市）人，光緒二十年舉人，曾入張之洞幕，官浙江提學使，入民國後曾任浙江教育廳長，有《忍古樓詩集》《八代詩評》等。復旦大學出版社 2015 年版（此書 1932～1935 年連載於《青鶴》雜誌，劉強先生據上海圖書館藏《清世說新語》抽印本校注。）據劉強《凡例》可知，此書本文 460 餘則，始撰於 1912 年前後，前有陳灨一序、類目，「自《德行》至《仇隙》共三十六門，一仍《世說新語》類目之舊；然正文僅有自《德行》至《簡傲》的二十四門，自《排調》至《仇隙》的十二門則付闕如。」即存《德行》《言語》《政事》《文學》《方正》《雅量》《識鑒》《賞譽》《品藻》《規箴》《捷悟》《夙惠》《豪爽》《容止》《自新》《企羨》《傷逝》《棲逸》《賢媛》《術解》《巧藝》《寵禮》《任誕》《簡傲》，正文之外，並仿何氏《語林》自注之法。陳灨一創辦《青鶴》雜誌，與夏敬觀為相知，故序中云：「夏映庵先生嘗撰《清世說新語》，稿及半，棄去，至今已廿年矣。偶為余言：『此未嘗不可終卷。年來頗致力繪事，未遑他顧也。』余曰：『一代有一代之人物。君子觀其言行，治亂人心風俗習尚皆可得而見。湘潭易君採擷清代自順、康迄光、宣之世，略附時流，編次曰《新世說》。余病其濫冗，因撰《新語林》。書中人物則斷自民國為準。夫以時人而寫時人之事，執

筆或視易君為難,學謏才疏,紕繆尤甚。公淹雅多聞,其說必有可觀矣。敢請
見視。」映庵笑置之。邇議刊雜誌,乞稿映庵,始從故紙中檢出,余受而讀焉。
雖屬稿未竟,而言近旨遠,彌得晉賢風味。於一人一物,品必取其高,事必取
其奇,語必取其雋。《新世說》固不足擬,拙作更當覆瓿。亟布本志,籍供同
好。嗟乎!映庵志在傳人,足甘口吻。余其願窺全豹也。映庵其有意乎?」此
書文筆典雅,無王晫《今世說》標榜之習,無易宗夔《新世說》誕妄之筆,民
國「世說體」小說,此可稱名作。

《秦淮感舊集》兩卷　蘋梗撰

　　蘋梗事蹟不詳。《清史稿藝文志拾遺》子部小說家類雜錄之屬著錄。上海
廣益書局 1919 年石印本。卷上《軼事》,為民初金陵秦淮之遊,志豔中每引清
初《板橋雜記》、清中期《續板橋雜記》作古今對比,其述金陵板橋世風之變
云:「變童狎客,京華最勝。金陵久無此風,有之則始於陸薔芳。薔芳曾赴新
加坡演髦兒戲,名噪一時,其弟小龍長勝,亦名優也,舉家偕來金陵,有招薔
芳侍酒者,每攜其弟偕往,變童美女,雜沓於歌舞筵前,別饒興趣。」卷下《題
詠》,為詞客歌妓往還贈答詩詞之作。於此可見狎妓之風,民國初年仍然興盛
不衰。

《道咸以來朝野雜記》一冊　崇彝撰

　　崇彝(1884〜1951),姓巴魯特,字泉孫,蒙古正藍旗人,清末任吏部考
功司郎中、貴州學務公所課長等職,民國後曾任北京政府財政部鹽務署運銷廳
科員,有《選學齋詩存》《選學齋書畫寓目筆記》等。未見著錄。北京古籍出
版社 1982 年版。前有丁亥鄧之誠代序。鄧序云是書「字字珍秘,皆親見親聞,
當與《嘯亭雜錄》並傳,非《天咫偶聞》等書所能望其項背也。」書名仿南宋
李心傳《建炎以來朝野雜記》,而無類目、無標題,首敘清宣宗以來帝王事蹟,
次序藩王,次序六部、京城地理、清代典制、滿洲禮節、京城名園、京城戲班、
朝臣軼事、京師節慶、朝臣宅邸等,以景存人、以人繫事,文筆纏綿,要言不
煩,其於京師曲藝界之情形介紹,可謂清新可讀。鄧之誠云劉岳雲撰《咸同以
來朝野雜記》二十二卷,「其後人云稿本尚存」,未見。

《蕉廊脞錄》八卷　吳慶坻撰

　　吳慶坻(1849〜1924),字子修,又字敬疆、稼如,別號悔餘生、蕉廊、

補松老人，浙江錢塘（今杭州市）人，吳振棫孫，光緒十二年進士，改翰林院庶吉士，散館授編修，歷任會典館總纂、湖南學政等，辛亥革命後移家上海，有《補松廬文錄》《補松廬詩錄》《悔餘生詩》等。《清史稿藝文志補編》子部雜家類雜記之屬著錄。中華書局《清代史料筆記叢刊》本。前有民國十七年戊辰劉承幹序，云：「昭代學術遠軼前禩，說者謂經、小學之盛步武漢、唐，而史學則遜於宋、明，故志有清藝文者，於乙部之雜史、丙部之雜家，可著錄者其難其慎。如阮氏《石渠隨筆》、法氏《槐廳載筆》、胡氏《西清劄記》、阮氏《茶餘客話》、姚氏《竹葉亭雜記》、戴氏《藤陰雜記》、梁氏《樞垣紀略》、王氏《石渠餘記》、唐氏《天咫偶聞》，先後作者，此為鉅子。錢唐吳仲雲制府，所著有《養吉齋叢錄》，凡朝章國故、民生利病，罔不考鏡得失，鉤索源流。文孫子修文，早歲入洛，研究掌故；中年足跡半天下；居鄉廿載，兩修志乘；洎登清要，益綱羅舊聞，與當世賢士大夫相周旋，抽潛掇幽，風世厲俗；晚歲表彰遺逸，慨然有黍離麥（上草下漸）之思。承幹追隨日久，心折尤深。甲子之春，丈捐館鄉里，公子絅齋侍讀手編遺稿，分類匯緝，為《蕉廊脞錄》八卷：曰國聞、曰里乘、曰忠義、曰經籍、曰金石、曰書畫、曰嘉言，而以雜記附焉。蓋與制府《叢錄》之作大體略同，而寄託微異也。承幹受而讀之，亟錄副墨，次諸叢刊。」此書本為吳慶坻未成之書，體性介於錢泳《履園叢話》、吳振棫《養吉齋叢錄》之間，內容有劉承幹所云「國聞、里乘、忠義、經籍、金石、書畫、嘉言」及藥方、名跡、詩話、志怪、交遊之類。中華書局編輯人員已擬定每則標題，如《乾嘉優禮詞臣》《九九消寒圖》《咸同日講故事》《同治武英殿火災》《林則徐明察》《貢院石刻》《大俠裘信甫》《庚子鄉試》《杭州諸詩社》《西湖多遺老》《辛亥三秀才行》《西域考古錄》《雅州高君碑》《淳化閣帖宋刻原石》《于謙填河鐵犀銘》《章學誠事略及遺書本末》《柳枝詞》《西湖諸別業》《郝蓮所選清人詩》《文徵明拙政園圖》《左光斗手札》《救繶死丸》《貶俗詩六章》《楊昌濬異聞》《日本有唐代歌舞》《日本藏中國古籍》《陳遹生異夢》等，文筆雋秀，然較之乃祖史筆，文氣似不足。書後附錄姚詒慶《清故湖南提學使吳府君墓誌銘》一文。

《星廬筆記》不分卷　李肖聃撰

　　李肖聃（1881～1953），原名猶龍，字肖聃，中年以後，以字行，別號西堂、星廬等，湖南長沙（今長沙市）人，1904～1911 年留日，曾任梁啟超秘書、湖南大學教師等，李淑一父，有《中國文學史》《亙齋日錄》等。未見著

錄。嶽麓書社《近代湘人筆記叢刊》本。前有民國三十三年甲申自序，卷後有李肖聃題跋。此書成於倭寇據湘時期，李氏追憶舊聞，十五日而成百篇，每則（篇）無標題，於晚清文獻、政事記載頗詳，風格一如古典時期，可與《世載堂雜憶》並稱。

《一澄研齋筆記》七卷　　王東培撰

王東培（1874～1947），名孝煌，以字行，號寄漚，江蘇南京人，光緒二十九年舉人，先後任匯文書院、金陵大學、省立四師、東南大學教席，有《紅葉石館詩詞抄》等。《清史稿藝文志補編》子部雜家類著錄。鳳凰出版社2019年《王東培筆記二種》本。前有甲戌（民國二十三年）揖坡老人序、甲戌王東培自序、《例言》4條。《例言》第一條云內容依《池北偶談》分類，即史事、人事、藝事、故事、物事、異事。此書與「漁洋說部」相比，敍事性較強，而詩話幾乎不見，揖坡老人序述古典筆記之衰落云：「昔漁洋山人著《池北偶談》暨《香祖筆記》，河間紀氏亦有五種筆錄，博覽閎達。昔賢專美，今又何讓？但返顧吾輩身世，遠非康、乾時之可比。況歷亂悖景，貧賤之困苦，詭譎之遭逢，文章之憎命，處於今日，至矣盡矣。東培此編，繫家國治亂，殷拳秉筆，義在闡發；他及掌故名物，隨時因革；金石圖書，數典不忘；或又禎祥妖孽，事不數見，翔實附載，繫之以感。」每則無標題，卷一卷二《史事》，輯錄春秋至清雍正間史事（間有考辨），其中於明史記載尤夥，所言多從細節著手。卷三卷四《人事》，載元明清及民國軼事，於清史尤多記載。卷五《藝事》載書畫家、清人收藏書畫古籍以及敦煌遺書等。卷六《故事》為僻姓、古今語、韻書、字學考及清代科舉考等。卷七《物事》博物之類，有藥材、食材、草木、單方等。卷八《異事》載氣候星象異變、因果報應、屍變還魂、公案夢異等。敍述簡潔，雖有輯錄他書文獻之舉，目擊耳聞亦復不少，可為研究清史之一臠云。

《里乘備識》不分卷　　王東培撰

未見著錄。鳳凰出版社2019年《王東培筆記二種》本。前有王兆桂《先嚴寄漚先生行述》。該書為地理雜記之類，述金陵歷史沿革、人事倥傯、歲月變遷，《識廢置》言金陵城建築如寺廟鼓樓興廢，《識人》載金陵書畫家、貞烈婦女，《識金石書畫》載金陵古碑，《識事》載金陵古蹟、名人軼事、志怪異聞以及洪楊之役等。敍事簡潔，一如《一澄硯齋筆記》之注意於細節也。

《凌霄一士隨筆》九卷　　徐一士撰

　　徐一士（1890～1971），原名徐仁鈺，字相甫，號蹇齋，曾自號亦佳廬主人，北京宛平人，近代歷史掌故大家。未見著錄。山西古籍出版社《民國筆記小說大觀》本。前有 1929 年徐一士自序、總目錄。徐一士序中評晚清民初有關清朝之筆記創作云：「筆記體類至繁，或辨異同，或傳人物，或繫掌故，或採風俗，所期不違乎事實，而有益於知聞。如《嘯亭雜錄》、《竹葉亭雜記》之詳稽典制；《庸庵》、《郎潛》、《庸閒齋》之攝輯遺聞、胥稱簡要，可參史乘；若留仙《誌異》、紀氏《閱微》，或為工麗之章，或具閒逸之致，皆屬寓言，別饒深意，流傳久遠，有由來也。在昔專制之朝，王者為防反側，以非理示其權威，朱元璋以『殊』、『則』二字，軌行殺戮，胤禛、弘曆，踵其故智，迭興文獄，故以當時之人而為私家之著作，處境綦難，有時飾為頌揚，良非得已。至清之既亡，則野史如林，群言龐雜，聞秘記，累讀連篇，又過於誕肆，楚則失笑，齊亦未為得也。」該書所載，有軼事、典制、職官、怪異等，以晚清民初軼聞為主，間有考證。每則有標題，如《清末民初改定新官制之議》《歷代言官秩卑而責重》《督撫異稱考》《吏部權力之盛衰》《王壽彭科場得意》《張之洞器重梁鼎芬》《避諱清帝名》《湘中怪誕之事》《徐世昌之弟徐世光宦魯軼事》《〈歸里清譚〉雜記》《與胡適之博士一席談》《泰安岱廟之龍鳳柏》等，此書可謂新思潮下筆記之作，其中不乏新學問之氣，亦無筆記中典重之體，掌故家之作也（瞿兌之以為宋代以後正史、雜史分途發展，「為救濟史裁之拘束，以幫助讀史者對於史事之瞭解，則所謂掌故之學興焉。」見《一士類稿序》）。徐一士又有《一士類稿》《一士談薈》《亦佳廬小品》《曾胡譚薈》，並提要鉤玄為《近代筆記過眼錄》，此皆為有關晚清歷史筆記之佳作。

《人物風俗制度叢談》一冊　　瞿兌之撰

　　瞿兌之（1894～1973），原名宣穎，字銖庵，晚號蛻園，湖南善化（今屬長沙市）人，分別就學於北京譯學館、上海聖約翰大學、復旦大學，曾任北洋政府國務院秘書長、編譯館館長、河北省政府秘書長及南開大學、燕京大學、輔仁大學教授等職。歷史掌故名家。未見著錄。山西古籍出版社《民國筆記小說大觀》本。前有闕逢涒灘瞿兌之自序，書後附錄《杶廬筆談》《讀史零拾》。瞿兌之自序云：「隨筆之書，人皆喜讀，余尤嗜之若性命。既曠觀群籍，竊慕纂述之業，知古人斐然有作，皆由此襞積而成。如獺祭魚，如蠶吐絲，既得精

英，遂棄糟粕，遠如顧亭林，近如俞理初，所就尤偉。又觀俞曲園、陳東塾治
學之方，亦復如此，捨此固無由矣。然學出雜家，不專一轍，昔賢之作，常苦
凌雜瑣屑，讀者如入五都之市，目迷口哆，擷取為艱。因發憤以為最有益之學，
莫如討人物事蹟之墜逸，溯風俗制度之變遷，而尤以屬於近代之事，易於傳訛
者，若能萃為一編，大則可以考見時代升降文化遞嬗之跡，小亦足以匡謬正俗，
裨益見聞。人間何世，歲不我與，爰發篋先寫定為《人物風俗制度叢談甲集》。
所錄大抵以近代為主。昔在丁丑，嘗為《中國社會史料叢鈔甲集》，與此書雖
有近似處，而實不相襲，彼所已有，此即從略。惟昔年又有《杶廬所聞錄》一
書，卷帙無多，其中約四分之一採入此編。寫定之後，續有所得，不復追加，
當別為乙集以行。凡隨筆之書，首貴資料豐富，而事物蕃變，包舉甚難。歲益
月增，固容齋洪氏之例也。近序徐君《一士類稿》，詳闡掌故考證之艱。余於
徐君，無能為役，然取捨必慎，徵引必實，則祈向差同，覽者詳焉。」是書內
容有軼事、域外、詩詞、園囿、文獻、典制、博物、書畫、財經等，每則有標
題，如《桃源》《土豪》《醫與風土》《鬥斗》《白話詩文》《八字相同》《官場形
態詩詞》《宋版書之得失》《外國致書》《西洋建築》《近代物價》《書院文獻》
《洪氏故宮》《史料》《活字版》《泰山唐玉簡》《古器》《日昬》《澄心堂紙》《乾
隆名士寫真》《鼻煙》《沈萬三》《歲首》《教育的實際》《明代之炮彈》等，敘
述中常用輯錄他書以「比事」之法，考證亦有據。此書與《春冰室野乘》《凌
霄一士隨筆》《花隨人聖庵摭憶》，可並稱為「民國四大雜史筆記」者。瞿兌之
又有《故都聞見錄》（《日下舊聞》例）、《杶廬所見錄》（「漁洋說部」例），皆
筆記之佳作也。

《骨董瑣記》八卷、《骨董續記》四卷、《骨董三記》六卷附《松堪小記》一卷　鄧之誠撰

鄧之誠（1887～1960），字文如，號明齋、五石齋，江蘇江寧（今南京市）
人，畢業於雲南兩級師範學堂，曾任北京大學、燕京大學等高校歷史學教授，
有《中華二千年史》《清詩紀事初編》《桑園讀書記》等。人民出版社欒保群 2012
年校點本。《骨董瑣記》前有袁勵準敍、共和十五年葉恭綽敍、共和十五年楊
庶堪敍、民國十五年葉瀚敍、鄧之誠題辭（七言絕句三首）、鄧之誠自序。《骨
董續記》前有癸酉張爾田序、丁卯鄧之誠自序。書後有 1982 年鄧珂《後記》。
袁勵準序中云此書「舉凡金石、書畫、陶瓷、雕繡，兼及朝章國故、遺聞軼事，

靡不兼綜條貫。計徵書二百餘種，所輯都七百餘則，間有旁證，別加按語，哀然成帙。」葉瀚序云：「史家譜錄一類，於讀史者考鏡文物，至為有用。蓋昉自古史表志，其體別而為專記與雜記。專記者，花鳥蟲魚諸譜也，雜記則兼及掌故舊聞，若《曲洧舊聞》、《北夢瑣言》諸書是也。友人金陵鄧君文如，喜讀乙部書，近梓其所為《骨董瑣記》八卷，蓋近十年間往來南北，排比群籍，證其見聞，大抵文物諸品，皆錄其精彩形式、授受源流，復充其類，泛及於國故軼聞。是蓋兼專記、雜記而為一書，昕夕掌錄，用力何其勤也。」是書如前序所云，內容有經史、書畫、陶瓷、雕繡與朝章國故、遺聞軼事，與張伯駒等撰《春遊瑣談》體性相同，每則有標題，如《銀價米價》《田價》《順民》《郎窯》《葫蘆器》《鐵畫》《周芷岩刻竹》《補古銅器瓷器》《裝潢蘇工》《硯材》《五通》《海天落照圖》《閒居筆記》《北監二十一史》《罌粟》《拜火教》《步軍統領》《吳三桂檄文》《曹雪芹》《王阮亭故居》《李蓮英墓》《悔翁長治久安之策》《風懷詩案辯證》《青藤書屋》《雲麾將軍碑》《程雪畫瓷》《火器》《澄心堂紙》《宋寶祐牙印》《唐宋官選》《亭林年譜》《五色石》《王琪刻杜工部集》《北方金石之學》《大慈寺畫壁》《偽宋元瓷》等，敘述中輯錄史料如《津門見聞錄》、陳夢雷《與李厚庵絕交書》、葛周玉《般上舊聞》等，張爾田《骨董續記序》以此書為小說，緣記載史事軼聞較多故爾，此書可謂《嘯亭雜錄》與《石渠隨筆》合流之書。

《瓜圃述異》二卷附《靈感誌異》一卷　金梁撰

　　金梁（1878～1962），姓瓜爾佳氏，字息侯、不息老人、東盧、小肅，滿洲正白旗人，世為杭州八旗駐防，故一作杭縣人，光緒三十年進士，曾任清朝監察御史、京師大學堂提調及民國奉天政務廳廳長等，有《近世人物志》等。未見著錄。新興書局《筆記小說大觀》本。前有佚名序、目錄、丙子（民國二十五年）金梁自序。佚名序云：「金息侯先生，新著《瓜圃述異》，後附《靈感誌異》，皆奇書也。先生好學深思，老而樂道，通天人，悟生死，向主至誠如神之說，著書詳釋，辭旨精微，世人不必盡解，故以遊戲之筆，託異聞以達至理。凡所記述，皆身親聞見，多實事，非虛言，不可以尋常小說目之也。如記珍妃之詩讖、董妃之夢兆，則秘史也；文瀾閣之庫書、玉泉山之石室，則考古也；章太炎之狂態、辜鴻銘之趣事，則軼聞也；泰山松傳畫、虎丘叟之籤筆，則仙緣也。又如北大藏書樓之狐祟、故都清史館之蟒化，則為記怪；以及張老

將被炸之卜詞、郭鬼子倒戈之乩示，則皆預言，此外如內務府、如長白山、如瀋陽故宮、如杭州古蹟，則尤有關掌故與新聞者也，而《靈感誌異》，或言鬼神，或言魂夢，或言物感人感，或言轉世再生、測過去未來事，雖可異，皆信而有徵，至誠如神，天人一體，先生已詳乎言之，不待煩引此，豈可與迷信語怪者同日語乎！先生當代名儒，專研經史，必不願以異學示人，特以至誠之理，本極平實，而世人視之過於高深，遂至不能各盡其自然之性，以著其效驗，乃不得不假新奇易悟之說，以感動而化導之，其用心亦良苦矣。閱者得此，當因其所發以自復其初，格物致知，一旦豁然，庶乎不負此天下第一奇書，而先生著書勸世之苦心，亦或藉以少慰云。」此書為雜事、異聞之屬，每則有標題。《瓜圃述異》為雜事及地理、風俗、藥方，皆所經歷見聞之事，可補史乘，如《自述》《南川公》《章太炎》《快馬張》《徐東海》《杭州文瀾閣》《長白山》《永陵神樹》《金山寺僧》《故都凶宅》《內務府》《康南海》《辜博士》等。《靈感誌異》前有丙子金梁自序，云是書所起，因往日與章太炎、康有為論及靈魂之有無，感舊而書《天人通》兩篇，此為內篇，內容談鬼志怪之文，如《傳神》《幻術》《借屍》《懸乩》等，頗有理學家談鬼之風。

《四朝佚聞》二卷　金梁撰

未見著錄。新興書局《筆記小說大觀》本。前有丙子金梁序，序云：「余校刻清史兼修列傳，主纂光宣，間及咸同，正本既成，所餘史料尚復不少，束之高閣久矣。今偶檢得數卷，自帝后諸王，以至名臣名將，無不有之。蓋史館初稿，皆以實錄國史為本，並採官私雜著，摘鈔匯輯，各注出處，先成長篇，然後加以筆削，有潤飾而無改竄，且不得率增辭句，妄下褒貶，務成信史，所錄有未全用者，仍別存備查，即余所檢得之稿本也，其中遺聞佚事，關於咸光數朝者為多，而與光宣列傳及清帝后外紀等，皆絕不雷同，亦研究清故者，所不可不知也。遂重取編輯，匯為一冊，題曰《四朝佚史》。又辛丁遺逸，新書名流，續有聞見，亦不忍聽其湮沒，而對於史稿，或有責問，時復答辯，尤不妨公之於世。近歲雜草，並錄於後，要之皆與四朝史事有關者也。昔萬季野修明史，自言恐後之人，務博而不知所裁，故先為之極，使知吾所取者有所捐，知此，可讀吾之史稿，並可讀吾之佚稿矣，噫。」此書上卷為清文宗以來朝野人物事蹟（部分人物已在民國），類於《萬曆野獲編》，下卷為序跋之彙編。每則（篇）有標題，如《文宗》《穆宗》《德宗》《宣統》《慈禧太后》《僧忠親王》

《李文忠》《洪秀全》《豫學堂》《皇室博物館》《寶頂》《崇陵》《千叟會》《咸同列傳》《清史稿回憶錄》《天人通跋》等，輯錄他書外，傳聞異辭亦並存之，記事有小說風，雜史筆記之書。

《老上海》十八卷　伯熙撰

伯熙事蹟不詳。未見著錄。新興書局《筆記小說大觀》本（影印泰東書局 1919 年本）。前有伯熙自序（序後有婚禮圖一幀）、目錄，書後有西婦圖一幀此書與葛元熙《滬遊雜記》同一題旨，可謂滬遊指南之書。伯熙序云：「上海為全國通商第一巨埠，復為政治學術及一切社會之中心，故其情狀，至複雜而難通曉，然以其為中心之故，雖至複雜，凡涖斯地者，莫不欲通曉其情狀，於此一方使人有難以通曉之勢，一方又使人以不得不通曉之情，而能於其間使人人卒一寓目即易通曉者，厥惟聚多數之老於上海者，出其聞見所得，編為一書，舉凡不易通曉之情狀，悉敘述於其間，遇有所疑，試一披閱，無不渙然冰釋，斯為快事耳，然其事前固有人為之，如《淞濱瑣記》《上海縣志》《上海閒話》《上海指南》等，已不下十餘種，惟或僅紀風月，或率涉腐朽，或近於陵雜，或徒資查考，其能綜敘數十年前後事實之顛末，啟人智識，資人觀感者，卒莫睹焉。予旅滬二十載，初習其語言，繼交其人物，終與其各種社會相接觸，粗有所通曉，乃聚多數所稱為老上海者，各以其所知，供予編輯，歷時二載，始克成此四十萬言之書，因即名之曰《老上海》。雖意有所未盡，而為上海一切事物之專書，則已成創作矣。編竟聊序其意味於此。」是書分《天文》《地理》《人物》《風俗》《語言》《生活》《物產》《古蹟》《名勝》《市政》《工商》《交涉》《宗教》《教育》《報紙》《交通》《軍事》《俠烈》，每則有標題，如《萬福華》《鐵路之原起》《包車照會》《中國練洋槍之始》《製造局溯原》《報紙評劇之溯原》《上海之青年會》《江蘇省教育會》《西文報》《四明公所》《商品冒牌案》《上海喪事治外法權之原因》《金融機關之類別》《中國銀行之概況》《淞滬風景談》《公共租界選舉權》《洋場之衣食住》《董思白故居考》《歲時風俗》《王弢》《革命大家戴楚珍》等，於上海之歷史沿革、地理名蹟、人物風俗以及近代以來工商業發展、對外交往、新聞媒體、社會群體、風氣轉移等皆紹介焉，敘述平允，語體轉移之下，可謂晚清談滬筆記之餘波者。後有《老上海見聞》上下集，瑣屑狡獪，與伯熙此作有霄壤之別。

《萇楚齋隨筆》《續筆》《三筆》《四筆》《五筆》 五種共五十卷

劉聲木撰

劉聲木（1878～1959），原名體信，字十枝，後更名聲木，安徽廬江（今屬合肥市）人，建國後任上海文史館館員，著有《桐城文學淵源考》《寰宇訪碑錄》《萇楚齋書目》《清藏書紀事詩補遺》等。未見著錄。中華書局《清代史料筆記叢刊》本。每一種前皆有己巳年（民國十八年）劉聲木自序一篇，書後有《引用書目》一篇。劉聲木《萇楚齋隨筆序》述著述原始及雜說筆記之體云：「予年十二三，受讀《左傳》，即以《傳》中國名、地名、人名、賢奸、美惡，分條記之，以與晦之四弟角勝。實則當時所記，互有詳略，每因此而爭辯不已，是予之無知妄作，自小已然，非一日矣。年甫弱冠，負笈於江都徐螯叟廣文師之門。每見予喜覽載籍，誨予以遇有欣喜或異同之處，必須隨手抄撮，久之可成各種撰述。當時自恃記憶力甚強，貪看書，不暇鈔書，惜未能從其言也。某年冬，大風雪中，試為筆記數十則，語多掊擊前人，適為先文莊公所見。先公訓謂：『勤於撰述，固是佳事，但語多掊擊，非初學所宜。』聞命欣然，急毀去原稿，後亦不復為。時遷月異，往日所見者，已如電光石火，不復在心目間，始信記憶之力，果不如鈔撮之力。今老矣，書癡結習，總未能忘，重理舊業，凜先公之訓，遵徐師之誨，遇有可驚可喜，合於己意者，隨筆記之，編為十卷。雜說家體例至廣，漫無限制，古人原有此類，故無施而不可也。然人心之不同，如其面焉，焉知我以為可驚可喜、合於己意者，他人見之，不以為可惡可憎，不合己意者乎？如以為不合己意，則一任他人之糊窗覆甕，不能強他人之同於我也，亦惟敝帚自珍而已矣。己巳五月，廬江劉聲木十枝，原名體信字述之自序。」劉聲木《萇楚齋續筆序》云：「予編《隨筆》十卷成，因舊稿叢雜，不忍廢棄，復編《續筆》十卷。其中雖多係轉錄他人之語，每條必注明出處，漏未及注者十之一二，今已不能追記，不敢讓善，尤不敢攘善也。間有一知半解，亦錯雜其間，所差堪自信者，大旨尚不詭於正，或亦為賢士大夫所不鄙夷乎！」劉聲木《萇楚齋五筆序》述該書刊成及其歷史價值云：「自余撰《萇楚齋隨筆》，至《四筆》成，先後排印，見之者議論非一。從兄錫之觀察謂可與宋都陽洪文敏公邁《容齋五筆》並傳，四弟晦之郎中又謂尚難與崑山顧亭林茂才炎武《日知錄》齊驅並駕。雖兄弟友愛之意，皆非余所敢任也。《四庫全書提要》論兩宋說部，以王楙《野客叢書》、文敏《容齋五筆》、王應麟《困學紀聞》為最善，《日知錄》在我朝三百年間尤為挺出，豈余淺見寡聞所能望

其項背？惟數十年讀書辛苦，千慮一得之見，或亦間有自信，尚不背名教，無大疵謬，或可為觀覽之助。天下後世，如有置余書於南宋趙彥衛之《雲麓漫鈔》、陸游之《老學庵筆記》、周密之《癸辛雜識》、葉某之《愛日齋叢鈔》四者之間，則余心已大慰矣。今《五筆》編成，增入《隨筆》至《五筆》《引用書目》一卷、《目錄》一卷，以便檢閱。後每擬五筆成，附刊《引用書目》及《目錄》於卷首，以免煩瑣云。」是書仿自《容齋隨筆》，此書記載清史、辯論文藝、稽考文獻較為有功，每則有標題，如《論袁枚吳錫麒駢文注》《顧亭林母王氏殉明難》《論著書必自序序明原委》《論明七子詩》《論茶餘客話》《王士禎七古論平仄》《論紀昀》《閨秀詩話》《日本東山文庫》《光緒中葉綱紀》《衍義書目》《易經通注》《王夫之未刊撰述》《綏寇紀略》《詩文忌自譽譽人》《道光辛丑探花》《聲木第一自己》《曾國藩熟悉文例》《李鴻章孫家鼐相戲語》《日本狩野博士論考試制度》《論湘人古文》《李兆洛關心民瘼》《六朝別體字》《皇朝掌故》《聲調譜》《日本愛護佛寺》《女媧變為女像》《論古今詞雅三篇》《論曲陽縣志》《國朝悼亡詩輯凡例》《光緒末年國家每年收支》《國朝詩品》《前人論寫卷折法》《論書目分類》等，清代遺老口氣、中西對比之法、故國文獻之殷，每見於筆端，此書可謂為清代雜說筆記做一收結，雖議論、考據不如《容齋隨筆》「漁洋說部」，而廣博過之，清代雜說筆記暮色中一道光輝也。

《異辭錄》四卷　劉體智撰

劉體智（1879～1963），字晦之，晚號善齋老人，安徽廬江（今屬合肥市）人，以父蔭為度支部郎中、大清銀行安徽總辦，民國時任中國實業銀行上海分行經理，新中國成立後為上海文史館館員，有《遠碧樓書目》《小校經閣金石文錄》等。《中國古籍總目》史部雜史類瑣記之屬著錄。中華書局《清代史料筆記叢刊》本。此書較之乃兄劉聲木之《萇楚齋隨筆》可謂文體純正，所述為晚清民國間雜史，如慈禧光緒帝后與曾李左重臣軼事、朝廷掌故，歷內外變亂如洪楊之亂、中法之戰、中日甲午之役等，敘述中有關晚清大變局者，亦有卓論。間有前朝軼聞如陳友諒後人者。新興書局《筆記小說大觀》本。原書每則無標題，中華書局劉篤齡擬出條目，如《皖省學問淵源》《嘲人聯》《太平軍據揚州》《李續賓之死》《李鴻章初入曾軍》《湘淮軍鹵獲》《李鴻章左宗棠各不相下》《曾國藩馭將之道》《甲午之敗李鴻章不得辭其罪》《初次償日本款》《袁世凱報密》《慈禧之苛酷》《滿洲之請安禮》《八旗氣數已盡》《張勳復辟》《康有

為謝恩可笑》《張勳與袁世凱》等，敘述平實，無駭目之風，可稱雜史筆記中之尤者。

《新輯分類近人筆記大觀》四卷　上海廣益書局編輯部編

未見著錄。上海文藝出版社《近代筆記大觀》影印民國上海廣益書局（1922年）鉛印本。此書無序跋，前有目錄。卷一《豪俠類》《武術類》《技巧類》，卷二《高義類》《節操類》《旅遊類》《寄慨類》，卷三《情愛類》《哀豔類》《傷感類》《險怪類》《奇異類》，卷四《名妓類》《滑稽類》《摭軼類》《雜聞類》，輯錄晚清民國期間野史、軼事、遊記、詩文、**怪異**等，標明作者，而無文獻出處。《清稗類鈔》之類。

《世載堂雜憶》一冊　劉禺生撰

劉成禺（1876～1953），字禺生，湖北武昌（今武昌市）人，早年肄業武昌經心書院，青年時留學日美，加入革命黨，民國時任北京臨時參議院議員、廣州大元帥府顧問、總統府宣傳局主任、國史館總纂修等，新中國成立後任湖北省人大代表、中南軍政委員會文教委員，有《洪憲紀事詩本事簿注》《先總理舊德錄》等。未見著錄。中華書局《清代史料筆記叢刊》本。前有1959年董必武《題世載堂雜憶》、目錄。該書不分卷，卷端有劉禺生小序，云是書為晚年憶念舊事之作，或有「國故文獻之實錄」義。每則有標題，如《清代之教學》《日本二十一條要求》《洪憲第一人物》《孔子歷代封諡》《嶺南兩大儒》《清道人軼事》《孫中山先生語錄》《王湘綺筆下兩漢奸》《端方出洋趣史》《爆竹聲中爭狀元》《晚清朝士風尚》《太平天國佚史》等。析其結構，則自《清代之科舉》至《臘腸下酒著新書》主以為晚清軼事，自《述戢翼翬生平》至《跳加官》大致為民國雜事，所載有清代教育、科舉、太平天國、清代學術變遷、晚清文人詩文、守舊維新黨爭、革命黨、清宮秘史、清代文獻撰述、對日關係等，敘述平正，有雜史小說之風。

《洞靈小志》八卷，《洞靈續志》八卷　郭則沄撰

未見著錄。新興書局《筆記小說大觀》本。《洞靈小志》前有甲戌周善培序、癸酉郭則沄自序、宗威《題辭》。《洞靈續志》前有丙子郭則沄自序。此書所記為作者經歷鬼怪異夢果報之事，每則無標題，惜敘事中議論太多，類乎《閱微草堂筆記》，民國民智已開，科學湧入，「薄鬼神者，所祖歐美也，所持科學

也，入歐美之域不見偶像矣，而家有天主焉，不有天主，則有基督焉，謂天主
基督為有耶，鬼神猶是義也，因鬼神之不可見而遂謂之無，彼天主基督者，顧
可見耶？以其人智之什佰而未敢黜天主基督，其為蔽乎、其為通乎？聖智之防
之微乎，科學之貴也以實然乎？」（周善培序）蓋以此言語諄諄言志怪之正當
也，周作人《洞靈小志》一文中云：「談鬼怪殊有佳趣，但須以藝術出之，東
坡居士強人說鬼，云姑妄言之，甚能得此中三味。為說鬼而說鬼，第一必須說
得好才行。文章宜樸質明淨，六朝唐人志怪最擅勝場，傳奇文便已差了，則因
漸趨於華麗雕飾，《閱微草堂》與《聊齋》之比較亦正是如此。第二必須無所
為，即不講因果以至臂喻。講到這裡，《聊齋》卻又要勝一籌，蓋其記狐鬼豔
情中有別無用意者，而《閱微草堂》於此全無是處，只是文尚佳，故或可一讀
耳。《洞靈》二志若依據此例論其短長，可以說正與閱微五記相同。不通讀一
過、喜其記述大方，又多涉及近人，故頗有興味。若其鬼神設教之趣旨，與不
佞乃全是隔教也。」（1939 年 11 月 1 日刊《中國文藝》1 卷 3 期）民國「閱微
體」小說也，郭則沄《洞靈小志自序》述此書緣起及內容云：「昔坡公謫居黃
州，恒泥人說鬼，僕竄跡海曲逾十年矣，文字外少可自娛，每流人聚語，多涉
狐鬼及果報事，幽煩排遣頗相類，謂世之衰也，則鬼盛，國法斁興，議咴屈焉
者莫能伸，則仰跂於惝恍不可知者以為快其志、荒其心，苦矣……狐鬼外，若
方技之屬恢奇可紀者，亦撮列焉。」

《竹素園叢談》一卷　顧恩瀚撰

　　顧恩瀚（1870～1927），字涵宇，江蘇無錫（今無錫市）人，曾任蕪湖關
稅廳廳長等職。《清史稿藝文志補編》子部雜家類著錄。山西古籍出版社《民
國筆記小說大觀》本。前有丁卯楊壽楠序，後有顧維書識語、《權蕪湖監督天
津常關稅務司幫辦顧君涵宇墓誌銘》。是書所載多為晚清軼事，其中朝野變局、
洪楊義和，皆有關治亂者，文筆簡要，評論中允，如《八代半》《清室結局》
《張勳復辟與李太黑起兵》《索倫人》《民國財政評議》《兵亂紀聞》《庚子之亂》
《談鬼三則》《俠盜》《康有為其人》《妒婦》《說天寧寺》《南方人與北方人之
稱》《押詩條》《銅章》等。

《洪憲舊聞》一卷　侯疑始撰

　　侯疑始（1885～1951），名毅，字雪農，號疑始，江蘇無錫（今無錫市）
人，詩文師事嚴復、樊雲門，一度主編《輿論報》之《瀚海》，工篆刻，有《疑

始詩詞》。《中國古籍總目》史部雜史類事實之屬著錄。山西古籍出版社《民國筆記小說大觀》本。前有民國十五年侯毅序。內容有第一《籌安盜名記》，第二《蔡松坡出險記》，第三《西賈貢馬記》（附《項城就任秘聞》），述袁世凱稱帝事，書後有苓泉居士跋，云此書「為其師嚴又陵先生辨誣而作也」。

《網廬漫墨》一卷　昂孫撰

昂孫，《民權報》編輯蔣著超之弟，生平事蹟不詳。蔣著超字子旃，號抱玄，浙江山陰人。未見著錄。山西古籍出版社《民國筆記小說大觀》本。是書41則，內容以軼事為主，次之於議論、考證，標題如《秦古董》《關羽讀〈春秋〉》《楚女英英》《懺悔僧》《書生造謠》《果報之說》《元清易傳之說》《孝子孝婦》《命運》《〈資治通鑑〉之誤》《命題遊戲》等。

《花隨人聖庵摭憶》　黃濬撰

黃濬（1890～1937），字秋岳，福建閩侯（今屬福州市），清末畢業於北京譯學館，授舉人，入清曾任北京政府陸軍部承政廳秘書科科員、財政部僉事等。未見著錄。山西古籍出版社《民國筆記小說大觀》本。前有昭陽協洽瞿兌之序，云此書「求之於古，蓋容齋洪氏之倫也。」是書430餘則，為民國著名筆記，內容有地理、典制、服飾、詩話、軼事、謔語、輯錄文獻等，敘事、議論、載記、考證兼備，如《北都西黃寺》《小山斜陽》《雍和宮四學》《宋廣窯琴》《妙對人名》《超山梅花》《憶黃晦聞》《鈞窯》《賽金花之傳聞不實》《古服制雜用胡俗》《胡餅及胡樂》《荊公墓》《〈三國演義〉〈說岳傳〉史證》《記唐才常死事》等。

《退醒廬筆記》二卷　孫玉生撰

孫玉生，生卒年不詳，上海人，晚清民國著名報人，《新聞報》《笑林報》《繁華雜誌》主筆，有《海上繁華夢》等。未見著錄。山西古籍出版社《民國筆記小說大觀》本。前有民國十四年潁川秋水序。是書151則，軼事、志怪、博物之類，如《清道人軼事》《冒牌巧思》《漿糊起家》《吳趼人》《明陵奇案》《百效膏》《黃花菜》《異蘭》《三腳羊》等。

《癡庵全集》不分卷　思九平生撰

思九平生即張爾泰（（1890～1938）），字思九，號癡鳩，江蘇松江（今屬

上海市）人，南社社友，新加坡《國民日報》主筆。《中國古籍總目》小說類文言之屬著錄。臺北經學文化《稀見清代四部輯刊》影印稿本。此小說本為《癡庵全集》之一種，名曰《老古話》或《粗月館筆記》。前有張爾泰自序兩篇，書後有《題董東山尚書畫山水雲嵐淹藹圖》《〈八識規矩頌〉剖解表釋》。全書約 16 則（篇），志怪如《孽報偶志》《煙鬼》《巨蛇》《香癆》、野史如「清初入關初不知尚貞節」「慈禧太后本某家使婢」「先祖母外家」、論說如《雷電》《世界進化臆說》《風雨》《彗星》《心能召鬼》等，為敘事與議論並存之書，塗乙較多，頗為雜亂。

《健廬筆記》一卷　杜保祺撰

杜保祺，生卒年不詳，福建龍巖（今龍巖市）人，民國法學家。未見著錄。山西古籍出版社《民國筆記小說大觀》本。前有民國二十八年杜保祺自序、目錄，該書以軼事為主，間有財經、建築、地理、醫藥等記，為議論兼敘事之書，如《林文忠軼事》《中國建築術》《某典史之幸運》《小鳳仙》《黃石齋先生之軼事》《東明縣新舊城》《新黃粱》《歷代金價統計》等，書後附民國三十四年陳懋咸序、民國三十四年杜保祺自序、《「五·三」脫險始末》《八年顛沛紀實》，紀顛越遭遇也。

《傭餘漫墨》四卷，《傭餘續墨》不分卷　夏兆麐撰

未見著錄。夏兆麐（1885～1948），字紹侯，號耐庵，江蘇泰州（今泰州市）人，畢業於兩淮師範本科、國立中山大學社教講習會，曾任泰縣教育行政委員會委員、泰縣圖書館館長等職，有自傳《夢痕錄》等（以上據《泰州文獻》第二輯第 14 冊書前提要）。未見著錄。鳳凰出版社《泰州文獻》影印民國清稿本。《傭餘漫墨》卷一（目錄注明為「小說」）《哀鴻小影（紀實短篇）》為記錄北地饑荒事，《大謬先生（滑稽短篇）》為晚清民國腐儒，《貞娘墓（烈情短篇）》述海陵貞女事，《風流鑒（警世短篇）》為狹邪遊者戒，上述三篇實皆為古文，夏兆麐稱之為「短篇小說」。《人窮命賤（語體短篇）》為通俗小說，述阿福一家三口因窮苦而猝死事。卷二、卷三目錄注明為「筆記」，錄明清民國間揚州軼聞逸事，多有關風俗道德者，約 113 則，如《楊瘋子》《王烈女》《倪文煥》《潁上縣知事》《中山紀念塔》等。卷四目錄注明為「雜俎」，共 24 則，內容有笑話、詩話、聯語、軼事、風俗、土產，如《泰縣地名對》《尚友笑談》《鍾馗笑話》《新笑話（五則）》《詩話》《春暮鵑聲》《鱭魚》等。敘述端詳，無

誕妄之風。此書新舊雜糅，雜說與敘事、筆記與短篇、文言與白話匯於一集。短篇小說者，篇幅短小而以通俗文出之（如陳大康老師《中國近代小說史論》附錄《近代日報小說資料長編》中提及之「短篇小說」者）。《傭餘續墨》40餘則，為清代揚州名人軼事，如《汪容甫之幽默》《阮文達之先德》《端午橋善滑稽》《顧權不為豪紳屈》《張玉書打太歲》《蓮溪和尚之自嘲》《惲南田嘗作人奴》《鄭板橋嗜食狗肉》《校場賣卜之吳熙載》等。除此二書外，夏兆麐又有《泰縣風俗談》，體同《清嘉錄》，地理雜記之書；夏氏譜於泰州文獻，復有《春紅晚白軒雜綴》《梓里舊聞》《梓里抽奇錄》《梓聞餘錄》，皆筆記雜纂之書，亦可稱泰州地志小說者。

《茶鐺畔語》二卷續二卷　黃榮康撰

　　黃榮康（1877～1945），字祝蕖，號凹園、蕨庵、三水蘆苞人，廣東三水（今屬佛山市）人，有《求慊齋文集》《擊劍詞》等。未見著錄。《廣州大典》影印《求慊齋叢稿》光緒間稿本。前有自序，云見識淺陋，不敢倩人作序，故自序之曰：「古之鴻生巨儒，於經史正集外，皆有說部以寫其閒適之趣、詭縱之論，其自漢魏以至於今，牛毛繭絲，指不勝屈，雖其中有純有駁，要亦子書之一類也。古之聞人，才理宏富，故其所作如水之在地，隨處湧發，無不足以見其盛，而世或且捨置其經史正集而偏嗜乎此，則亦猶夫逭隱山谷者，獨好一勺之泉、一尺之瀑，而不計夫四海九川之大也，然此為古人言之，若吾則安有是哉，安有是哉！倘見之者亦其淺俚而擯之，固不敢怪哉也。」（此書原為稿本，故多有塗改處。今以所改定之文為準。）前數則附注「人」「文」「理」「怪」，蓋欲分類編纂之意。是書所述有園亭之樂、詩酒之會、身世遭際，文筆清雅，有小品之風。其他軼事志怪、詩話文評、評論時事、紹介西學風潮、晚清亂局等，其中議論較多，如論鬼神之質、評小說、評晚清新學與革命、評晚清駢文、嶺南三大家等，所言如「自新學競興，而詩文集部皆視為古舊廢物。」「中國之小說，若《龍圖公案》，則為偵探家；《野叟曝言》，則為理想家；《西遊記》，則為冒險家。」「嘉應黃遵憲公度，有《人境廬詩集》，梁啟超評為空前絕後之奇構。」可謂晚清傳統士大夫臨危局而生焦慮之語。書後有乙巳冬日題詩三首，則《茶鐺畔語》成於光緒三十一年（1905）。《續茶鐺畔語》為讀書讀報劄記，內容有志怪、詩話、世風、文評、辨偽、軼事、清學等，詩文、世風評論較多，間有考辨他書如《子不語》《揚州十日記》《日知錄》《雜事秘辛》《香祖筆記》中語。

《石屋餘瀋・石屋續瀋》一冊　馬敍倫撰

　　馬敍倫（1885～1970），字彝初，更字夷初，浙江杭縣（今屬杭州市）人，早年入杭州養正書塾，後加入南社、同盟會，參與編輯《政藝通報》《國粹學報》等，入民國任大學教授、發起建立民主促進會，1949 年後任中央人民政府委員、教育部部長等，今有《馬敍倫全集》。未見著錄。山西古籍出版《民國筆記小說大觀》本。是書有軼事（以晚清民國為主）、書畫、園林、異聞、詩話、詞作等，每則點校者已擬出標題，如《金魚唱和詞》《故宮書畫》《袁項城祀孔》《曾國藩師謝安》《沈寶楨死之異聞》《幕府才能》《王靜安》《馬君武》《三貝子花園》《嚴嵩書》《于右任書》《陳老蓮畫》《熊十力奇急》《元稹〈琵琶記〉》《狐祟》《狐異》《出使笑談李秀成義子》《沈尹默書》《書法要拙中生美》《李叔同一言阻止毀寺》《瓷器由來》《杭州葬法》《〈蘭亭八柱〉真偽》《徐世昌不齒於翰林》《避煞》等，敘述中多引他書如《春雨巢日記》《春冰室野乘》《朓語》等，敘事簡要、議論中肯、考證有據、載記博雅，可與張伯駒等《春遊瑣談》、鄧之誠《骨董瑣記》並駕齊驅。

書名作者筆劃索引

九劃

後　記

　　先外祖張廣昌老先生喜讀平話小說，如《大八義》《小八義》《薛剛反唐》《今古奇觀》《呼延慶打擂》等，農閒之餘，常自翻閱。五霸崗上，春秋長夜，一燈如豆，唔咿自樂。母親大人嘗教訓我不要讀「閒書」（閒書者，小說也），並舉先外祖讀了一輩子的「閒書」例，說明「閒書」到底什麼作用也沒有起。世事難料中，我今天竟然做起了「閒書」研究並以此為職業，「高樓當此夜，閒坐說玄宗」（集唐）。然而問學從業十餘年，成就無多，思之愧悔。今年逾四十，方有此拙稿。

　　《清代筆記小說敘錄》一書，是筆者近年來授課之餘，寸積銖累、集腋成裘而成，其源出於筆者博士論文《清代筆記小說研究——以順康雍乾四朝為中心的考察》，也是 2021 年國家社科基金後期資助暨優秀博士論文項目（一般項目）「清代筆記小說研究——以順康雍乾四朝為中心的考察」（項目編號：21FZWB040）的階段性成果。本書著錄作品並非完備，以筆者所知，尚有近三百種作品需假以時日進行查訪，然清代筆記小說變遷的大致脈絡，於此已較為清晰。

　　本書在寫作過程中，受到華東師大中文系、山東師大文學院、山東大學儒學高等研究院、福建師大、阜陽師大等高校老師（譚帆、歐陽健、杜貴晨、王勇、王承略、劉洪強、湯志波）的指導和幫助，以及好友王立國、王錦城、魯普平、段凱、鄒虎、楊耀文、郭乾隆、周祥、時培根以及花木蘭文化事業有限公司楊嘉樂老師的鼓勵和支持，在此敬致謝忱。

　　筆者在查閱資料過程中，國家圖書館、南京圖書館、上海圖書館、浙江圖書館、溫州圖書館、蘇州圖書館、吳江圖書館、湖北圖書館、北京大學圖書館、

清華大學圖書館、中國科學院圖書館、中國社會科學院圖書館、華東師大圖書館、復旦大學圖書館、中山大學圖書館、阜陽師大圖書館、山東大學圖書館的工作人員都給予了細緻耐心的幫助，感謝他們的熱情服務及提供的便利閱讀環境。上述圖書館人文化的閱讀空間以及館員們優雅的風度和豐富的學識，給筆者留下了美好的回憶。祝福他（她）們。

小十駕齋主人識於 2023.2.5 元宵節